公路工程勘测规划与设计

钏增民　石　磊　王文娟◎著

吉林科学技术出版社

图书在版编目（CIP）数据

公路工程勘测规划与设计 / 钏增民，石磊，王文娟
著. —— 长春：吉林科学技术出版社，2024.8. —— ISBN
978－7－5744－1774－8

Ⅰ. U412

中国国家版本馆 CIP 数据核字第 2024YC5491 号

公路工程勘测规划与设计

著	钏增民　石　磊　王文娟	
出 版 人	宛　霞	
责任编辑	穆　楠	
封面设计	金熙腾达	
制　　版	金熙腾达	
幅面尺寸	170mm×240mm	
开　　本	16	
字　　数	241 千字	
印　　张	15.5	
印　　数	1~1500 册	
版　　次	2024年8月第1版	
印　　次	2024年12月第1次印刷	

出　　版　吉林科学技术出版社
发　　行　吉林科学技术出版社
地　　址　长春市福祉大路5788 号出版大厦A 座
邮　　编　130118
发行部电话/传真　　0431-81629529 81629530 81629531
　　　　　　　　　　81629532 81629533 81629534
储运部电话　0431-86059116
编辑部电话　0431-81629510
印　　刷　三河市嵩川印刷有限公司

书　　号　ISBN 978-7-5744-1774-8
定　　价　93.00元

前　言

当今世界，交通基础设施作为连接城乡、促进区域经济发展的重要纽带，其重要性不言而喻。公路工程作为其中的关键组成部分，不仅承担着人员和物资流动的重任，更是社会进步和经济发展的重要标志。随着经济全球化和区域一体化的不断推进，公路工程勘测规划与设计的重要性日益凸显，它不仅关系到交通网络的合理布局，还直接影响了社会经济的可持续发展。

随着科技的不断进步，公路工程勘测规划与设计领域也迎来了新的发展机遇。现代信息技术、大数据、人工智能等技术的应用，为公路工程的勘测、规划和设计提供了更为精确和高效的手段。这些技术的应用不仅能够提高工程的质量和安全性，还能够降低成本，提高工程的经济效益。

本书前两章对公路工程的起源、功能及其在现代社会中的重要性进行了概述，并对公路建设项目的可行性研究进行了详细分析，深入探讨了新建公路的勘测工作，同时介绍了公路勘测中应用的现代技术。第三章至第五章分别讲述了公路几何线形设计、交叉设计及选线与定线，详细讨论了公路平面设计、纵断面设计、横断面设计、平面与立体交叉设计及公路的选线与定线原则，为公路工程的顺利进行提供了坚实的技术支撑。第六章则关注公路沿线设施与景观设计，包括交通工程设施、排水系统及环境保护与景观设计，旨在实现公路工程与自然环境的和谐共生。全书内容严谨，案例丰富，旨在为公路工程领域的专业人士提供实用的指导与参考。

由于时间紧迫，加之作者水平有限，书中不妥和错误之处在所难免，敬请读者批评和指正，以求不断完善。

目 录

第一章 公路工程勘测设计概述 ································· 1

第一节 公路概述 ···································· 1

第二节 公路总体设计 ······························ 15

第三节 公路建设项目的可行性研究 ··············· 26

第二章 路线勘测 ··· 40

第一节 新建公路勘测 ······························ 40

第二节 公路现代勘测技术 ························· 63

第三章 公路几何线形设计 ····························· 75

第一节 公路平面设计 ······························ 75

第二节 公路纵断面设计 ··························· 99

第三节 公路横断面设计 ··························· 116

第四章 公路交叉设计 ··································· 132

第一节 平面交叉设计 ······························ 132

第二节 立体交叉设计 ······························ 150

第五章　公路选线与定线 ·· 173

　　第一节　公路选线 ·· 173

　　第二节　公路定线 ·· 195

第六章　公路沿线设施与景观设计 ································· 204

　　第一节　交通工程及沿线设施设计 ······················· 204

　　第二节　公路排水设计 ··· 221

　　第三节　公路环境保护与景观设计 ······················· 227

参考文献 ·· 238

第一章 公路工程勘测设计概述

第一节 公路概述

一、交通运输的作用和特点

交通运输是国民经济的基础产业之一，是国家经济发展的大动脉。其将国民经济的各个领域和各个地区联系起来，在社会物质财富的生产、分配过程，以及广大人民群众生产、生活中起着极为重要的作用。

（一）交通运输对国民经济的作用

（1）支撑经济增长。一直以来，交通运输基础设施投资是经济稳定增长的助推器。"十三五"期间，我国交通运输基础设施总投资规模达到 15 万亿元。交通运输网络的完善和服务水平的提高，推动了经济运行效率的提升，降低了物流成本，带动了汽车、船舶、冶金、物流、电商、旅游、房地产等相关产业的发展，创造了大量就业岗位。

（2）保障物资运输。便捷高效的物流基础设施网络，促进了多种运输方式顺畅衔接和高效中转，提升了物流体系综合服务水平，有力地保障了煤炭、原油、铁矿石、粮食等重点物资运输。

（3）促进区域和城乡协调发展。我国政府将推进交通运输先行发展作为支撑"四大板块""三大战略"等国家区域发展总体战略的重点任务，积极打通发达地区、中等发达地区、欠发达地区之间的联系通道。

（二）交通运输业的特点

（1）运输劳动并不产生有形产品。交通运输不像工农业生产有形的产品，它不能改变劳动对象的物理、化学或生物属性，只能改变劳动对象的空间位置。交通运输虽然创造了新价值，但这部分新价值不是通过使用价值去体现的，而是追加到劳动对象原有的使用价值中，使劳动对象的交换价值增加了。

（2）运输过程是生产过程和消费过程同时进行的。交通运输不创造有形的产品，其运输生产过程是消费过程。对于运输供给者，其是生产过程；对于运输需求者，其是消费过程。

（3）运输活动对自然条件的依赖性大。交通运输绝大部分是在露天进行的，因此风险比较大。交通运输设施只有在合适的自然条件下才能发挥作用。

（4）交通运输业是资本密集型行业。因为交通运输不产生有形的产品，所以构成交通运输业的成本和其他产业不同，交通运输业中的固定资本所占比重异常巨大，资本的有机构成比一般产业要高，无论是交通路线的修建还是交通设备的购置。

（5）交通运输业是网络经济型行业。交通运输业的网络经济是指在一定的条件下，随着交通运输总产出的扩大引起平均运输成本下降的现象。

（三）国家的综合运输系统（网）的构成

国家综合运输系统，即现代交通由铁路、公路、水运、航空及管道五种运输方式组成。这些运输方式在技术经济上各具特点，具体如下。

（1）铁路运输。铁路运输适用于远程的大宗货物及人流运输。其优点是运量大、迅速。高速铁路的出现，使得铁路运输的优势得到进一步的提高。其缺点是它属于线状运输，受铁路轨道控制，有时需要转运多次，装卸费用较高。

（2）公路运输。公路运输适用于人流及货物的各种运距的小批量运输。其特点是机动、灵活，适应性强，直达，迅速，单车运量小。

（3）水路运输。水路运输是通航地区最低价的运输方式，运量较大，但速度较慢，受自然因素影响较大。运输方式包括内河、海洋（近海、远洋）等。

（4）航空运输。航空运输适用于快速运送旅客及贵重紧急商品、货物。其特点是运速快、舒适，但运费最高。

（5）管道运输。管道运输是运送液体、气体和粉状货物的专用方式。其优点是专业性强（专用），连续性强，运输成本低，损耗少，安全性好。

（四）公路运输在国民经济中的地位

公路运输方式机动灵活，可以深入城市、工厂、矿山、村庄，并可实现门到门的运输，能迅速集中和分散货物，避免中转重复装卸，且批量不受限制，时间不受约束。公路运输投资少，资金周转快，社会效益显著，是我国综合运输体系中最为活跃的一种运输方式。公路运输的这些特点使得我国公路基础设施建设得以迅速发展，公路运输能力得到了极大的提高。公路运输在国民经济增长和人民生活水平提高方面发挥着越来越重要的作用。随着未来公路智能运输系统的推广应用，公路运输的智能化、安全性将会使这种运输方式成为国民经济和人民生活中的重要组成部分。

二、公路的分级与技术标准

（一）公路分级

交通运输部于 2015 年 1 月颁布实行的国家行业标准《公路工程技术标准》（JTG B01—2014）（以下简称《标准》）将公路根据功能和适应的交通量分为五个等级，即高速公路、一级公路、二级公路、三级公路、四级公路。

（1）高速公路。高速公路为专供汽车分方向、分车道行驶，全部控制出入的多车道公路。高速公路的年平均日设计交通量宜在 15 000 辆小客车以上。

（2）一级公路。一级公路为供汽车分方向、分车道行驶，可根据需要控制出入的多车道公路。一级公路的年平均日设计交通量宜在 15 000 辆小客车以上。

（3）二级公路。二级公路为供汽车行驶的双车道公路。二级公路的年平均日设计交通量宜为 5 000～15 000 辆小客车。

（4）三级公路。三级公路为供汽车、非汽车交通混合行驶的双车道公路。三级公路的年平均日设计交通量宜为 2 000～6 000 辆小客车。

（5）四级公路。四级公路为供汽车、非汽车交通混合行驶的双车道或单车道公路。双车道四级公路年平均日设计交通量宜在 2 000 辆小客车以下；单车道四级公路年平均日设计交通量宜在 400 辆小客车以下。

（二）公路技术标准

公路技术标准是指一定数量的车辆在车道上以一定的设计速度行驶时，对路线和各项工程的设计要求。公路技术标准是部颁的技术要求，公路设计时必须遵守。各级公路的具体标准是由各项技术指标来体现的，主要技术指标包括设计速度、行车道数及宽度、路基宽度、最大纵坡、平曲线最小半径、行车视距、桥梁设计荷载等。设计速度是技术指标中最重要的指标，对工程费用和运输效率的影响最大。对于路线在公路网中具有重要经济意义、国防意义，交通量较大者、地形平易者，《标准》规定了较高的设计速度；反之，规定较低的设计速度。

1. 公路等级选用的基本原则

（1）公路等级的选用应根据公路功能、路网规划、交通量，并充分考虑项目所在地区的综合运输体系、远期发展规划等，经论证后确定。

一条公路，可分段选用不同的公路等级或同一公路等级不同的设计速度、路基宽度，但不同公路等级、设计速度、路基宽度之间的衔接应协调，过渡应顺适。

（2）拟建公路为主要干线公路时，应选用高速公路；为次要干线公路时，应选用二级及二级以上公路。

（3）拟建公路为主要集散公路时，宜选用一、二级公路；为次要集散公路时，宜选用二级、三级公路。

（4）支线公路宜选用三级、四级公路。

公路等级应根据公路网的规划，从全局出发，按照公路的使用功能和远景交通量综合确定。

2. 各级公路设计交通量的预测

确定一条公路建设标准的主要因素是公路功能、路网规划和交通量（指设计年限末期的设计交通量）。因此，确定公路技术等级前，首先应做好可行性研究，掌握该公路各路段的近期交通量资料并合理地预测远期交通量；认真分析该公路在整个公路网中所占的地位，即公路的使用功能，从而正确地确定公路的标准，避免一条公路刚投入使用不久就因为交通量不适应而重复建设。

各级公路设计交通量的预测应符合下列规定：

（1）高速公路和具干线功能的一级公路的设计交通量应按 20 年预测；具集散功能的一级公路，以及二级、三级公路的设计交通量应按 15 年预测；四级公路可根据实际情况确定。

（2）设计交通量预测的起算年应为该项目可行性研究报告中的计划通车年。

（3）设计交通量的预测应充分考虑走廊带范围内远期社会、经济的发展和综合运输体系的影响。

（4）设计路段长度。公路建设是带状的建设项目，沿途的社会环境、经济环境和自然环境都会有很大差异，其地形、地物及交通量不会完全相同，甚至会有很大的差别。因此，对于一条比较长的公路可以根据沿途情况的变化和交通量的变化，分段采用不同的车道数或不同的公路等级。

按不同设计速度设计的路段长度不宜太短。高速公路设计路段长度不宜小于 15 km；一、二级公路设计路段不宜小于 10 km。不同设计速度的设计路段间必须设置过渡段。

对于执行《标准》前已存在的各等级公路，仍然可以继续使用，发挥其应有的作用；对于某些需要改造的公路，可根据需要与可能的原则，按照公路网发展规划，有计划地进行改善，提高通行能力及使用质量，以达到相应等级公路标准的规定。

公路分期修建必须遵照统筹规划、总体设计、分期实施的原则，使前期工程在后期仍能充分利用。高速公路整体式断面路段不得横向分割分期修建。

三、公路勘测设计的依据、阶段及任务

（一）公路勘测设计的依据

公路勘测设计的控制性因素和依据很多，但主要是与汽车性能有关的因素和反映这些车辆特性的要求与条件，如设计车辆、设计速度、交通量、通行能力及服务水平等，都是公路设计的基本依据。

1. 设计车辆

公路上行驶的车辆主要是汽车，对于混合交通的公路还有一部分非机动车。汽车的物理特性及行驶于路上各种大小车辆的组成对于公路勘测设计具有决定性

意义。因此，选择有代表性的车辆作为设计的依据（设计车辆）是必要的。

作为公路勘测设计依据的车型为设计车辆。车辆的几何尺寸、质量、性能等，直接关系到行车道宽度、弯道加宽、公路纵坡、行车视距、公路净空、路面及桥涵荷载等。因此，设计车辆的规定及采用对确定公路几何尺寸和结构具有重要的意义。

《标准》规定，公路设计所采用的设计车辆外轮廓尺寸见表1—1。

表1—1　设计车辆外轮廓尺寸（单位：m）

车辆类型	总长	总宽	总高	前悬	轴距	后悬
小客车	6	1.8	2	0.8	3.8	1.4
大型客车	13.7	2.55	4	2.6	6.5+1.5	3.1
铰接客车	18	2.5	4	1.7	5.8+6.7	3.8
载重汽车	12	2.5	4	1.5	6.5	4
铰接列车	18.1	2.55	4	1.5	3.3+11	2.3

注：铰接列车的轴距（3.3+11）m；3.3 m为第一轴至铰接点的距离，11 m为铰接点至最后轴的距离。

公路上行驶的汽车有各种车型，特别是我国的二级及二级以下公路上，还有相当大比例的非机动车。为了设计方便，《标准》规定将公路上行驶的各种车辆折合成小客车。各种车辆的折算系数与车辆的行驶速度和该车型行车时占用的公路净空有关。《标准》规定，交通量换算采用小客车为标准车型，各种车型和车辆折算系数见表1—2。

表1—2　代表车型与车辆折算系数表

代表车型	车辆折算系数	说明
小客车	1.0	座位<19座的客车和载质量<2 t的货车
中型车	1.5	座位>19座的客车和2 t<载质量<7 t的货车
大型车	2.5	7 t<载质量<20 t的货车
汽车列车	4.0	载质量>20 t的货车

注：①畜力车、人力车、自行车等非机动车按路侧干扰因素计；

②公路上行驶的拖拉机每辆折算为4辆小客车；

③公路通行能力分析所要求的车辆折算系数应针对路段、交叉口等形式，按不同的地形条件和交通需求，采用相应的折算系数。

2. 设计速度

一条公路在客、货运输方面是否方便，与运行速度和交通安全直接相关。在驾车行驶中，驾驶人员采用的速度，除本身的驾驶技术和汽车的性能外，还取决于公路及其路侧的外部特征、气候、其他车辆的影响因素，以及限速标志或设施的设置。上述任何一种条件都能控制速度。当交通量与气候条件良好时，公路的外部特征（包括公路本身的道路条件）基本上决定着驾驶人员采用的速度。

（1）设计速度的定义

设计速度是指确定公路设计指标并使其相互协调的设计基准速度。其是公路受限制部分的主要指标，是公路等级、平面、纵断面和横断面的重要技术指标之一。

根据国内外观测研究，当设计速度高时，运行速度低于设计速度；而当设计速度低时，运行速度则高于设计速度。

设计速度是公路设计时确定其几何线形的最关键参数。技术标准根据车辆动力性能和地形条件，确定了不同等级公路的设计速度指标。设计速度一经选定，公路设计的所有指标，如圆曲线半径、视距、超高、纵坡、竖曲线半径等均应与其配合以获得均衡设计。

（2）设计速度的规定

①设计速度的最大值。根据汽车性能，并参考国内外的实际经验，从节约能源及人在感官上的感觉出发，设计速度的最大值采用 120 km/h 是适宜的。

②设计速度的最小值。考虑我国实际的地形条件、土地利用和投资的可能性，确定设计的最小值为 20 km/h。各级公路设计速度规定见表 1－3。

表 1－3　各级公路设计速度

公路等级	高速公路			一级公路			二级公路		三级公路		四级公路	
设计速度/（km·h⁻¹）	120	100	80	100	80	60	80		60	40	30	30	20

（3）设计速度的选用

应根据公路的功能与技术等级，结合地形、工程经济、预期的运行速度和沿线土地利用性质等因素综合论证确定。

①高速公路设计速度不宜低于 100 km/h，受地形、地质等条件限制时，可以选用 80 km/h。

②一级公路作为干线公路时，设计速度宜采用 100 km/h，受地形、地质等条件限制，设计速度可采用 60 km/h；作为集散的一级公路时，设计速度宜采用 80 km/h，受地形、地质等条件限制，设计速度可采用 60 km/h。

③高速公路和作为干线的一级公路的特殊困难局部路段，且因新建工程可能诱发工程地质病害时，经论证，该局部路段的设计速度可采用 60 km/h，但其长度不宜大于 15 km；或仅限于相邻两互通式立体交叉之间的路段。

④二级公路作为干线公路时，设计速度宜采用 80 km/h，受地形、地质等条件限制，可采用 60 km/h；作为集散的二级公路时，设计速度宜采用 60 km/h；受地形、地质等条件限制，设计速度可采用 40 km/h。

⑤三级公路设计速度宜采用 40 km/h；受地形、地质等条件限制，设计速度可采用 30 km/h。

⑥四级公路设计速度宜采用 30 km/h；受地形、地质等条件限制，设计速度可采用 20 km/h。

3. 交通量

交通量是指单位时间内通过公路某段面的交通流量（单位时间通过公路某段面的车辆数目）。

交通量的具体数值由交通调查和交通预测确定。交通调查、分析和交通预测是公路建设项目可行性研究阶段进行现状评价、综合分析建设项目必要性和可行性的基础，也是确定公路建设项目建设规模、技术等级、工程设施、经济效益评价及公路几何线形设计的主要依据。

交通调查、分析及交通量预测水平的高低，尤其是预测的水平、质量和可靠程度，将直接影响项目决策的科学性和工程技术设计的经济合理性。交通量根据单位时间可分为日交通量（单向/双向，汽车/混合交通）、小时交通量和年累计交通量。

(1) 设计日交通量

一条公路交通量普遍采用的计量单位是年平均日交通量（简写为 AADT），用全年总交通量除以 365 d 得出。设计交通量是指拟建公路到达交通预测年限时能达到的年平均日交通量（辆/d）。其在确定道路等级、论证公路的计划费用或各项结构设计等具有重要的作用，但将其直接用于几何设计是不适宜的。因为在一年中的每月、每日、每小时的交通量都会变化，在某些季节、某些时段可能会高出年平均日交通量数倍，不宜作为具体设计的依据。

远景设计年平均日交通量以公路使用任务及性质，根据历年交通观测资料推算求得。一般按年平均增长率累计计算确定，其计算公式为

$$N_d = N_0(1+y)^{n+1} \tag{1-1}$$

式中：N_d ——预测年的平均日交通量，辆/d；

N_0 ——起始年平均日交通量，辆/d，包括现有交通量和道路建成后从其他道路吸引过来的交通量，辆/d；

y ——年平均增长率，%；

n ——远景设计年限。

(2) 设计小时交通量

小时交通量（辆/h）是以小时为计算单位的交通量，是确定车道数和车道宽度或评价服务水平时的依据。大量的公路交通量变化图示表明，在一天及全年时间中，每小时交通量的变化量是相当大的。如果以一年中最大的高峰小时交通量作为设计依据，就会造成浪费；但如果采用日平均小时交通量则不能满足实际需要，又会造成交通拥挤，甚至阻塞。为了设计交通量的取值既保证交通安全畅通，又使工程造价经济、合理，应借助一年中小时变化曲线来确定适用于设计使用的小时交通量，具体方法如下：

将一年中所有小时交通量按其与年平均日交通量百分数的大小顺序排列起来，并绘制成如图 1-1 所示的曲线。

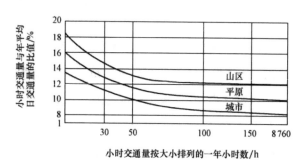

图 1-1 年平均日交通量与小时交通量的关系曲线

从图 1-1 中可以看出，在 30～50 位小时交通量附近的曲线发生了急剧的变化，从此向右，曲线明显变缓，而在它的左侧，曲线坡度则急剧加大。因此，设计小时交通量的合理取值，应选择在第 30～50 位小时的范围以内。如以第 30 位小时交通量作为设计依据，意味着在一年中，有 29 个小时超过设计值，将使道路发生拥挤，占全年小时数的 0.33％。也就是说，能顺利通过的保证率可达到 99.67％。

目前，世界上许多国家，包括我国均采用第 30 位小时交通量作为设计依据。《标准》规定，公路设计小时交通量宜采用年第 30 位小时交通量，也可根据项目特点与需求，在当地年第 20～40 位小时交通量之间取值。

如图 1-1 所示，对于各种不同年份、不同地区的公路都能绘出相应的曲线，虽然各条曲线的弯曲程度和上下位置有所差别，但曲线的基本图形都是类似的。在确定设计小时交通量时，应绘制各路线交通量变化图。有日常观测资料的公路，必须使用观测资料；没有观测资料的，可参考性质相似、交通情况相似的其他公路观测资料进行交通量的推算。

4. 通行能力及服务水平

公路通行能力是在一定的道路和交通条件下，公路上某一路段适应车流的能力，以单位时间内通过的最大车辆数表示。单位时间通常以"h"计，车辆数对于多车道公路用一条车道的通过数表示；双车道公路用往返车道合计数表示，它是正常条件下公路交通的极限值。

（1）基本通行能力

基本通行能力是指在理想条件下，单位时间内一个车道在或一条车道在某一路段可以通过的小客车最大数，是计算各种通行能力的基础。理想条件包括公路本身和交通两个方面，即公路本身应在车道宽、侧向净宽有足够的宽度及平、纵线形和视距良好；交通上只有小客车行驶，没有其他车型混入且不限制车速。现有公路即使是高速路，也没有合乎理想条件的状态，可能通过的车辆数一般都低于基本通行能力。

基本通行能力可采用"车头时距"或"车头间距"来计算。车头时距是指连续两车通过车道同一地点的时间间隔；车头间距是指交通流中连续两车之间的距离。

如以车头时距为例，则一条车道的通行能力 C（单位为 pcu/h）可按下式计算：

$$C = 3600/t \qquad (1-2)$$

式中：t——连续车流平均车头间隔时间，可通过观测求得，s。

如以车头间距为例，则一条车道的通行能力 C 可按下式计算：

$$C = 1000v/l \qquad (1-3)$$

式中：v——车速，km/h；

　　　l——连续车流平均车头间隔距离，可通过观测求得，m。

（2）设计通行能力

①服务水平及服务交通量。我国按照车流运行状态，将从小交通量自由流至交通量达到可能的受限制车流这一运行条件范围分为六级服务水平，与每一级服务水平相应的交通量称为服务交通量。

②设计通行能力。公路交通的运行状态保持在某一设计的服务水平时，单位时间内公路上某一路段可以通过的最大车辆数称为设计通行能力。其是实际道路可能接受的通过能力，考虑人对道路的要求，按照道路运行质量要求及经济、安全和出入口交通条件等因素而确定作为设计的依据。

（3）公路服务水平

《标准》规定采用 v/c（在基准条件下，最大服务交通量与基准通行能力之比）值来衡量拥挤程度，作为评价服务水平的主要指标；同时采用小客车设计行驶速度与自由流速度之差作为次要评价指标。将公路服务水平划分为六级，分别代表一定运行条件下驾驶员的感受。《标准》规定，各级公路设计采用的服务水平见表1—4。

表1—4　各级公路设计采用的服务水平

公路等级	高速公路	一级公路	二级公路	三级公路	四级公路
服务水平	三级	三级	四级	四级	—

各级服务水平的含义如下：

①一级服务水平。交通流处于完全自由流状态。交通量小，速度高，行车密度小，驾驶员能自由地按照自己的意愿选择所需速度，行驶车辆不受或基本不受交通流中其他车辆的影响。在交通流内驾驶的自由度很大，为驾驶员、乘客或行人提供的舒适度和方便性非常优越。较小的交通事故或行车障碍的影响容易消除，在事故路段不会产生停滞排队现象，很快就能恢复到一级水平。

②二级服务水平。交通流状态处于相对自由流的状态，驾驶员基本上可按照自己的意愿选择行驶速度，但是要注意交通流内的其他使用者，驾驶员身心舒适水平很高，较小交通事故或行车障碍的影响容易消除，在事故路段的运行服务情况比一级服务水平差些。

③三级服务水平。交通流状态处于稳定流的上半段，车辆之间的相互影响变大，选择速度受到其他车辆的影响，变换车道时驾驶员要格外小心，较小的交通事故仍能消除，但事故发生路段的服务质量大大降低，严重的阻塞后面形成排队车流，使驾驶员心情紧张。

④四级服务水平。交通流处于稳定流范围下限，但是车辆运行明显地受到交通流内其他车辆的相互影响，速度和驾驶的自由度受到明显限制。交通量稍有增加就会导致服务水平的显著降低，使驾驶员身心舒适水平降低，即使较小的交通事故也难以消除，会形成很长的排队车流。

⑤五级服务水平。为交通流拥堵流的上半段，其下是达到最大通行能力时的运行状态。对于交通流的任何干扰，例如车流从匝道驶入或车辆变换车道，都会在交通流中产生一个干扰波，交通流不能消除它，任何交通事故都会形成很长的排队车流，车流行驶灵活性极端受限，导致驾驶人员的身心舒适水平很差。

⑥六级服务水平。是拥堵流的下半段，是通常意义上的强制流或阻塞流。在这一服务水平下，交通设施的交通需求超过其允许的通过量，车流排队行驶，队

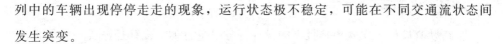

列中的车辆出现停停走走的现象，运行状态极不稳定，可能在不同交通流状态间发生突变。

各种通行能力的计算方法可参考交通工程的有关书籍。

（二）公路勘测设计阶段及任务

1. 公路勘测设计的技术依据

（1）《公路工程技术标准》（JTG B01—2014）；

（2）《公路路线设计规范》（JTG D20—2017）；

（3）《公路勘测规范》（JTG C10—2007）；

（4）《公路桥涵设计通用规范》（JTG D60—2015）。

2. 工程可行性研究

工程可行性研究是基本建设前期工作的一项重要内容，是建设程序的组成部分，是建设项目决策和编制计划任务书的科学依据。其可定义为"论证工程（或产品）项目技术上的可行性和经济上的合理性，并论证何时修建或分期修建，提供业主决策，保证工程的经济效果"。

公路建设必须严格遵守国家规定的基本建设程序。所有大、中型项目应根据批准的项目建议书（或委托书），进行可行性研究。可行性研究工作完成后应进行评估，经过综合分析后，提出投资少、效益好的建设方案。

可行性研究工作是交通建设综合管理的手段，必须从运输生产的目的出发。研究技术可行性必须与经济效益相结合，研究经济效益必须考虑采用新技术的可能，重视运输领域的综合效益。

可行性研究应附有必要的图表，其中包括路线方案（及比较方案）图、历年工农业总产值与客货运量统计表、公路客货运量、交通量预测表、效益计算表等。

在可行性研究的同时，应进行环境影响分析，以工程性质、路线位置、资源利用、环境影响等为依据。同时，可行性研究还应对工程进行宏观分析，确定项目是否成立。在计划任务书下达后，进行初步设计的同时，应编制环境影响评价书，即根据预测工程对环境的影响，提出对环境污染、破坏的防治措施及综合整治的方法。

3. 设计任务书

公路勘测设计工作是根据批准的设计任务书进行的。设计任务书一般由提出计划的主管部门下达或由下级单位编制后报批。设计任务书应包括以下内容。

(1) 建设的依据和意义。

(2) 路线的建设规模和修建性质。

(3) 路线的基本走向和主要控制点。

(4) 工程技术等级和主要技术标准。

(5) 勘测设计的阶段划分及各阶段完成的时间。

(6) 建设期限，投资估算，需要钢、木、水泥的数量。

(7) 施工力量的原则安排。

(8) 路线示意图等。

在计划任务书实施过程中，如对建设规模、期限、技术等级标准及路线走向等重大问题有变更时，应报原批准机关审批同意。

4. 勘测设计阶段及任务

公路勘测设计根据路线的设计和要求，可分为一阶段设计、两阶段设计和三阶段设计。

(1) 一阶段设计

适用于技术简单、方案明确的小型公路工程，即根据批准的设计任务书，进行一次详细定测，编制施工图设计和工程预算。

(2) 两阶段设计

为公路测设所采用的测设程序。其步骤如下：先进行初测、编制初步设计和工程概算；经上级批准初步设计后，再进行定测、编制施工图和工程预算。也可直接进行定测、编制初步设计；然后根据批准的初步设计，通过补充测量编制施工图。

(3) 三阶段设计

对于技术上复杂而又缺乏经验的建设项目或建设项目中的个别路段、特殊大桥、互通式立体交叉、隧道等，必要时应采用三阶段设计，即分为初步设计、技术设计和施工图设计三个阶段。技术设计阶段主要是对重大、复杂的技术问题，落实技术方案，计算工程数量，提出修正的施工方案，修正设计概算。其深度和要求介于初步设计与施工图设计之间。

无论采用哪种划分阶段设计，在勘测前都要进行实地调查，它是勘测前不可缺少的一个步骤，也可与可行性研究结合在一起，但不可作为一个阶段。

5. 设计文件编制

设计文件是公路勘测设计的最后成果，经审查批准后是公路施工的依据。其组成、内容和要求随设计阶段不同而异。

根据《公路工程基本建设项目设计文件编制办法》规定，设计文件由总体说明、总体设计，路线，路基、路面，桥梁、涵洞，隧道，路线交叉，交通工程及沿线设施，环境保护与景观设计，其他工程，筑路材料，施工方案，设计概算共12篇及附件（基础资料）组成。其表达形式有文字说明、设计图、表格三种。

第二节　公路总体设计

一、公路总体设计的原则及要点

伴随国家经济社会的发展，尤其是公路的功能多样化，公路所在地区的路网越来越发达，勘察公路的地形、地质情况越来越困难，制约公路设计的自然因素越来越复杂，因此，公路的总体设计往往成为公路设计的一个难点，尤其是初步设计阶段。

公路设计只是人类改造自然的很小一部分实践活动，对于公路路基、路面的破坏机制，桥涵、边坡的失稳原理等，均存在由量变到质变的演化过程；路线与规划区的关系，一般情况应绕避规划区，但有时为了带动规划区的发展，也可考虑近期穿越规划区、远期绕避规划区的方案；在公路设计中，外界起到控制作用的因素一般只有少数，而起到次要作用的因素是大多数。但随着设计的持续深入，次要矛盾可能会转化为主要矛盾，例如在山区高速公路的长大纵坡可能在定线的初期是主要矛盾，随着路线布线的完成，长大纵坡有可能已经克服，而地质问题又有可能凸显出来了；待地质问题克服了，有可能山岭区弃方问题又凸显了……总之，要用辩证的观点来看待公路设计中遇到的各种制约因素，才有利于把握项目的重点和方向。

公路总体设计主要是为了保障行车安全、提高公路交通服务质量，需要处理好公路工程与外部环境的关系，协调好路线与路基、路面、桥涵、隧道等各个专业之间的关系，从而合理确定建设规模、技术标准及整体设计方案等。

（一）公路总体设计的原则

1.应坚持"全寿命周期"的原则

公路工程的寿命周期主要是指公路的设计、施工、运营三个阶段。尤其在设计阶段应统筹考虑项目的建设规模、实施难度、施工方案可能产生的代价；在运营阶段的经济费用分析可以参考工程可行性研究中的经济评价方式，将效益量化为降低运营成本效益、旅客节约时间效益、减少交通事故的效益三方面进行量化效益分析；同时，可以通过固定资产投资、日常养护及管理费用、大修工程费用三方面进行量化成本分析。

2.应坚持"安全、节约、耐久、和谐"的原则

公路的第一要求就是保证行车安全，首先应将从公路设计的路线、路基、路面、桥涵、隧道、交叉等各专业对行车安全的影响分析放在总体设计的第一位。其次是怎样处理好公路与环境的关系。近年来，由于我国环境日益恶化，我国于2015年实施了《中华人民共和国环境保护法》。国家及公众对环境保护均提出了更高的要求，因此，应将"环保、水保"放在总体设计中较高的地位。

另外，由于我国人均资源相对较少，从"可持续发展"角度分析必须提出"节约"的总体设计原则；"耐久"是从公路自身的经济性、安全性角度出发，要求结构物必须有一定的耐久性；"和谐"则是从公路建设的社会影响角度分析，必须尽量维护大多数人的利益。因此，在总体设计中，公路的各专业设计须始终坚持以上理念，才能够发挥公路最大的社会效益和经济效益。

3.应坚持"系统化"的设计方法

公路设计、施工过程中涉及的影响因素较多，各影响因素有的在逻辑上有相关性，有的则相对独立，应分析、确定影响公路总体设计中的主要因素，从而把握公路设计中的重点和难点。系统化的总体设计应贯穿公路勘察设计的各个阶段，并根据每个阶段应完成的工作内容，从宏观到微观、从整体到局部进行细

化、分析，针对具体项目采取逻辑分析的方法进行制约因素的分析，找出总体设计中的所有约束关系，确定公路设计中的重点和难点，从而梳理出总体设计中各影响因素之间的关系。

（二）公路总体设计考虑的因素

（1）根据路线在路网中的位置、功能，综合考虑路线走廊带范围内的远期社会发展及经济发展；城市、工矿企业的现状与远期规划；铁路、水路、航空、管道的布局及自然资源状况等，确定项目起讫点、主要控制点及与之平行、交叉等项目的衔接关系。

（2）合理确定建设规模，科学选取技术标准，合理运用技术指标，精心做好路线设计，必要时宜进行安全性评价，以保障行车安全。注意地区特性与差异，结合地方特色，做好"畅、安、舒、美"等绿化环保设施。因条件受限制而采用下限技术指标或对线形组合设计有难度的路段，应采用运行速度进行检验，并采取相应的技术对策。

（3）应在调查路线走廊带的自然环境、地形、地质情况等条件的基础上，认真研究路线方案，并结合工程建设项目与铁路、水路、管道及生态环境、自然资源的关系，采取工程防护与生态防护相结合的技术措施，减少对生态的影响程度，加大恢复力度，最大限度地保护环境。

（4）协调好公路与综合运输体系、农田与水利建设、城市规划等的关系，充分利用现有资源，切实保护耕地，使走廊带的自然资源得以充分利用，公路建设得以可持续发展。

（5）总体设计还应协调好公路工程各专业之间、相邻行业之间和社会公众之间的关系，其采用的指标、措施等应符合相关法律法规、规范、标准的要求。其建设规模、设计思路、构造物的设置等，应听取社会公众的意见。

（三）公路总体设计的要点

（1）路线起点、终点应符合路网规划要求。确定路线起点、终点位置时，须为后续项目预留一定长度的接线方案。

（2）根据公路的服务功能、设计交通量、沿线地形与自然条件等，论证并确定公路等级、设计速度及设计路段。合理选择不同设计路段的衔接位置，并处理好衔接处的过渡及其前后一定长度范围内的线形设计。

（3）由路网至走廊带、由走廊带至路线沿线查明工程地质概况、气象水文情况，地震烈度、重大自然灾害、地质病害的分布范围、状态及其对工程的影响程度，论证并确定穿越、绕避或病害整治的方案与对策。

（4）高速公路、一级公路应根据设计交通量论证并确定车道数；具有集散功能的一级公路、二级公路应根据混合交通量及其交通组成论证设置爬坡车道的条件，并确定其设置位置、过渡方式、横断面形式与宽度。

（5）高速公路、一级公路在一般情况下宜采用整体式路基；位于丘陵、山区时，应结合地形、地质条件及桥梁、隧道的布设条件等，论证采用分离式路基或错台式路基。

（6）路线设计应合理确定路堤高度，减小对沿线生态环境的影响，并做好防护、排水、取土、弃土等设计，防止水土流失，保护环境，使公路工程建设融入自然。当出现高填、深挖时，应同桥梁、隧道方案进行比选论证。

（7）理清作为控制点的学校、医院、工矿企业等与路线的关系，合理确定紧靠或绕避方案；合理确定特大桥、特长隧道等与路基的连接位置和连接方式。

（8）综合拟定互通式立体交叉、收费站、服务区、停车区、公共汽车停靠站等重要设施的位置、规模、交叉形式及间距，以满足安全、服务功能所需的合理距离。理清与公路交叉的铁路、其他公路、管道的交叉形式，合理确定立体交叉形式及平面交叉方式，同时做好安全通道等保畅措施。

（9）确定交通工程及沿线设施的建设规模与技术标准。

（10）根据沿线自然环境确定路线沿线的边坡防护形式及环境保护措施。

（11）调查沿线自然条件，确定须改移的既有道路、沟渠，合理选取改移方案。

（12）调查沿线自然条件及地质情况，确定沿线施工便道、施工用水、用电，砂石料，主材等情况，合理确定筑路材料来源及运输条件。

（13）根据项目建设规模，合理确定施工工期及进度计划。

二、公路总体设计的内容及要求

（一）公路总体设计的内容

公路总体设计的内容主要包括项目概况、项目的建设条件、项目的总体设计原则、路线、路基路面及排水工程、桥涵工程、隧道工程、路线交叉、交通工程及沿线设施、环境保护工程、渡口码头及其他工程、沿线筑路材料、施工方案、初步设计概算（施工图设计预算）等。另外，根据地方特色，可加入"畅、安、舒、美"设计、安全性评价等。

（二）公路总体设计的要求

1. 概述

（1）项目的背景

介绍项目在路网中的重要作用，从通行能力、服务水平及有利于当地人民群众的生产生活方面凸显其迫切性。

（2）任务依据

相关的勘察设计合同、工程可行性研究报告、工程可行性研究报告的批复（施工图阶段应增加初步设计的批复）、工程建设标准强制性条文、公路工程技术标准、规范、规程及现行有关法律、法规等。

（3）设计标准

根据工程可行性研究报告的研究结论，结合项目所处的自然环境和资金筹措情况，以及项目在路网中的地位与作用、预测的远景交通量等，确定公路建设标准、设计速度、路基宽度等。

（4）测设经过

根据《勘察设计合同书》要求，研究工程可行性路线走廊带，在 1 : 10 000 的地形图上确定路线走向，进行平面控制网及高程控制网的布设及 1 : 2 000 地形图的测绘，组织路线、桥涵、地质、测绘等专业技术人员进行现场实地踏勘，并根据现场实地踏勘收集有关资料。

根据初步测量深度要求及部颁现行勘察规范，进行控制测量、外业勘察和资料收集工作，并对沿线老路、桥梁、高压电线、输油管线、光缆及电杆、房屋、学校、厂矿等构造物进行准确调绘，以便规避利用。对所拟订的路线方案实地施放控制桩，全面进行桥涵、隧道、路线交叉、工程地质、路基路面、征地拆迁、电力电信、沿线筑路材料的勘察和调查。在进行测量的同时，各专业组进行全面的基础资料收集工作，收集沿线有关城镇、水利、电力和通信、路网规划与水文气象资料。

路线地质勘察应同时进行，并开始实地勘探工作。

（5）路线走向、主要控制点及建设规模

介绍路线的起点、主要控制点、桥梁、隧道、终点的情况及路线总长等。

（6）对工程可行性研究报告批复的执行情况（施工图阶段为初步设计的批复执行情况）

根据工可批复文件，对工程可行性方案的设计标准、建设规模及路线走向做进一步的分析和论证，并对工程可行性批复的建设规模、技术标准、投资估算等进行逐条回复。

（7）对外业验收会议纪要的执行情况

根据外业验收会议纪要，针对外业验收对设计方案的推荐线与比较线的选取、与地方规划的协调情况，以及桥梁、隧道的设置情况等意见进行逐条回复。

2. 建设条件

（1）项目区域城镇现状布局、规划与拟建项目的关系

介绍项目与区、县、市、省路网的关系，突出项目的重要性，结合当地矿产资源、旅游资源等，体现项目对地方经济更好、更快发展及为人们日常出行带来的积极现实影响。

（2）沿线自然地理条件

介绍项目所处地理位置、区域内气象与水文状况，以及当地地形地貌、地层岩性、地质构造、地震、水文地质等对公路建设的影响。

（3）沿线环境敏感区（点）重要设施的分布

介绍项目沿线的敏感区，如房屋、学校、电力、通信设施等对项目的影响，并采取相应的措施减小干扰。

（4）社会条件

介绍项目是新建还是改、扩建工程，是否满足当地经济发展、资源开发与沿线群众出行的需求；当地政府及沿线所经主要城镇的地方政府是否迫切希望等。

（5）交通条件

介绍项目所在区域路网情况，交通条件是否满足要求。

3. 总体设计的原则

（1）设计理念

根据项目所处地形条件，结合项目资金筹措情况，深入贯彻科学发展观，贯彻"安全、耐久、节约、和谐"的设计理念进行勘察设计。充分结合项目区域的实际情况，全面体现"综合交通、智慧交通、绿色交通、平安交通"的发展要求，在地形、地质选线的基础上，强调安全和环境保护，加强公路沿线绿化及景观设计工作，建设"畅、安、舒、美"的公路工程。

（2）安全设计措施

介绍项目沿线为确保边坡稳定和行车安全采取的防护措施、交通安全措施等。

（3）公路一般路段与特殊路段的横断面布置方案的设置情况

介绍项目路基横断面的布置情况。

（4）全线土石方情况，取土、弃土方案

介绍项目挖方、填方、借方、弃方及取土坑、弃土场的设置情况。

（5）占用土地情况

介绍项目的临时征地和永久征地情况。

（6）下阶段施工图设计须深入解决的问题

介绍项目在下阶段施工图设计时须业主、地方政府解决的难题。

4. 路线

（1）路线设计原则

介绍路线设计时主要考虑的设计理念、技术指标、改造措施、保畅方法，对沿线城镇、地形、地物、地质条件、桥位、平面交叉位置，以及地方道路规划和水利设施、环境保护等方面的统筹兼顾措施。在工程可行性研究报告的基础上具体布设路线方案时，综合考虑路线平、纵、横关系，妥善处理桥梁、路基和自然环境的协调，不遗漏任何一个可选方案。

（2）路线布设及主要技术指标的采用情况

介绍路线设计时采用的技术指标情况。

（3）路线方案比选论证

介绍路线拟订的备选方案情况，即比较线的方案必选。

（4）安全设施

介绍安全设施采用的设计标准及依据、标线设置的原则和内容、标志设置的原则和内容、护栏设置的原则和形式等。

5. 路基、路面及排水

（1）路基路面及排水设计依据、原则

介绍公路设计时一般路基的设计原则及路基横断面加宽、超高方案。设计时尽可能减少对原有地形地貌的破坏，应根据不同地形、地质条件，采用合理的边坡形式和支挡结构；尽量在维持路基稳定的前提下，减少公路对环境的影响；路基防护结合工程地质条件采用工程防护和植物防护相结合的原则，确保路基稳定并与生态环境相协调；路面设计应遵循因地制宜、合理选材、方便施工、利于养护的原则；路基排水结合沿线路线、桥涵设计，在充分调查沿线水文、排灌系统的基础上综合考虑；排水沟通过桥涵构造物与沿线排涝渠或天然沟渠衔接形成完整的排水系统。

（2）填方路基

介绍路基设计时填方路基的各种处理措施。

（3）挖方路基

介绍路基设计时挖方路基采取的不同开挖方式。

（4）陡坡路堤设计

介绍路基设计时陡坡路堤的设计方法和采取的支挡措施。

（5）路基压实度标准

介绍路基设计时路基压实度的技术标准。

（6）路基防护设计

介绍路基设计时路基防护工程的设计思路，结合沿线地形、地貌和地质、水文状况分段采取不同的防护措施。

（7）特殊路基设计

介绍对沿线存在的不良地质及特殊性岩土的段落，采取避让、跨越的方式，或选择安全可靠、经济合理的处治措施，对不同的不良地质及病害采取不同的工程措施。

（8）路面设计

路面设计根据交通量及车辆组成类别的使用要求，结合当地气候、水文、土质等自然条件，遵循因地制宜、合理选材、方便施工、利于养护、节约投资的原则，进行路面结构方案的技术比较，从而选出技术先进、经济合理、安全可靠、有利于机械化及工厂施工的路面结构方案。

（9）排水设计

路基路面排水系统设计的好坏，对是否能维持路基路面结构的稳定性和耐久性，保证项目在其使用期内的使用性能，具有相当重要的意义。根据《公路排水设计规范》（JTG/T D33—2012）规定，排水系统由边沟、排水沟、截水沟、急流槽和路面排水等组成，与桥涵和自然沟渠形成统一的整体，介绍各排水设施设置的段落及尺寸，并对有特殊要求的路段应根据洪水频率、降雨量来确定边沟尺寸。

6.桥梁、涵洞

（1）设计原则

桥涵总体原则上不降低原有河道、沟渠功能，尽量不破坏原有水系和排灌网络，满足水利配套和农灌的需要；桥位选择原则上结合桥位所处水文、地形、地质、农田水利等条件，分桥孔兼跨地方道路、河流，尽量注意桥路配合，与景观协调；涵洞按沿线路基、路面排水及农业灌溉的需要，结合地形综合考虑，原有涵洞不满足荷载要求的均应拆除重新修建；通道内兼作涵洞时，应根据地形、通行等实际情况，灵活掌握净空标准；在满足桥梁使用功能的前提下，力求造型美观、布局合理，并使桥梁与周围景观相协调，充分体现"安全、经济、实用、美观"的原则。

（2）桥涵主要设计标准

介绍项目桥梁、涵洞的设置情况、设计洪水频率、抗震设防烈度、结构形式等。

（3）桥梁抗震设计情况

根据《中国地震动参数区划图》（GB 18306—2015）及《中国地震动反应谱特征周期区划图》，确定项目区域的稳定状态，并采取相应的抗震设计。

（4）桥梁耐久性设计及措施

介绍项目所处环境类别、桥梁混凝土设计时的控制指标和钢筋采用的型号等。

（5）沿线水系及水文概况、特征，农田水利设施与桥涵设置位置及孔径选择关系

介绍路线走廊带内大型地表水流、小型的泉点、山塘及雨源型溪沟，沿线的农田水利设施、天然河沟分布情况，以及其与桥涵设置的关系。

7. 隧道

介绍设置的隧道位置、长度，隧道所处区域的地层岩性、地质构造与地震烈度、岩土构成、水文地质情况。

8. 路线交叉

介绍项目路线交叉的设置原则，以及设置互通式立体交叉、平面交叉、管线交叉的位置。

9. 交通工程及沿线设施

交通工程及沿线设施按照"保障安全、提供服务、利于管理"的原则进行设计，介绍交通工程设置的形式、位置、数量及占地规模。

10. 环境保护

以"安全、实用、经济、美观"为宗旨，以"绿化、美化、彩化"为目标，贯彻"不破坏就是最大的保护"的理念，倡导尊重自然、爱护自然、与自然和谐相处的环境伦理精神。在植物的选择上遵循"乡土树种为主、适地适树"的原则，既要提高公路绿化的档次，又要考虑总造价的平衡，力求做到低投入、高效果，创造出最佳、最美的公路景观。

介绍环境保护的设计依据、设计方案、对社会环境的影响、对生态环境的影响及其对策、环境污染及防治措施、路基环境保护设计内容、桥梁的景观设计等。

11. 其他工程

介绍项目的改移道路、改移河道等情况。

12. 沿线筑路材料

介绍路线沿线砂、石料的开采情况，项目所需的沥青、木材、钢材和水泥等主材来源与运输条件，以及路线沿线施工、生活用水、用电情况、通信条件等。

13. 施工方案

介绍整体施工方案及控制性工程的施工要点、施工便道布设情况、保畅设计方案及施工工期等。

14. 初步设计概算（施工图阶段为施工图预算）

介绍编制范围、编制依据及人工单价、主要材料价格、机械台班单价、分部分项工程费及措施费、利润、税金，设备、工器具与家具购置费，公路用地及青苗补偿费和拆迁安置补助费，建设单位管理费、工程监理费、设计文件审查费、竣（交）工验收试验检测费及专项评估费等。

15. "畅、安、舒、美"设计

按照交通运输部提出的加快发展绿色交通，将绿色循环低碳发展理念贯彻落实到交通运输发展的各个领域和各个环节，实现经济效益、社会效益和环境效益有机统一的要求，落实"畅通主导、安全至上、服务为本、创新引领"十六字方针，贯彻公路养护管理"更好地为公众服务"的价值观。

（1）畅

首先，要保证路线畅通，从平纵面线形进行优化设计，对急弯陡坡、连续弯道路段进行裁弯取直、用新线绕避，将零坡碎弯理顺，从指标上改善平、纵面线形，达到行车舒畅的目的；完善畅通的排水设施，从而保证路基的稳定；通过设置完善的标志标牌信息给行车提供准确、连续的指路信息、旅游信息、服务设施等，达到信息畅通的目的。

（2）安

从路线平、纵面设计开始，解决平、纵面指标不达标，易形成交通事故的路段，从源头上解决行车安全；对事故多发路段和行车安全隐患路段进行逐一调查，根据调查事故数据统计，针对每一个点的事故原因进行分析，对平纵面指标进行改善，并设置交通安全设施综合治理，保证行车安全。

（3）舒

舒是一个综合指标的体验，对平、纵面线形应组合得当，使驾驶员的视觉效果达到最佳，提高路面平整度，这是行车舒适的基础。

（4）美

以"行畅安舒美路"为主题，以"一条大道，两路风景，三季有花，常年洁美"为目标，减少人工痕迹，采用"乔、灌、花、草、藤"相结合的绿化方式，并采用植物对工程创伤面和工程迹地进行植被恢复；公路两侧通过植物造景，营造地方特色鲜明、季相效果良好的植物景观，并通过封、透、诱、引的种植方式，将路侧景观与自然景观进行很好的协调；利用公路的窗口效应，对本地的文化、旅游、产业等进行展示和宣传，主要通过沿线节点处理，如平交岛、观景台、特殊地段弃、取石场的景观化处理，表现特色景区、民族文化、旅游资源及其他社会事业，从而形成名片效应。

16. 安全性评价

对高填深挖路段采取路基稳定性验算方式加强路基边坡防护，以确保路基的稳定性；以运行速度安全评价方式进行公路路线平、纵、几何线形设计的合理性分析和安全性验证，对低于设计速度的路段采取限速标志、减速标线等措施，强制进行减速，以保证运营的安全性。

第三节　公路建设项目的可行性研究

一、公路建设项目可行性研究的基本概念

（一）公路工程基本建设程序

根据国家公路工程基本建设程序规定，大型公路项目建设的基本程序有公路网规划、工程预可行性研究（土地预报）、工程可行性研究报告、城镇发展规划审查、水土保持方案论证、环境影响评价、用地预审、压覆重要矿产资源评估、地质灾害危险性评估、文物调查、防洪影响评价、地震安全性评价、通航安全影

响论证、通航标准和技术要求审查、跨河方案审查、跨越铁路方案审查、勘察设计招标、初步设计审查、征用林地报批、征用草原报批、征用土地报批、施工图设计审查、施工和监理招标、办理质量监督手续、施工许可、重大和较大变更审批、交工验收、环保、水保、档案等专项验收（收费站、服务区等房建工程还要进行消防验收）、决算审计、竣工验收及项目后评价等 27 个报批环节。上述的个别环节在改建的小型公路工程中可不涉及。

（二）公路项目建设前期工作

公路建设前期工作是指建设项目实施前的一系列决策工作。它包括以下两个部分：一是属于宏观决策方面的全行业发展战略，包括总体布局规划、中长期建设规划和计划；二是属于具体建设项目决策方面的以可行性研究为中心的项目建议书、设计任务和初步设计。建设前期工作是公路建设科学管理的重要组成部分，是为实现长远发展战略目标服务的，是建设项目立项和决策的基础与依据。加强建设前期工作对交通事业的发展、提高投资效益及社会经济效益都具有重要作用。只有把建设前期工作做扎实，才能把交通建设搞得更稳一些、更好一些、更快一些。建设项目前期工作的内容除项目建议书、可行性研究报告、设计任务书、初步设计以外，还包括勘测、科研和试验。在前期工作的各个阶段，都需要进行相应深度的勘测、科研及试验工作。

公路建设项目可行性研究是在建设项目决策之前，对建设项目和与项目有关的各项主要问题进行较细致的调查分析，提出合理可行的多种比较方案，进而从技术、经济、财务等多方面问题着手，对各种方案进行比选论证，在分析、研究、计算、比较的基础上，选出最佳方案，最终提出可行性研究报告。目前，世界各国都非常重视公路建设工程的可行性研究工作，并把可行性研究作为公路建设的首要环节。可行性研究报告主要是论证建设项目的建设条件是否具备，建设时机是否成熟，技术方案是否可行，经济上是否可靠与可能，对建设标准、建设规模、重大技术方案等进行论证。通过多方案的比较来推荐最佳方案，估算所需投资并进行经济评价及财务评价，拟定建设工期，提出本阶段需要注意和需要解决的问题，为下一步编制设计任务书和项目决策提供依据。

公路建设项目可行性研究，按其工作深度分为预可行性研究和工程可行性研究两种。编制预可行性研究报告，应以项目所在地的社会经济发展规划和公路网规划为依据；编制工程可行性研究报告，应以批准的项目建议书为依据。

预可行性研究要求通过实地踏勘和调查，重点研究项目建设的必要性；同时，对项目的建设规模、技术标准、建设资金、经济效益等进行必要的分析论证，编制研究报告，作为项目建议书的重要依据。经批准的项目建议书是工程可行性研究报告的主要依据。

工程可行性研究要求进行充分的调查研究，通过必要的测量和地质勘探，对不同建设方案从技术、经济、环境等方面进行综合论证，提出推荐方案，确定建设规模、技术标准及投资估算，论证投资效益，编制研究报告。工程可行性研究报告一经批准，即成为初步设计必须遵循的依据。

公路规划一般由政府交通主管部门负责制订，项目预可行性研究报告和工程可行性研究报告一般由政府交通主管部门或建设业主委托具备相应资质的咨询单位完成。

（三）可行性研究报告在建设前期工作中的地位

公路建设项目建设周期长、投资大，建成后使用时间长，建设期和营运期牵涉面广、情况复杂，只有在项目立项之前论证清楚是否合理可行，才能掌握项目建设的主动权，否则仓促立项、盲目动工，只能使项目建设陷入被动局面，造成损失。实践证明，凡是不按基本建设程序、规划不到位、违反客观规律、盲目上马的项目，大都存在建设工期长、资金短缺、运营效果差、收费还贷困难、社会效益不理想等问题。因此，公路建设项目可行性研究是建设前期工作的一个主要组成部分，是建设项目实施前从发展战略研究、规划直至具体实施这一系列准备工作中一个重要环节，是建设项目决策的基础和主要依据，在建设项目前期工作中处于中心地位。

（四）可行性研究的概念

可行性研究是 20 世纪前叶随着社会经济的发展，特别是随着技术经济和管理科学的发展而产生的，是对建设项目投资进行技术经济论证的一门综合性科学。可行性研究是确定项目是否实施的根本，是保证项目发挥投资作用的重要手段。其在基本建设项目管理中占有极其重要的地位。通过全面的调查研究、勘察及科学试验，从技术、经济、资源、环境、社会等方面对建设方案进行比较、论证，提出项目可行性评价结论，为项目决策提供技术依据。

项目可行性研究是对项目的建设必要性、技术可行性、经济合理性及实施可能性进行综合性研究和论证的工作。

1. 建设必要性

人类社会的发展就是一个不断建设的过程。任何一个国家的进步都离不开大量的建设项目。就同一时期、同一范围提出的众多项目而言，其迫切程度、建设条件是不同的。因此，可行性研究工作中对必要性的研究，不能停留在是否必要，更应深化研究其必要的程度。

2. 技术可行性

技术可行性要研究为建设某一项目需要采用的相关技术（方案），以及这些技术是否可能实现的问题。对公路建设项目而言，重点是结合当前的技术发展水平、经济发展水平及资金来源等条件，合理地论证可行的技术条件。

3. 经济合理性

研究一个项目是否可行，不仅要研究该项目是否需要建设和是否可能建设，还要分析该项目是否值得建设，即该项目的经济效益。经济可行性和合理性是通过对经济评价所得出的具体指标予以定量评价的工作。

4. 实施可能性

对影响项目实施可能的所有主客观条件进行研究和论证的过程中，除投资估算和资金筹措外，还应对地形、地质、原材料、交通运输、能源、征地拆迁、环境影响、社会稳定风险等条件进行研究，确保项目的实施过程完全可行。

（五）公路建设项目工程可行性研究

公路建设项目工程可行性研究报告一般由交通运输主管部门根据公路发展近、远期规划，按照交通运输部关于公路建设前期工作资质管理的有关规定，委托持有与所承担公路工程等级相应资格证书的公路工程勘察设计咨询单位编制可行性研究报告。可行性研究报告编制单位的工作必须客观、公正，不应有虚假说明、误导性陈述及重大遗漏，应如实反映研究过程中的真实情况，保证报告的科学性或客观性。

工程可行性研究报告主要论证项目建设的必要性、工程方案可行性及经济评价。通过论证后，再确定工程建设标准、规模、投资估算。工程可行性研究报告中的路线方案初步确定后，工程咨询单位要提供路线具体走向和方案，由建设单位委托有资格的单位编制水土保持方案、环境影响评价报告、用地预审报告、压覆矿产资源评估报告、地质灾害评估报告、洪水影响评价报告、地震安全性评价报告，跨河方案、涉航方案和跨越铁路方案、文物调查报告。上述专项研究工作一般要同步开展，相互交叉，互为印证。当其中某一专项研究报告论证后需要调整工程方案时，必须及时告知其他专项研究报告的编制单位。为保证各专项研究报告与工程可行性研究报告方案一致且衔接紧密，建议在委托工程咨询单位编制工程可行性研究报告时，可明确由可研报告编制单位负责牵头委托完成各专项研究报告的编制和论证，相关费用也一并商定。在进行工程可行性研究的过程中需重点强调：各专项研究报告的论证结论是报批工程可行性研究报告的前置条件，必须引起高度重视，提前委托开展相关工作。

二、可行性研究的任务与要求

（一）可行性研究的任务

在对地区的社会经济发展及路网状况进行充分调查、研究、评价、预测及必要的勘察工作的基础上，对项目建设的必要性和迫切性、经济合理性、技术可行性、实施可能性提出综合性的研究报告，为建设项目立项、决策提供科学的依据。

（二）可行性研究的要求

可行性研究是通过对所有与拟建项目投资效果相关的因素进行综合分析，以达到项目选择准确、工期合理、方案科学、投资可控、效益较好的目的。因此，编制可行性研究报告，要求做到以下几点。

1. 基础资料翔实、可靠

资料收集是可行性研究的基础工作，要求全面、无遗漏，深度要满足可行性研究的分析论证需要，对收集的资料要加以分析、整理，以确保可行性研究的分析论证建立在真实可靠的基础之上。

2. 研究内容全面、系统

可行性研究应从宏观和微观两个角度，对国民经济和社会发展规划、综合运输发展规划、公路网发展规划进行全面分析，深入研究建设项目的地位和作用，既要包含交通运输状况、建设条件，又要包含环境保护、资金筹措、社会经济效益等因素，使项目建立在客观可行的基础之上。

3. 研究深度得当、重点突出

可行性研究要注重对项目的前提性或关键性综合技术及经济问题开展研究，提出具有一定深度的、比较明确的研究结论，避免在下一阶段发生重大变更。所谓"一定深度"，是指技术、经济论证符合可行性研究的要求，对可行性研究需要回答的重点问题，如建设的必要性和迫切性、建设的规模和标准、建设方案的选择等论证清楚。凡属初步设计阶段应解决的问题，不必全部拿到可行性研究阶段来解决，否则会增加可行性研究的时间，延缓项目立项和实施。

4. 分析论证科学、合理

可行性研究要做扎实的基础工作和充分的方案比选，坚持实事求是的原则，按科学规律、经济规律办事，以保证可行性研究的科学性与严肃性。不可任意调整数据和结论，把不可行的项目研究变为可行。

5. 立场客观、公正

在可行性研究过程中，研究人员必须保持客观公正。一个项目通常涉及众多利害相关者，身份各异的利害相关者从不同的角度评价项目，其结论不尽相同。因此，可行性研究报告应从咨询的立场，独立、客观、公正地评价项目，使得咨询服务结果科学、合理、可信。

三、可行性研究的主要工作内容及编制步骤

（一）主要工作内容

预可行性研究和工程可行性研究，由于两个阶段的任务不同、深度要求不同、编制依据不同，因此内容有所差别，原则上应按《公路建设项目工程可行性

研究报告编制办法》相关规定进行编制。一般来说，公路建设项目的可行性研究应包括以下内容。

1. 概述

包括编制背景及编制依据、研究过程及内容、主要研究结论（评价）、问题及建议等。

2. 项目影响区域社会经济、交通运输现状及发展

包括研究区域概况、项目影响区域社会经济现状及发展、项目影响区域交通运输现状及发展等，并对社会经济发展、交通发展等相关指标进行预测。

3. 交通量增长预测

包括公路交通调查与分析、其他相关运输方式的调查与分析、交通量预测的思路与方法、交通量预测结果及分析等。

4. 技术标准

根据以上研究内容，论证拟推荐标准指标的合理性，推荐项目拟采用的具体技术等级、设计速度、车道数及路基宽度、荷载标准、抗震设防标准、隧道建筑界限、交通工程及沿线设施等具体指标。对于跨有航道要求的河流上的桥梁，应明确通航标准等指标。

5. 建设条件、路线（桥、隧）方案、工程方案

包括建设条件、建设项目起止点论证、备选方案拟订、方案比选、推荐方案概况等。特别对提出的几个方案进行综合评价和比较时，应观点鲜明地提出推荐方案及其建设规模；同时，对项目的实施应提出合理的工程方案、相关处治措施及主要工程量。

报告应对所有可能的工程建设方案进行粗略的比选论证，筛选出有比较有价值的方案（备选方案），进一步开展深度的技术、建设经费、经济效益论证比较。制订二级及以上公路的预可行性研究、工程可行性研究阶段的路线方案时，必须分别在 1∶50 000，1∶10 000 或更大比例尺地形图上进行研究。

6. 投资估算及资金筹措

运用现行估算办法及估算指标，说明主要材料来源、材料单价、征地取值依据与标准及主要定额调整原因等，对项目的总投资进行估算，并提出可能的资金来源与筹措的主要办法。

7. 经济评价

根据评价依据和评价方法设定，研究项目对国民经济的净贡献，计算项目的费用和财务收益，研究项目的盈利能力和清偿能力。

8. 实施方案

分析工程的施工条件与特点，研究制约工程进度、质量、造价的关键环节，提出推荐的工期安排等具体实施方案（施工组织计划）。对于改扩建项目，还应包括施工期交通组织方案。

9. 土地利用评价

根据区域内土地利用类型及人均占有量，结合推荐方案中占用土地（土地分类）、主要拆迁建筑物的种类和数量，研究当地土地的利用规划影响，明确与《公路建设项目用地指标》的符合性，合理地提出节约使用土地的措施，特别对占用基本农田的项目，应明确相关解决方案。

10. 工程环境影响分析

研究推荐方案对工程环境（自然环境、气候环境、声环境、水环境等）的影响程度，提出减缓工程环境影响的对策。

11. 节能评价

通过研究项目实施过程中、项目建成后（运营管理）的耗能分析及对当地能源供应的影响程度，提出主要的节能措施。

12. 项目招标

依据法律、法规的权限，提出招标范围、招标组织形式、招标方式等内容。

13. 社会评价

通过项目建设对社会的影响分析、互适性分析、社会风险分析，对可能影响项目建设的各种社会因素进行识别和排序，合理地提出必要的防范措施。

14. 风险分析（对特殊复杂的重大项目，应进行风险分析）

根据风险分析提出相应的规避和防范对策。

15. 社会稳定性分析（可摘录独立编制的社会稳定风险评估报告的相关章节）

根据项目实际情况，采取公示、问卷调查、实地走访、召开座谈会等形式听取各相关方的意见；重点阐述项目建设实施的合法性、合理性、可行性、可控性；制定风险防范和化解措施及应急处置预案。

16. 问题与建议

提出项目建设需要进一步解决的问题，以及解决这些问题的建议。

（二）工作步骤

1. 组成可行性研究工作组

可行性研究的内容涉及面较广，既有工程技术问题，又有社会经济问题和财务问题。在进行这项工作时，首先应组成可行性研究组，一般应有项目负责人、路线工程、路基路面工程、桥梁工程、隧道工程、交叉工程、交通工程、地质、水文工程、工程概预算、工程经济等人员参加，还可根据需要增加相关技术人员（如试验室人员）协助工作。

2. 筹划

了解项目提出的背景和可行性研究的主要依据，讨论研究项目的范围和界限，明确研究的内容及分工，制订工作计划，编写调查研究提纲。

3. 调查研究（资料收集）

开展实地踏勘和调查，包括经济调查、路况调查、路线调查、桥隧调查、材料调查及必要的测量与地质勘察工作。对每项调查结果应分别给出评价。

4. 调查资料整理、计算、分析

按相关规定和要求，对调查资料整理，确定取舍，进行必要的计算和分析，得出定量的指标。

5. 优化和选择方案

将调查资料应用于方案设计之中，优化设计出各种可供选择的方案，确定选择方案的重大原则和选择标准，提出值得进一步比选的备选方案。

6. 详细研究

对主要的问题，包括交通量预测及评价、工程规模及技术标准、线路与桥隧方案、环境保护、工程量估算、投资估算及资金筹措、经济评价、社会评价等，进行详细的分析研究，提出推荐方案。对放弃的方案应说明理由，对推荐的方案应说明其在设计和施工方面如何顺利实施，在财务、经济上应是有利的，结论应是令人信服和满意的。

四、可行性研究中应注意的问题

(一) 项目建设的决策依据不足

1. 建设必要性论述不清

项目建设的必要性是对项目建设的紧迫性、可行性，以及项目的建设时机等进行论述论证。目前，大多数建设项目都是由政府相关主管部门委托给咨询单位（中标单位），政府期望项目尽快立项建设，咨询单位希望报告结论与业主要求一致并获评审通过，因此，对项目建设的必要性只进行正面论述，而对项目建设所带来的负面效应不予考虑，甚至出现建设条件、建设时机不恰当，与总体规划不一致等问题，导致项目立项定位不准，影响项目的批复。

2. 经济、交通基础数据不准

项目的立项与项目区域的经济现状、交通现状及发展规划关系较大，即项目的立项不仅与政策支撑有关，也与区域的经济、交通发展有关，地方经济发展较快，交通量相应增长较大，基础设施发展也应与之相适应，因此，应合理地分析论证经济发展指标，合理地确定交通发展的需要，特别是做好区域基础交通量的调查和远景设计交通量的分析预测。重视交通量基础资料的调查和分析，能较准确地预测项目建设后运营阶段不同时期的交通量，确保项目的建设是可行的。但在实际实施过程中，部分咨询单位按照项目的大小，随意编制相应的交通量，并在项目经济评价达不到要求时随意调整数据，以符合评价要求，误导项目决策者的决策，影响项目的立项实施。

3. 技术标准、建设规模定位不准

公路建设项目技术标准、建设规模的确定是项目建设的重要指标。如过度超前、定位较高，必然投资较大、筹资难度大、工期长，项目投资效益难以体现。如定位过低，虽然前期是合适的，但若社会经济发展速度较快，建好的项目几年内即达到饱和状态，必须及时改建提高，造成重复投资，这在早期建设的高速公路或一级公路项目中较突出。因此，一个规划项目建成什么样的标准，应在宏观路网规划的指导下，在考虑与相关项目协调和衔接的基础上，根据该项目的功能和作用，依据交通量预测结果，实事求是、科学合理地决定。只有确定了适当的技术标准，才

能确定适当的投资规模，不至于投资过大或过小。

4. 经济评价及敏感性分析差异大

建设项目的经济评价是可行性研究的核心内容之一，是实现项目决策科学化，减少和避免投资决策失误、提高经济效益的重要手段。经济评价是在做好需求预测分析和工程技术研究的基础上，通过成本效益分析，对拟建项目的经济可行性和合理性进行分析论证。

经济评价依据的数据大部分来自预测和估算，通过敏感性分析，研究不确定因素对经济评价结果的影响，为投资决策提供更多的信息，估计项目可能承担的风险。在敏感性分析过程中，可以发现项目对交通量、工程造价较为敏感，尤以交通量变化最为敏感。通常进行敏感性分析时须分别对工程造价、效益的变化范围（如±10%、±20%）进行分析。投资的变化直观上易于理解，而效益的变化是比较含糊笼统的，效益变化10%，交通量不一定变化10%，且效益的变化与交通量、运输成本、收费标准等因素有关。因此，应针对具体的影响因素分别进行敏感性分析。

（二）路线方案、工程方案及工程措施不合理，关键性工程认识不到位

路线方案、工程方案及工程措施是可行性研究的另一项重要内容，其研究结果不仅对项目的决策起到重要作用，还对以后各阶段工作起控制性作用。

路线走廊带选择（交通通道研究）、路线走向和主要控制点的确定、特殊路基的处治方案、独立特大桥与大桥的桥位、特长与长隧道的隧址、互通式立交的设置等工程方案，都是可行性研究需要研究的内容。这些带有控制性的方案一经确定，就成为设计的基础。如果所确定的方案在技术上不可行，在经济上不合理，下一阶段推翻上一阶段的结论，其后果和影响将是巨大的。因此，可行性研究阶段必须认真做好路线方案、工程方案的研究工作，进行充分的方案比选和论证，推荐在技术经济指标上最为合理的方案及工程措施，保证工程方案研究充分不遗漏，影响方案的突出因素（如地质、水文）等建设条件调查深度满足要求，工程措施合理可行，工程数量估算基本准确，工程估算能控制项目的投资。

在重视主体工程的基础上，不应忽略其他工程的重要性，例如，过度重视路基路面、桥梁涵洞、隧道、立交等主体工程，而忽视了沿线设施（如安保设施、

立交连接线、改移地方道路、改移沟渠、河道、景观绿化、取弃土场的规划、施工组织等相关内容），造成工程量、投资估计不足。同时，对个别隐性工程估计不足（如矿产压覆、采空区、尾矿、岩溶处治不到位），最终须调整相关指标，影响项目正常推进。

对独立特大与大桥的桥位、特长与长隧道的隧址及互通式立交的确定是项目实施的控制性工程，若地勘工作、安全性评价未能及时进行，应按常规工程（经验）估计，难免会出现与实际出入较大，影响项目工程量、工程措施的合理确定。

（三）社会调查重视不足，对项目建设所引起的社会风险过于乐观

由于公路建设项目在建设期间需要永久性地占用大量的土地、拆迁部分建筑物、影响交通出行等，因此，会对沿线群众的生产、生活影响较大。而社会评价的主要内容就是对沿线群众进行调查，确定当地政府和群众对项目建设所带来的影响的承受度，是否需要对项目的线形进行合理调整，以满足群众的需求，减少社会矛盾，维护社会稳定。根据编制方法要求，社会评价作为单独的章节进行论述。

五、工程可行性研究报告审查与管理

工程可行性报告评审，是指交通行政主管部门根据有关法律、法规、规章、标准、规范及公路建设规划等，对工程可行性报告提出的交通量预测分析、路线走向、建设规模、技术标准、强制性条款、设计方案比选、经济评价、工程数量、土地利用、投资估算及筹资方案和图表资料等内容进行评审。

（一）工程可行性报告审查主要程序按符合性审查和技术性审查

分别进行

1. 符合性审查的主要内容

符合性审查的主要内容如下：编制单位承担的工程是否在其资质等级和业务许可范围内，工程可行性报告的签署是否符合规定，有关的审批手续是否齐全，规模和标准是否与规划相符，设计方案是否符合国家环境保护（饮用水源保护、

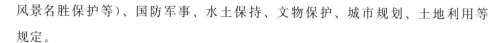

风景名胜保护等）、国防军事、水土保持、文物保护、城市规划、土地利用等规定。

2. 技术性审查的主要内容

技术性审查的主要内容包括"工可"报告内容是否齐全，编制深度是否达到编制要求；"工可"方案是否符合公路建设规划、路网规划等；项目建设是否符合当地社会经济发展的需要，是否符合当地城市建设规划、旅游区、风景名胜保护等的规划；交通量的分析与预测是否采用相关公路历史交通量调查资料（连续10年或以上）或是否补充"OD"调查，采用的最近年国民经济及交通量数据，是否考虑周围路网（包括项目影响区高速公路、国省道等干线公路、铁路、航道等）分流影响，是否按项目分等级、分路段及不同路基宽度提供分段预测的交通量数据等；研究方案是否符合工程建设强制性技术标准、规范；"工可"推荐方案是否符合安全、经济、实用、美观、节约用地的原则，是否符合《公路工程技术标准》等国家和省有关技术规范和标准，总体布局是否技术可行、安全可靠、经济合理，各专业方案内容是否符合技术要求，工程量计算是否准确，"工可"报告是否提出两个或两个以上的工程方案进行比选，深度是否达到要求；建设条件是否真实可靠、选择的建设方案是否可行（跨海湾、大江、大河、水库等建设桥梁的，是否提供符合要求的水深及地质调查，长大隧道、地质条件差、高边坡、地质灾害隐患的是否提供地质调查资料等）；投资估算编制是否客观、全面、准确，选用的费率及材料单价是否合理，资金筹措方案是否合理可行；所选用的经济评价参数是否合理，选用的经济评价技术指标是否符合要求，是否采用最不利条件进行评价分析，结论是否科学、正确等。

（二）技术性审查（会议审查）的一般程序

（1）"工可"报告编制单位向大会介绍报告编制情况，详细介绍路线走向、工程规模、技术标准、主要工程方案、比选及推荐方案、投资估算、经济评价、存在的问题和拟采取的措施建议等主要内容。

（2）项目业主（建设单位）根据需要组织参加会议人员对项目的一些关键位置、路线走向等进行实地踏勘。

（3）进行过"工可"报告咨询的项目，咨询单位应汇报初审报告；编制单位对初审报告中主要内容进行答复，并提交会议讨论。

（4）大会讨论，并形成会议审查专家组意见或会议纪要。

（三）工程可行性报告的批复

交通行政主管部门（发展和改革委员会）对修改后的"工可"报告的主要内容、下阶段建议和投资估算做出批复或上报有关部门审批。

（四）重新报批

批复后的"工可"报告，有下列情形之一的，须进行"工可"调整，并应按"工可"报告审查程序重新报批：

（1）公路技术等级等主要技术指标有变化的.

（2）公路里程长度变化达到总里程的 10％ 及以上的。

（3）公路起、终点发生变化的。

（4）其他与"工可"批复文件有较大出入的。

第二章　路线勘测

第一节　新建公路勘测

一、概述

公路勘测工作是道路工程设计的依据和基础，公路工程设计又是道路施工的依据和基础，故公路勘测质量的好坏对整个公路建设质量起着决定性的作用。因此，在整个外业勘测过程中必须保持认真的态度；深入调查和研究，实事求是；精心勘测，注重技术经济效益；兼顾环境和社会影响，为设计和施工提供正确、完整的数据和资料。

（一）公路勘测的基本要求

（1）尽可能采用先进的测设仪器、技术、手段、方法。

（2）公路勘测须推行全面质量管理，一切野外资料、各种原始记录和计算成果应及时严格检查，有完善的签字制度并层层落实。

（3）各种测量标志的规格、书写、埋设、固定等，应符合《公路勘测规范》（JTG C10—2007）的要求。

（4）保护好相关仪器，严禁使用未按规定检校或检校不合格的仪器。

（二）测量标志要求

1. 标志的种类和用途

（1）主要控制桩。指需要保留较长时间、反复用于各设计阶段和施工期间的控制性标志，主要有 GPS 点桩、三角点桩、导线点桩、水准点桩、桥隧控制桩及互通立交控制桩等。主要控制桩应为预制或就地浇筑混凝土桩。当有整体坚固岩石或建筑物时，可设置在岩石或建筑物上。

（2）一般控制桩。主要包括交点桩、转点桩、平曲线控制桩、路线起终点桩、断链桩及其他构造物控制桩等。一般控制桩为 5 cm×5 cm×（30～50）cm 或直径为 5 cm 的木质桩。

（3）标志桩。主要用于路线上整桩、加桩和控制桩的指标桩。标志桩为（4～5）cm×（1～1.5）cm×（25～30）cm 的木质桩或竹质桩。

（4）水准点桩。水准点桩应为混凝土桩，混凝土桩既可预制，也可就地浇筑。位于山区岩石地段的水准点桩也可利用坚硬稳固的整体岩石凿成下凸面；在有牢固永久性建筑物可利用时，可在建筑物的顶面凸出处设置。水准点桩应按顺序编号，并用红油漆书写。

2. 标志的埋设

（1）主要控制桩应选在基础稳定且易于长期保存的地点，埋入地下，桩顶应高出地面 1～5 cm，并加设指示桩。

（2）一般控制桩应打入地下，其顶面与地面平齐，并加设指示桩。

（3）标志桩应打入地下 15～25 cm，书写桩号面应面向被指示桩。

（4）主要控制桩为混凝土桩时，应设中心标志，中心标志须用精细十字线刻成中心点；位于岩石或建筑物上时，应凿成坑穴，埋入中心标志并浇筑混凝土。一般控制桩的木质方桩应钉小钉表示点位。位于岩石或建筑物上的中桩，应用红油漆标注。

（5）改建公路测量时，柔性路面地段可用铁钉打入路面与路面平齐；刚性路面可用红油漆做标记，并在路肩上钉设指示桩。

3. 标志的书写

（1）所有标志应用黑色或红色油漆书写标志名称及桩号。

（2）位于岩石或建筑物上的标志，应将岩石或建筑物表层刮干净，并在点位符号的旁边用红色油漆书写标志的名称及桩号。

（3）交点桩、转点桩、曲线控制桩、公里桩、百米桩的指示桩等应写出里程号，不得省略。

（4）导线桩、交点桩、三角点桩、GPS 点桩等应按各自的顺序连续编号。

4. 标志的保护

（1）主要控制桩、水准点桩，测量完毕后应埋设 40 cm×40 cm×40 cm 土堆或石堆，并利用明显参照物作为导向标志。

（2）一般控制桩的交点桩、转点桩、路线起终点桩及其他控制点桩，可采用标明附近的建筑物、电线杆、大树、岩石等方向及距离方式填写固定标志表，也可采用堆土堆、石堆或采用混凝土包桩方式予以保护。

（三）测量记录要求

1. 测量记录的重要性

（1）测量记录是内业设计的依据。

（2）测量记录属于原始记录档案。

（3）测量记录是公路勘测的质量管理要求。

2. 公路测量记录的要求

（1）公路勘测的各种记录簿，应采用专用记录簿。

（2）测量记录应现场立即记录，字迹要清楚、整齐，不得擦改、转抄。

（3）当记录发生错误时，应用横道线整齐画去原记录的错误数字或文字，重新记录正确的数字或方案。如测量发生错误，应画去该页，另页记录，并在画去页中加注说明。

（4）统一的标准记录簿中所规定的项目，应逐项记录齐全，说明及草图要精练、准确。

（5）采用电子计算机记录时，可按现行的《测量外业电子记录基本规定》执行，应打印输出与手簿相同的内容，并将各项计算成果附于记录簿中。

（6）测量结束后，应及时整理、检查所有成果和计算是否符合各项限差及技术要求，经复核人员复核无误并签署后，方能交付使用；计算工作采用电子计算机时，对输入的数据应进行核对，计算的打印结果亦应进行校验。

（7）测量完毕后，各种记录簿应编页、编目、整理，并由测量、复核及主管人员签署。

二、初步测量

（一）目的与任务

初步测量是两阶段设计中的第一阶段设计（初步设计）的外业勘测和调查工

作，简称初测。初测是在可行性研究的基础上进一步安排路线，落实路线局部方案的重要步骤。其任务是，根据上级批准的设计任务书和可行性报告已确定的路线基本方向，进一步勘测落实初步选定路线，进行导线、高程、地形、桥涵及构造物、路线交叉等的测量和勘测工作。其目的是通过踏勘测量为初步设计和概算编制及进一步选定路线方案提供资料。

（二）前期工作

1. 准备工作

（1）搜集资料

为满足初测和初步设计的需要，在初测前应搜集、掌握以下资料。

①可供利用的各种比例的地形图、航测图、三角点、导线点、水准点等资料。

②了解沿线自然地理概况，搜集沿线的工程地质、水文、气候、地震基本烈度等资料。

③搜集沿线农林、水利、铁路、公路、航道、城建、电力、环保等有关部门的规定及规划、设计、科研成果等资料。

④对于改建公路还应搜集原路的测设、施工及路况等资料。

（2）室内研究路线方案

根据工程可行性研究报告拟订的路线基本走向方案，在地形图（1∶10 000～1∶50 000）或航测相片上进行室内研究，经过对路线方案的初步比选，拟定出须勘测的方案（包括比较线）及需现场重点落实的问题。

2. 现场踏勘

踏勘是正式初测前，在现场对路线方案进行全面的调查和核实工作。其核查的主要内容如下。

（1）核查所搜集的地形图与沿线地形、地物有无变化，对拟订的路线方案有无干扰，并研究相应的路线调整方案。

（2）核查沿线居民的分布、农田水利设施、主要建筑设施等，并研究相应的路线调整方案。

（3）核查路线各种地上及地下管线、重要历史文物、名胜古迹、旅游风景区、自然保护区、景观区点等，研究路线布设后对环境和景观的影响。

（4）对沿线重点工程和复杂的大中型桥、隧道、互通立交等，逐一核查落实其位置及设置条件。

（5）了解沿线主要建筑材料的产地、质量、储量和开采条件，对缺乏的筑路材料应提出解决的方法。

（6）核查工作应与当地政府或主管部门取得联系，对重要的路线方案、同地方规划或设施有干扰的方案，应征求相关部门的意见。

（7）核实中应充分考虑对环保的影响。

（三）初测要点

根据实际情况对拟订的路线方案和比较方案进行调整与修正，确定路线走廊带后进行初测。

1. 路线平面控制测量

公路平面控制测量，包括路线、桥梁、隧道及其他大型建筑物的平面控制测量。平面控制网的布设应符合因地制宜、技术先进、经济合理、确保质量的原则。路线平面控制网是公路平面控制测量的主控制网，沿线各种工点平面控制网应联系于主控制网上，主控制网宜全线贯通，统一平差。平面控制网的建立，可采用全球定位系统（GPS）测量、三角测量、三边测量和导线测量等方法。平面控制测量的等级，当采用三角测量、三边测量时，依次为二、三、四等和一、二级小三角；当采用导线测量时，依次为三、四等和一、二、三级导线。

采用"现场定线法"进行初测的导线或中线，应根据地形变化钉设加桩，以供测绘地图使用。

可利用路线经过地区已有国家或其他有关部门的平面控制资料，但应进行以下工作。

（1）对原有控制点应进行检测。

（2）控制测量的坐标系统与本路的坐标系统不一致时，应进行换算。

（3）原有平面控制点不能满足公路放线要求时，应按规定予以加密。

2. 路线高程测量

公路高程系统，宜采用国家高程基准。同一条公路应采用同一个高程系统，不能采用同一系统时，应给定高程系统的转换关系。独立工程或三级以下公路联测有困难时，可采用假定高程。

公路高程测量采用水准测量。在进行水准测量确有困难的山岭地带及沼泽、水网地区，四、五等水准测量可用光电测距三角高程测量。

3. 路线地形图测量

初测路线地形图必须全线贯通测绘。在具体测绘时，为保证测设精度，应尽量以导线点做测站。必要时可以根据导线点用视距法或交会法设置地形转点。

路线地形图的测绘宽度，在采用"纸上定线法"初测时，路线中线两侧应各测绘 $200\sim400$ m；采用"现场定线法"初测时，路线中线两侧测绘宽度可减窄为 $150\sim250$ m。

高速公路和一级公路采用分离式路基时，地形图测绘宽度应覆盖两条分离路线及中间带的全部地形；当两条路线相距很远或中间带为大河与高山时，中间带的地形可不测。

地形图的具体测绘可根据不同的条件采用不同的方法。

4. 其他勘测与调查

初测除上述几项测量内容外，还应包括以下勘测与调查的内容。

（1）路基、路面及排水勘测与调查。

（2）小桥涵勘测。

（3）大中桥勘测。

（4）隧道勘测。

（5）路线交叉勘测与调查。

（6）沿线设施勘测与调查。

（7）环境保护勘测与调查。

（8）沿线筑路材料调查。

（9）渡口码头勘测与调查。

（10）改移公路、铺道、连接线的勘测与调查。

（11）占用地、拆迁建筑、构筑物调查。

（12）临时工程调查。

（13）伐木、挖根、除草的调查。

（14）概算资料调查。

5．初测的内业工作

初测内业工作包括以下几点。

（1）复核、检查、整理外业资料。

（2）进行纸上定线或移线及局部方案比选。

（3）初步拟订各种构造物设计方案，并综合检查定线成果。

（4）编制勘测报告及有关图表制作与汇总。

（5）应逐日复核、检查外业中原始记录资料，如有差错、遗漏，必须及时纠正或弥补，对于从其他部门收集的资料，应根据测设需要检查、分析其是否齐全、可靠和适用，做到正确取用。

（6）综合检查、协调路线设计与有关专业及结构物布设的合理性，并进行现场校对。

初测应提交的成果包括如下内容：

（1）各种调查、勘测原始记录及检验资料。

（2）根据纸上定线，由等高线来判识、点绘纵断面和横断面图，并进行纵坡设计及横断面设计。

（3）综合检查纸上定线成果，进行现场核对，做出适当调整。

（4）沿线设施、环境保护、筑路材料等设计方案。

（5）计算土石方工程量，确定人工构造物的位置、类型及主要尺寸和工程量。

（6）编制设计概算和初步设计文件的有关文字说明，以备报上级机关审查。

三、定线测量

（一）概述

1．任务

定线测量是两阶段设计（或一阶段设计）中施工图设计阶段的外业勘测和调查工作，简称定测。其任务是根据上级批准的初步设计，具体核实路线方案，实地标定路线，并进行详细测量。其目的是为施工图设计和编制施工预算提供资料。

2. 内容

（1）沿初测拟定的路线走向和控制点进行补充勘测，对初步设计所定的方案进行反复研究与修改补充，如有变更应经上级主管部门批准。

（2）实地选定路线、测角、量距、曲线测设、钉桩、固定交点与转点桩位，如系纸上定线应增加放线内容。

（3）引设水准点，进行路线纵断面测量和横断面测量。

（4）勾绘地形图，如地形复杂须纸上定线时，则应实测地形图。

（5）测绘局部路段地形图，如大中桥桥位、渡口、隧道、大型防护工程、交叉口等工程设施地点的大比例地形图。

（6）桥、涵、隧道的勘测与调查。

（7）路基路面及其他人工构造物设计资料搜集。

（8）沿线土壤地质调查与筑路材料勘测。

（9）占地、拆迁调查及预算资料搜集。

（10）征询有关部门对路线方案及占地拆迁等方面的意见，并订立必要的协议。

（11）检查与整理外业资料，完成外业期间规定的内业设计工作。

3. 分工

定测是分成若干作业组进行的，公路定测队一般由选线组、测角组、中桩组、水平组、横断面组、桥涵组、调查组和内业组八个作业组构成，各组人员及仪器可根据工作的实际需要配备。当采用纸上定线时，选线与测角合并为一个组，称为放线测角组。实地定线的详细测量称为一次定测。

（二）选线组

1. 任务

选线组也称大旗组，它是整个外业勘测的核心，其他作业组都是根据其所插定的路线开展测量工作的，所以选线工作在整个公路勘测设计中起着主导作用，是最关键的一环。选线工作的好坏，不仅直接影响使用质量和工程技术经济的合理性，而且还影响日后施工、养护、运营，以及公路的改建与提高。选线工作的主要任务是实地确定公路中线位置；对线路进行察看，并进一步确定路线布局方案；清除中线附近的测设障碍物；确定路线交点及转角并钉桩，选定曲线半径；会同桥涵组确定大中桥位置；会同内业组进行纵坡设计等工作。

2. 分工

前点工作一般由 1～2 人承担，中点工作一般由 2～3 人承担，后点工作一般由 2～3 人承担。

3. 工作内容

（1）前点——放坡插点

根据路线走向，通过调查、量距或放坡确定路线的导向线，进一步加密小控制点，插上标旗供后面定线参考。

（2）中点——穿线定点

根据技术标准，结合地形及其他条件，修正路线导向线，用花杆穿直线的方法，反复插穿，穿线交点，并在长直线或相邻两个互不通视的交点间设置转点，最后选定曲线半径、缓和曲线并确定平面线形类型，同时对交点进行编号。

（3）后点——测角钉桩

用罗盘仪或经纬仪初测路线转角以供选择曲线半径用，钉桩插标旗，并为后续的作业组留下初拟的曲线半径及其他有关控制条件的纸条。

定线的最后成果是在实地上打桩插旗定出各交点的确切位置，并逐点留纸条说明交点序号、粗测偏角值、左右偏角大小，以及初拟平曲线半径值或控制条件，为后续测角和中桩作业提供测量依据。

（三）测角组

1. 任务

选线组将路线的交点在地面上定出后，测角组即可进行工作。

为确保测设质量和进度，定线与导线测角应紧密配合，相互协助。作为后续作业的导线测角组，要注意领会选线意图，发现问题及时予以修正补充，使之完善。

2. 分工

导线测角组一般可由 5 人组成，其中观测仪器 1 人，记录计算 1 人，插杆跑点 2 人，固桩 1 人。

3. 工作内容

（1）标定直线与修正点位

标定直线，主要是对长直线，当地形起伏较大时可保证中桩组量距时穿杆定线的精度，用经纬仪标定若干导向桩。

修正点位，是指两交点互不通视时，测角组用经纬仪进行穿线对交点位置进行微小的修正。

（2）测角及转角计算

路线测角一般规定为测右角 β（即前进方向右侧路线的夹角）。所谓转角 α，是指后视导线的延长线与前视导线的水平夹角，它是计算曲线要素与敷设曲线的重要依据。按路线前进方向，转角又有左转角与右转角之分。转角 α 与右角 β 有如下关系：

转角 α＝右角 $\beta-180°$（$\alpha<0$，右转；$\alpha>0$，左转）

（3）测量交点间距

可依据实际条件采用钢尺（误差 1/2000）、光电测距仪和全站仪测定相邻交点间距。测点（交点或转点）间的距离，一般不宜超过 500 m。

（4）平曲线要素计算

根据实测角值和选线组所定半径，即可计算平曲线要素。在未计算前，应首先核对实测角值与选线量出的偏角有无出入，如出入较大，且半径又是依据偏角关系结合地形条件定出的，则应考虑选线意图重新选定半径值或与选线组取得联系共同商定。

（5）作分角桩

为便于中桩组敷设平曲线中点桩（QZ），在测角的同时须做转角的分角桩，计算如下：

分角读数＝（前视读数＋后视读数）/2（右转时）

分角读数＝（前视读数＋后视读数）/2＋180°（左转时）

（6）方位角观测及复核

为避免测角时发生错误，保证测角的精度，应在测设的过程中经常进行测角检查。

采用罗盘仪观测导线的磁方位角，要求每天至少观测两次，一般在出工和收工时观测。

（7）距离测量

用全站仪或红外测距仪测出相邻交点间的直线距离，以便提交给中桩组，供实际丈量校核。如果公路等级较低且没有全站仪或红外测距仪，可利用经纬仪采取视距测量法测距。

（8）路线控制桩的保护与固定

为便于施工时恢复定线及施工放样，对于中线控制桩（如路线起终点桩、交点桩、转点桩、大中桥位桩以及隧道起终点桩等），均须妥善固定和保护，防止丢失和破坏。为此宜主动与当地政府联系协商保护桩志措施，并积极向当地群众宣传保护测量桩志的重要性，协助其共同维护好桩志。

交点桩的保护，一般采用就地灌注混凝土的方法进行，混凝土的尺寸为深 30～40 cm，直径 15～20 cm 或 10～20 cm，也可采用 5 cm×5 cm×25 （30） cm 木桩代替，但必须稳固。

固桩则是将交点桩与周围建筑物或固定物上某一不易破坏的点联系起来，通过测定该点与交点桩的直线距离，将交点位置固定下来，以便今后交点桩丢失后恢复该交点桩。固桩完毕后，应及时画出固桩草图，在草图上应绘出路线前进方向、地物名称、距离等，以便日后编制路线固定表用。

（四）中桩组

1. 任务

中桩组的主要任务是根据选线组所定交点及留条记载数据，进行中线丈量、桩号计算、钉桩和敷设中线及编制直线、曲线及转角一览表等。中桩组作业内容多，工作量大，人员多，必须切实做好组织工作，才能提高测设质量，加快工作进度。

2. 分工

（1）前点 1 人，负责找点，在前点插花杆，校核量角组留的字条，并携带一定数量的木桩供打桩使用。

（2）前尺手 1 人，后尺手 1 人，负责穿直线、拉尺、丈量距离，并在桩的点位插上测钎或留下标记，以便寻找。

（3）卡链1人，负责在适当的地方加桩。

（4）记录、计算1~2人，负责记录，计算曲线要素、桩号、加桩、编排中桩序号并通知写桩人，进行链距与距离校核。

（5）写桩1人，根据计算结果写桩名、桩号。

（6）打桩、背桩1人，将写好的木桩准确地钉在指定的位置上。

3. 工作内容

（1）中线丈量

中线丈量是指丈量路线的里程数，并在丈量的同时钉设里程桩。丈量里程以路线起点为零点，沿公路中线逐桩丈量，累加计算里程数。

直线丈量前应先定出交点间直线方向，一般情况下用花杆穿线即可；当直线较长，且地势起伏较大时，为保证质量，宜用经纬仪穿线。丈量工具视公路等级而定，一般公路用钢尺丈量。丈量时，手要用力拉尺将尺链抬平；如地面起伏较大时，应以垂球对点分段丈量。

（2）中桩钉设

中线钉桩与中线丈量同时进行。中线桩的主要桩志有路线起点桩和终点桩、公里桩、百米桩、平曲线控制点桩（起点、中点、终点桩）、转点桩、大中桥位桩及隧道起点桩和终点桩等。此外，也可按下列要求设置加桩。

①路线范围内纵向及横向地形有显著变化处。

②与水渠、管道、电信线、电力线等交叉点或干扰地段的起点、终点。

③与既有公路、铁路、便道交叉处。

④病害地段的起点、终点。

⑤拆迁建筑物处。

⑥占有耕地及经济林的起点、终点。

中桩的桩距，在直线路段根据地形情况一般规定，平原、微丘区为50 m，山岭、重丘区为20 m。为了测设方便，应尽量采用整桩号，一般宜采用20 m（或50 m）的倍数。平曲线桩距，根据半径大小一般规定如下：$R>50$ m，桩距为20 m；20 m$<R<50$ m，桩距为10 m；$R \leqslant 20$ m，桩距为5 m。

（3）桩志

中桩所用桩一般多为木质桩志，对于路线起点桩、终点桩、公里桩及大中桥位桩，其尺寸一般为 5 cm×5 cm×30 cm，其他桩志为 2 cm×5 cm×25 cm。所有中桩均应写明桩号；公里桩、百米桩、曲线基本桩、桥位桩还应写出里程数；交点桩、转点桩及曲线控制点桩还应标出桩名。桩名一般用汉语拼音字母缩写代号表示，中桩书写采用红色油漆或红色记号笔。

（4）断链处理

在测量过程中，出现桩号与实际里程不符的现象叫断链。断链产生的原因有很多，但是主要有以下两种：一种是由于计算和测量发生错误造成的；另一种是由于局部改线、分段测量等客观原因造成的。

断链有长链与短链之分。当实际里程短于路线桩号时称为短链，反之称为长链。断链桩一般宜设在直线段的 10 m 整数倍桩上，并在桩上注明新老里程关系及长（或短）链长度。一般习惯写法是等号前面的桩号为新桩号，等号后面的桩号为老桩号。

所有断链均应填写在总里程及断链桩号表上，根据断链记录按下式即可算出路线总里程：

路线总里程＝末桩里程＋∑长链－∑短链

（五）水平组

1. 任务

水平组的任务是在公路沿线设置满足测设与施工所需的水准基点；通过对中线进行水准测量，测出中桩地面高低起伏的情况，为纵断设计提供地面高程的资料。

2. 分工

水平组的组成，根据地形复杂程度、工作进度要求及人员、仪具配备情况，可组成一组或两组进行测量工作，每小组成员 3～4 人，分基平和中平两个组。基平组的任务主要是设立水准点并测其高程；中平组的任务主要是测量中线水准，即根据已设置的水准点测量路线上每个中桩的地面高程。

3. 工作内容

(1) 基平测量

应根据需要设置永久性或临时性水准点。在路线起点、终点，大中桥桥位两岸，隧道进出口处，山岭垭口及其他大型人工构造物附近应设置永久性水准点。水准点间距，一般情况下，山岭、重丘地区 0.5～1 km，平原、微丘地区 1～2 km，大中桥桥位两岸、隧道进出口处应增设水准点。水准基点既要靠近中线，又要考虑不被日后施工爆破或行车等所破坏，一般应选择在稳定、醒目、便于引测的地方。如附近无可利用的固定物，也可埋以 20 cm×20 cm×100 cm 混凝土桩，桩顶高出地面 20～30 cm，其上预埋钢筋，钢筋顶端刻以十字，以便立尺。水准点应按顺序编号，用红油漆标明 BM 编号及测量单位、年、月等。为便于将来寻找水准点，可在测量记录簿上绘出位置草图及路线的大致方位、距离等。

(2) 中平测量

中平测量一般采用单程法，以相邻两水准基点为一测段，中桩高程测量应起闭于水准点，中桩高程可观测一次，如果与基平符合，即可据以计算测段全部中桩地面高程，否则应重测。中平允许误差精度要求如下：高速公路、一级公路为 $\pm 30\sqrt{L}$ m m；二级及二级以下公路为 $\pm 50\sqrt{L}$ m m。

中桩高程检测限差：高速公路、一级公路为 ± 5 cm；二级及二级以下公路为 ± 10 cm。

中桩高程应测量桩志处的地面标高。对沿线需要特殊控制的建筑物、管线、铁路轨顶等，应按规定测出其标高，其检测限差为 ± 2 cm。相对高差悬殊的少数中桩高程，可用三角高程测量或单程支线水准测量。

(六) 横断面组

1. 任务

横断面组的任务就是测量各中桩垂直于路中线方向的地面起伏情况，并绘制横断面图，为路基横断面设计、土石方数量计算及施工放样提供依据。

2. 分工

横断面组一般由 6 人组成，其中拉尺 2 人，记录 1 人，绘图 1 人，司仪 1 人，跑点 1 人。

3. 工作内容

（1）横断面方向的测定

在直线路段，横断面方向与路线垂直。曲线段的横断面方向与该点处的切线方向垂直，即法线方向，指向圆心的方向。

直线段横断面方向常用十字架（又称方向架）或经纬仪做垂线来测定；曲线横断面方向根据计算的弦偏角，用弯道求心方向架或经纬仪来测定。具体方法详见测量学方面的教材。

（2）横断面测量方法

横断面测量是以中桩位置为直角坐标原点，分别沿横断面方向两侧施测地面各地形变化特征点间的水平距离和高差，由此点绘横断面地面线。常用的方法有水准仪法、抬杆法、手水准法和经纬仪法。

①水准仪法。此法适用于平原、微丘区比较平坦的地形。中桩水准尺读数为后视，其余特征点的水准尺读数为前视，后视减前视计算出的数值为特征点与中桩地面高差；用皮尺丈量特征点与中桩的累积距离。

②抬杆法。此法适用于山岭、重丘区地形变化较多的地点。采用抬杆法测量，无论特征点与中桩的高差还是水平距离全用花杆来测量，此法所测得的高差或水平距离为相邻两点间的关系，在记录时应转化成累计距离与中桩的高差，也可直接记录，但一定要注明。此外，由于测站较多，测量和积累误差较大。

③手水准法。此法原理与抬杆法相同，仅在测高差时用水平花杆测量，量距仍用皮尺。与抬杆法相比，此法精度较高，但不如抬杆法简便，一般多适用于横坡较缓的地段。

④经纬仪法。此法适用于地形复杂、山坡较陡的地段。将经纬仪安置在中桩上，用视距法测出横断面方向各变坡点至中桩的水平距离和高差。

（3）横断面图的绘制

横断面图一般均现场绘制，既可在现场边测边就地点绘成图，也可把测量数据记录下来，回到室内进行点绘。但应注意的是，切勿把左右方向画颠倒。横断测量记录一般均自中桩分别向左、右两侧，由近及远逐点按分数形式记录，其中分子表示相邻点间高差，"＋"为升高，"－"为降低，分母表示相邻点间的水平距离。

横断面图绘制在格纸上,图幅一般采用 297 mm×420 mm,绘制顺序一般是从图纸左下方起,自下而上、由左向右依次按桩号绘制,并将桩号标明于所在横断面下方。为便于设计"戴帽子",中桩零位宜取在格纸整数粗线条处;相邻断面间预留一定间距,以避免地面线或路基设计线相互重叠。横断面图常采用 1:200 比例尺,当有特殊需时可采用 1:100 比例尺。为了说明地面上的地物情况,可用简明的文字标注在横断面地面上,供设计时参考。

(4)测量精度及测图范围

横断面中高程、距离的读数取位至 0.1 m,检测互差限差应符合表 2-1 的规定。

表 2-1 横断面检测互差限差(单位:m)

路线	距离	高程
高速公路、一级公路	$\leqslant L/100+0.1$	$\leqslant h/100+L/200+0.1$
二级及二级以下公路	$\leqslant L/50+0.1$	$\leqslant h/50+L/100+0.1$

注:L 为测点至中桩的水平距,单位为 m;h 为测点至中桩的高差,单位为 m。

横断面的测量范围应根据地形、地质、地物及设计需要确定。一般要求中线左右两侧各不小于 20 m,高速公路、一级公路的分离式路基和二、三、四级公路的回头曲线,应测出连通上下路线横断面,并标注相关关系。

(七)桥涵组

1.任务

桥涵组的主要任务是调查与搜集沿线桥涵水文与地形、地质资料,配合路线总体布设,进行实地勘测,提出桥涵和其他排水构造物的技术要求,研究决定桥涵位置、结构形式、孔径大小、进出水口形式及上下游防护处理措施。

2.分工

一般由 6~8 人组成。

3.工作内容

(1)桥涵水文资料调查

桥涵水文资料调查的目的,是为确定设计流量和孔径提供资料,具体调查内

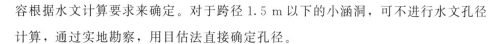

容根据水文计算要求来确定。对于跨径 1.5 m 以下的小涵洞，可不进行水文孔径计算，通过实地勘察，用目估法直接确定孔径。

（2）桥涵位置、形式的选定和测量

①桥涵位置与形式的选定。小桥涵位置原则上应服从路线走向，位置通常由选线组按最佳路线条件已大致确定。

a. 原则。服从路线走向；全面综合考虑和比较，使全部工程量小，造价低，进口要顺，水流要稳，不发生斜流、旋涡等现象，以免冲毁洞口、堤坝或农田；保证农业灌溉、排洪的需要。

b. 设置地点。天然河沟与路线相交，农田灌溉渠与路线相交。路线通过较长的低洼地带及泥沼地带、天然积水洼地等处。

c. 小桥涵的类型。按建筑材料不同分为木桥涵、砖涵、石桥涵、混凝土桥涵、钢筋混凝土桥涵等；按填土高度不同分为明涵、暗涵；按水力性质不同分为无压力式、半压力式、压力式；按洞身形式不同分为进口抬高式、阶梯基础式、斜置式（基础底部设防滑结构）。

②桥址测量

a. 在桥位选定后，可在桥头两岸距岸边 10～20 m 处各钉中线桥位桩一个，然后沿上述桥位桩间施测桥址中线纵断面。平原区河沟仅当沟形较弯曲或桥位斜交时，方须在桥位上下游侧墙及锥形护坡坡脚处增测 1～2 条平行线路的纵断面；山区河沟一般须增测 2～3 条平行纵断面。平行纵断面须测到两岸以上，其起测点的位置和高程要与中线桥位桩及路线中桩取得联系。

b. 河床比降图的测绘。桥址附近的河床比降图可显示出其上下游沟底纵剖面有无陡坡、跌水及淤积、冲刷等现象，便于考虑是否需要设缓流设备，河床是否开挖和河床如何加固等。另外，在孔径水力计算中求河沟的天然水深亦需河床比降的数值。

c. 桥址地形图测绘。小桥涵一般无须测绘地形图，当桥址上下游河沟弯曲、地形起伏、流向紊乱等，须纸上研究桥位布置、改移河道和设置导流工程或复杂的弯桥和斜桥时，则应实测桥址等高线地形图。测图范围应以满足设计需要为准。

③涵址测量。

a. 涵位中心纵断面测量。当涵位及其与路线的交角选定后，应自涵位中桩沿涵洞中线 90°方向分别向上下游施测纵断面，施测长度一般各为 15～20 m。每一测点的地貌特征应予以记录，注明是沟底还是沟边，以便决定涵底标高和比降。

b. 涵底河沟横断面测量。在涵位中桩及上下游进出口翼墙处，各测一个垂直于涵位中线的横断面，以便了解涵位附近的地形全貌，便于检查涵址及其与路线的交角是否合适，涵身与翼墙基础有无悬空现象，从而更合理地布设翼墙及洞口加固与缓流设备等。

c. 涵址平面示意图勾绘。为了便于内业设计时了解涵址附近的地形、地貌现象，当地形较复杂、河沟较弯曲、涵位与路线斜交、上下游河沟须改道或与其他建筑物有干扰等时，有必要勾绘出涵址平面示意图。

（3）桥涵地质调查

桥涵地质调查的目的在于摸清桥涵基底工程地质及水文地质情况，为正确选定桥涵及附属构造物的基础类型和尺寸、埋置深度等提供资料。调查内容包括地基土壤类别与特征，有无不良地质情况，土壤冻结深度及水文地质对桥涵基础与施工有无影响等。

桥涵地质调查的方法以调查为主、挖深为辅，当地质条件比较简单，通过天然露头调查、访问当地群众对附近原有桥涵进行调查，或向有关地质部门取得当地区域地质资料，足以判明桥涵基底情况时，一般不进行专门的勘探工作。当通过上述手段不足以查明地质情况或根据设计有特殊需要时，方挖深或辅以钻探。

（4）小桥涵资料整理

桥涵组应完成以下工作，根据需要可适当选择。

①填写小桥涵野外资料调查记录本。

②填写原有桥涵资料调查记录本。

③沿线汇水面积图及径流计算有关数据。

④流量计算及孔径计算资料。

⑤桥涵址纵断面、横断面、河床比降、形态断面和特征水位测量记录及制成的图表。

⑥特殊情况桥涵地形图。

⑦改移河道纵横断面及计算资料。

⑧外业调查整编资料。

⑨附属工程测量和调查的有关资料。

⑩小桥涵现场布置简图。

⑪小桥涵勘测说明书。

(八) 调查组

1. 任务

调查组的主要任务是根据道路测设任务的要求,通过对道路所经地区的自然条件和技术经济条件进行调查,为道路选线和内业设计提供原始资料。

2. 分工

每个调查小组以 2～3 人为宜,也可据实际情况确定。

3. 工作内容

调查的主要内容有工程地质情况调查、筑路材料情况调查、小桥涵情况调查(包括在桥涵组中)、预算资料调查和杂项调查。

(1) 工程地质情况调查

工程地质调查是公路勘测不可缺少的一项工作,包括路线、路基和路面三个方面。通过调查、观测和必要的勘探、试验,进一步掌握与评价路线通过地带的工程地质和水文地质情况,为正确选定路线位置,合理进行纵坡、路基、路面、隧道、桥涵等设计提供充分而准确的工程地质依据。

①路线方面。

a. 在工程地质复杂和工程艰巨地段,会同选线人员研究路线布设及所采取的工程措施。

b. 调查沿线范围内的地貌单元和地貌特征、地质构造、岩性、植被、土壤种类和不良地质现象等情况,并分段进行工程地质评价。

c. 分段测绘具有代表性的工程地质横断面,标明土、石分类界限,并划分土石等级。

d. 调查气象、地震及施工、养护经验等资料。

e. 编写道路地质说明书。

②路基方面。

a. 调查分析自然山坡或路基边坡的稳定情况，根据地质构造、岩性及风化破碎程度以及其他影响边坡稳定的因素，提出路堑边坡坡度或防护加固措施。

b. 路基坡面及支挡构造物调查，提出结构类型、基础埋置深度等意见。

c. 路基土壤和排水条件调查，提出路基土壤分类和水文地带类型。

③路面方面。

a. 搜集有关气象资料、研究地貌条件，划定各路段的道路气候分区，并提出土基回弹模量建议值，供路面设计采用。

b. 调查当地常用路面结构类型和经验厚度。

特殊不良地质地区，如黄土、盐渍土、沙漠、沼泽及滑坡、岩溶、泥石流等的综合性地质调查与观测，为制定防治措施提供资料。

（2）筑路材料情况调查

在公路建设中，需要大量的筑路材料来修建路基、路面、桥涵、挡土墙及其他构造物，筑路材料的质量、数量及运距，直接影响工程的质量和造价。进行筑路材料调查的任务就是根据适用、经济和就地取材的原则，对沿线料场的分布情况进行广泛的调查，以探明其数量、质量及开采条件，为施工提供符合要求的料场。

筑路材料按其来源不同，可分为两大类，即外购材料和自采材料。外购材料，主要包括三大材料（钢材、水泥、木材）及其他材料（如炸药、雷管、沥青等）。这类材料的调查主要是向市场了解单价、供货单位及运输方法等，以供设计编制工程概（预）算。自采材料，主要是指当地自采的块石、片石、碎石、砾石、砂、黏土等天然材料，以及石灰、炉渣等当地材料。自采材料的调查，一方面是为工程施工提供料源充足的产地，另一方面为编制预算提供材料价格依据。

通过实地勘察与资料整理，一般应总结出以下成果。

①编制沿线筑路材料一览表，表中注明料场的位置、材料的名称、规格和储量等。

②绘制自采材料示意图，明确各个料场的供应范围。

③确定材料的开采和运输方法，计算材料单价。

④编制筑路材料试验分析一览表。

⑤编制筑路材料说明书。

（3）预算资料调查

施工预算是道路设计文件的重要组成部分，进行预算资料调查的目的就是为编制施工预算提供资料。调查应按《道路建设概算预算编制办法》的有关规定执行。调查内容主要包括以下方面：

①施工组织形式调查。向建设投资部门调查落实施工组织形式，以便正确使用有关定额和费用标准。

②工资标准调查。调查工程所在地区工资计算方法和有关工资现行标准。

③调拨或外购材料及交通运输调查。向地方物资和商业部门调查当地材料、外购材料与零星材料的规格、价格、运距、运输方式、供应数量及材料包装情况等。

④材料运输费用调查。向当地交通运输部门调查施工期间地方可能提供的运输方式和车辆数量、运输路线和里程、各种运输工具的价格、装卸费、回空费及物资类别等级规定等。

⑤气温、雨量、施工季节调查。

⑥其他费用调查。其他费用在概预算中占有相当的比重，应根据工程地区、施工组织形式等具体情况进行调查，内容包括施工队伍调迁费、冬雨期施工增加费、伙食运费补贴、职工取暖补贴及特殊费用等。

（4）杂项调查

当路线方案确定后，即应根据测设初步成果，沿着路线所经地区进行图样核对，检查设计是否妥当，并调查工程占地、拆迁等情况，为内业设计搜集原始资料。

①测设成果现场复核。为保证设计质量，对于外业测量及内业成果必须进行实地复核。首先应核对路线地形及纵、横断面图与实际情况有无出入，然后根据纵断面拉坡、横断面"戴帽子"，进一步检查纵断面设计高程是否合适、路基横断面处理有无问题，如有问题即可就地调整更改，使平、纵、横关系更好地协调起来。

②占地调查。工程占用土地应逐段按土类别（如旱地、水田、菜地、果园、

经济林等）分别统计占地数量及土地所属单位，并应向有关部门调查有关补偿规定，如土地征用价格及临时占地的青苗补偿标准等。

③拆迁调查。拆迁调查包括因工程影响而必须拆迁的各类房屋、水井、坟墓及其他建筑物等。调查内容有被拆迁的建筑物名称、结构类型与等级、所在位置（路线桩号）、拆迁数量、所属单位及补偿标准等。

④迁移电信、电力设备调查。调查需要迁移的电信、电力设备数量，编号及所在位置，会同电力、电信部门现场核查，协商迁移与补偿办法，并联系架设工地临时电力、电信设备等有关事宜。

⑤工程配合调查。公路跨越铁路或水利设施等发生干扰时，应会同有关单位实地研究，协商解决办法，共同拟定施工配合方案及工程费用摊付办法。

（九）内业组

1. 任务

外业期间的内业工作是一项关键性的工作，内业组在整个外业工作中起着核心组织的作用。内业组是沟通各个作业组工作联系的桥梁，它担负着各作业组的资料检查和汇总，外业工作的协调与平衡，有关测设图表的绘制，路线方案的设计及相关技术资料的整理与保存等工作。

2. 分工

内业组一般由6～8人构成，其中2人负责搜集外业资料，其他人员负责内业设计。

3. 工作内容

（1）内业组应主动向选线人员了解方案情况，掌握各路段的定线意图和布设情况及测设工作的意见和要求。其中，包括分段定线依据和技术指标，如路线走向、放坡坡度、路基填挖高程控制，以及平、纵、横线形配合要求和沿线人工构造物的布设等。摸清底细后，据以检查实测结果与原意图有无出入，以便更好地指导内业设计。

（2）内业组应协助队长检查外业勘测质量，逐日复核各作业组当天交回的野外记录原始材料，检查容许误差，发现有错误、漏测和不完善情况，及时通知有关外业组迅速纠正或补漏。其具体内容主要包括以下几个方面。

a. 选线定线方面。所选路线的交点是否合理，半径、缓和曲线是否合适，平面线形的组合是否合理，有无"断背曲线"等不合理的线形情况出现。

b. 量角方面。测角记录本的记录，角度闭合差是否满足要求，分角读数和视距计算是否正确，平曲线要素计算有无错误，导线磁方位角闭合差是否在允许限度范围内。

c. 中桩方面。中桩记录本的记录，路线固定表，直线、曲线、转角一览表的填写等是否规范；中线丈量精度是否满足要求；平曲线要素、桩号里程推算、虚交点计算、断链处理等有无错误；平曲线测设、加桩数据有无差错。

d. 水准测量方面。基平、中平记录本的记录，水准点表填写是否规范；基平测量精度是否满足要求；中平测量是否闭合，有无漏测中桩，中桩计算是否正确等。

e. 横断面方面。核对横断面桩号与中桩记录是否相符，有无漏测、错测；横断面施测宽度是否够用；地物界限及标注是否清晰明确；横断面记录、绘图是否规范。

f. 地形方面。检查中线展绘有无错误，测图范围是否符合要求，图幅拼接是否连续，地形、地物测绘有无偏离和遗漏。

g. 地质方面。检查地质勘探记录本、路线描述、土质各项指标、沿线地质情况、土石划分等。

h. 桥涵方面。小桥涵野外调查记录本记录是否规范，调查是否全面，有无遗漏项目。小桥涵的位置、孔径、结构形式等是否合理，特别是检查填土高度与桥涵结构形式是否合理。

（3）外业期间的作业计划，一般是由内业组负责各作业组分工协同开展工作，并根据各组实际出勤与工作进展情况，按期填报计划统计报表，掌握测设进度与作业完成情况。当作业中出现矛盾时，应及时同测设负责人磋商，协同各组做好协调工作，保证外业工作的正常开展。

（4）断面图的点绘与纵坡设计，要求内业组在外业期间基本完成，然后再到现场进行核实，看原定路线是否恰当，纵坡是松还是紧，平、纵、横配合如何，纵断面设计有无问题，如有问题也可早发现、早纠正，避免贻误全局。所以纵断面的点绘，要求随测随绘，一般应在中平资料提出后，最迟不超过次日点绘成图。

（5）外业期间的内业设计工作，主要包括路线平面底图，路线纵断面设计底图，特殊与一般路基横断面设计底图，桥涵方案布设略图，挡土墙及其他人工构造物略图，重要交叉路口设计方案略图，路面分段及结构类型。有条件的情况下，在外业期间尽量完成下列工作：路基横断面"戴帽子"、路基设计及土石方数量计算。

第二节　公路现代勘测技术

一、CAD 技术

（一）CAD 技术简介

1. CAD 的概念

CAD 是计算机辅助设计（Computer Aided Design）的简称，是近年来工程技术领域中发展最迅速、最引人注目的高新技术之一。它将计算机迅速、准确地处理信息的特点与人类的创造思维结合起来，为现代设计提供了理想手段。

2. CAD 系统的组成

CAD 系统由软件系统和硬件系统组成。

（1）CAD 软件系统

CAD 软件系统由数据库、图形系统和科学计算三部分组成。

①数据库。它是一个通用性的、综合性的及减少数据重复存储的"数据结合"。它按照信息的自然联系来构成数据，即将数据本身和实体之间的描述都存入数据库，用各种方法来对数据进行各种组合，以满足各种需要，使设计所需数据便于提取，新的数据便于补充。其内容包括原始资料设计标准与规范数据中间结果、最终结果等。数据库及其管理系统是整个 CAD 系统的纽带。

②图形系统。其包括几何构型、绘制工程设计图、绘制各种函数曲线、绘制各种数据表格、在图形显示装置上进行图形变换及分析和模拟等。图形系统是

CAD 技术的基础。

③科学计算。其包括通用的数字函数和计算程序，以及在设计中占有很大比例的常规设计、优化设计等，即所有 CAD 的应用软件包。科学计算是实现工程设计计算分析绘图等具体专用功能的程序，是 CAD 技术应用于工程实践的保证。

（2）CAD 硬件系统

CAD 硬件系统由计算机、显示器、打印机及绘图仪四部分组成。计算机进行数据的处理，其处理的结果由显示器进行显示，供设计者判断修改，最后由绘图仪输出所需的图形，由打印机输出数据处理的结果。必要时也可输出打印图形。在绘图精度和效率都要求较高的场合，可以在基本配置的基础上增加图形输入板或数字化仪，以改进输入手段，提高输入效率和精度；在输出方面，可以增添图形硬盘拷贝机，以提高输出效率和效果。

3.CAD 技术在工程上的应用

早在 20 世纪 60 年代，公路设计人员就运用计算机技术，解决公路路线中繁重重复的计算问题。随着计算机图形处理功能的发展和动态可视化技术的日渐成熟，以及 GPS 全球定位系统、行测遥感等现代测量技术的应用和普及，道路 CAD 技术已逐步发展成为数据采集与处理、设计、分析、优化于一体的集成化系统。该系统软件由数字地形模型子系统、路线平纵优化子系统、路线设计子系统、立体交叉口设计子系统、公路中小桥涵设计子系统、公路工程造价分析子系统六大专业设计子系统组成。

CAD 系统覆盖了地形数据采集。建立数据地面模型，人机交互地进行路线平、纵、横设计，限行优化设计和人工构筑的设计图表屏幕编辑，并最终完成图纸的绘制及工程造价分析等成套 CAD 技术。这些技术一经推出，很快得到了推广，并取得了显著的工程效益。

目前，路线 CAD 系统的发展方向是建立在数字地形模型基础上的三维设计。随着计算机技术的飞速发展已经解决了在实际应用中最受数字地形模型大小限制的问题，使利用数字地形模型为依据进行多路线方案优化设计成为可能。桥梁 CAD 系统也在朝着基于数据库的项目管理、三维设计的方向发展。

（二）公路路线 CAD 技术

1. 公路 CAD 系统总体结构

公路 CAD 系统采用模块技术，各子系统及子系统内的各个程序都成为单独的模块。在系统使用时，运用菜单技术，通过数据库，采用数据通信的方式，有机地将各模块联系起来，在此数据库起到了桥梁的作用。这种模块化了的程序系统，不仅节省了有限的计算机内存空间，而且增加了系统的灵活性，可以不断地把新模块添加到系统内，加强系统功能。

2. 数据采集

数据采集公路路线设计必须依靠大量的地面信息和地形数据。

（1）用现代化的航空摄影测量手段。该方法具有快速、自动化水平高等优点，但采用专摄航片，须委托航测部门后按照数据采集的要求订立合同。这种专摄航片受到时间、费用等因素的限制，除非重点工程项目采用，在目前条件下对一般公路建设项目工程尚难以推广。

（2）用全站仪和红外线测距仪对地面进行实测的方法。直接建立三维的数据地形模型，该方法在工程上普遍采用。

（3）用传统的经纬仪水准仪和小平板进行实测。

3. 路线优化设计

要使公路计算机辅助设计系统具备经济效益和获得质量较高的设计方案，必须包含优化设计。在进行优化设计时，应根据不同设计阶段，有不同的重点要求，建立一个从粗到细到精的逐渐优化的思路，还应注意各种复杂因素的干扰。在优化设计过程中，可不断发挥人机交互作用，以获得贴合实际的最优方案。传统的道路路线设计一般是在路线平面位置确定以后进行的，利用计算机辅助技术进行路线设计有如下两种做法。

第一种：在数字地形模型支持下，借助数学方法，由计算机初定路线平面位置，进行优化设计，根据计算机选择的队友方案和数字模型提供的地形资料，完成各种路线设计工作，这种方法实现的 CAD 系统，自动化程度高。但是，由于平面进行优化涉及很多复杂问题，目前尚处于研究开发和完善阶段。

第二种：在路线平面位置确定以后，利用计算机进行辅助设计，类似于传统的设计方法。设计人员根据地形和环境条件，首先在实地或在地形图上（1：1000 或 1：2000）确定路线平面位置，将平面设计资料输入计算机，由计算机逐一完成或人机采用交互方式共同完成路线平面设计，然后输入平面设计方案，所对应的纵、横断面资料，由计算机完成整个路线设计，如那些计算和有关图表的绘制等。设计所需地形资料可由野外实测获得，也可以从地形图上或者在数字模型支持下通过程序提供。目前，现有的公路路线辅助设计系统大部分是采用这种方法开发的。其平、纵、横方面的设计过程如下。

（1）路线平面设计

路线方案确定以后，由设计者根据实际地形条件在实地或纸上确定平面线形。平面设计资料输入计算机，如交点坐标或交点间距偏角、平曲线半径、平曲线类型、缓和曲线长度等。计算机根据这些资料按照程序计算路线里程、平曲线要素和曲线上各特征点的中号及逐桩坐标。设计者可以根据设计结果，反复调整设计参数，直至满意。

这是在公路平面位置完全确定的情况下进行的，设计者基本上不参与路线平面设计的过程，为了充分发挥人的主观能动性，让设计者更多地参与平面设计，也可以采用人机交互的方式，在屏幕上进行平面设计，其过程可简单描述为：在路线平面方案确定的基础上，利用数字化仪将路线导线图或进行草图输入计算机，作为平面设计的依据。在图形编辑软件的支持下，设计者利用直线、圆曲线和缓和曲线拟合出影响的平面线位，计算机输出该线形的设计结果，如果不满足要求，可以反复调整上述元素的设计参数，直至满意。

平面设计完成以后，自动将设计结果以数据文件的方式存储在计算机中，供后续工作调用，也可以确定通过专用程序，绘制路线、平面设计图和相关表格。

（2）路线纵断面设计

①纵断面地面高程的获取。道路平面位置确定以后，一种方法是实地对道路中线进行水准测量，或根据纸上定线的结果在地形图上人工读取中桩高程，通过键盘输入计算机，得到地面高程资料，这是传统的获取纵断面地面线的方法；另一种方法是利用建立的带状数字模型，利用计算机进行数模内插，得到路中线上任一点的高程值，从而获得纵断面地面线。这一方法可以局部或全部代替人工测量输入工作。

②纵断面设计线的确定。路线平面设计方案确定以后，如何让计算机自动产生道路的最优纵断面，这是从事道路计算机辅助设计人员研究的重点。目前，国内利用计算机进行纵断面设计仍采用传统的设计方法，计算机将输入的地面资料处理后由绘图机输出或有屏幕显示一张纵断面地面线图，设计者在上面进行手工拉坡，然后将其中的纵坡设计信息送回计算机，计算机自动完成纵断面设计的计算与输出工作。

（3）公路横断面设计

在整个道路设计中，横断面设计的工作量是相当繁重的，并且大部分工作是重复性的，如横断面面积计算、绘图等。利用计算机进行辅助设计，既能加快设计速度，又可提高设计质量。

利用计算机进行横断面设计，需要处理大量的横断面地面线数据。这些数据若仅依靠人工键盘输入，工作量是很大的，并且容易出错。一般是利用数字化仪将实测横断面地面线输入或通过数字地形模型自动生产。其工作过程可描述如下：设计者根据路线所经地区的地形、地质、水文、气候等条件，归纳可能出现的横断面形式和处理方式，确定各段的标准设计横断面形式及构造物布置形式，计算机根据标准横断面自动进行横断面设计。设计成果通过计算机逐个显示在屏幕上，这一步可根据地形、地质条件等在屏幕上修改不合理的设计断面。计算机自动提取并存入修改后的数据，计算土石方工程量和土石方累计数据，根据土石方累计数据曲线，进行土石方调配。最后输出横断面设计图和有关图表。

4. 计算机辅助设计、绘图和制表

现代计算机辅助设计一般在荧光屏上显示，并通过人机对话设计方案进行修改。通过不断的人机交互作用，即可获得切合实际的最优方案。在设计完成时，可以利用绘图机输出各设计阶段所需相应的图纸，并由打印机输出工程量和概预算等设计资料。

二、数字地形模型

数字地形模型是以抽象的数字整列表示地貌起伏、地表形态的，虽然是一种不直观的、抽象的地表形态表示，人眼不能观察，但计算机可以从中直接、简洁、准确地识别，并进行数据处理，提供方便的地形数据，以实现各项作业的自动化。

（一）数字地形模型及其应用

数字地形模型（Digital Terrain Model，DTM）是指地形地表形态等多重信息的数字表示。它由许多有规则或无规则整列的地形点三维坐标 x、y、z 组成，是数字化的地形资料存储于计算机的产物。对于带状公路，需要的是公路左右一定范围内的地形资料，它所对应的数字地形模型，则为带状数字模型。有了数字地形模型，就可以采用一种数字内插方法，将这种地形信息拟合成一个表面，以便在公路设计时根据已知点的坐标计算出它的标高。

由于采用了数字地形模型，数据人员只须根据地形图资料而不必进行极为艰苦的外业测量，或者只需要做一些必要的外业资料调查，便能既保证精度，也能高效地完成各个阶段的设计工作。如果配合计算机绘图设备，同时，还可绘出包括平、纵、横三方面的设计图纸，甚至公路透视图。

（二）数字地形模型的种类

1. 离散式数字地形模型

离散式数字地形模型简称三点数模，是由随机分布在离散地形数据构成的，可通过内插产生路线设计所需的纵、横断面地面线资料。其基本思想如下：在地面某个小范围内，认为可用圆滑曲线表面表现，对每一个待定点，从存储的地形中选择该点附近若干个地形点，按距离远近考虑其相应权数，确定拟合曲线。

三点数模的优点是地形点可以任意布置，能够适应地形的变化；其缺点是地形点的选择要依赖设计人员的经验判断，占用计算机内存多，计算速度相对较慢。

2. 方格网式数字地形模型

方格网式数字地形模型只要将工程用地在一定范围内划分成相等大小的方格或长方形，按一定次序读取网络点的高程即可。作为公路设计，用的大状方格网数据地形模型，常可根据地形类型的变化，在不同区段选择不同的方格大小，以提高它的使用精度。

这种数字地形模型的优点是只需要存储网络点的高程值而无须存储平面坐标值，内插和检查简单，节省计算时间，采集数据方便，选点不依赖经验。缺点是

地形变化大的地方精度较低，常常漏掉了地形的真正变化点。

3. 三角网式数字地形模型

三角网式数字地形模型，由所有三角形顶点的三维坐标组成，并将每个三角形看成由三顶点高层构成的一个平面，因为当划分三角网时，应尽量使三角形的周边以内所有等高线都呈直线，而且相互平行、间距相等。

这种数字地形模型要存储各种三角形顶点的三维坐标，但为了达到同样的使用精度，其网点数可远小于方格网数字地形模型所需要的网点数，因而能节省很多的计算机内存。如果采用数字化仪等自动坐标输入装置，获取原始数据也颇为方便，只是要求操作者应有一定的工作经验，以免取点不当，降低计算精度。另外，为了有效地查询，还应将所有三角形按一定规律标号排列起来。

4. 鱼骨式数字地形模型

鱼骨式数字地形模型是在路线方案确定以后，沿路线方向和垂直于路线方向上采集地形点而构成的数字地形模型。其优点是数据采集方法简单，容易从行测相片或地形图上采点，只考虑中桩与中桩两侧一定宽度内的地形，节省计算机内存；缺点是要在路线方案确定以后才能建立数字地形模型，不能用作方案比选，在地形变化大的地区或远离中线的地方内插精度较低。

（三）数字地形模型数据点的获取

数据采集是指选取构造数字模型的数据点及量取其坐标值的过程，是建立数字地形模型的基础工作。

数据采集一般采用以下三种方式。

（1）从现有的地形图上获取。从现有的地形图上获取是对现有的地形图进行数字化的一种方式。除可以人工读取数据外，目前最常用的是手扶跟踪式的坐标读取装置图形数字化仪。

（2）利用自动化记录的测距仪在野外实测，获取原始数据。这种方法数据精度高，但人工劳动强度大且费时，适用于局部补测。

（3）数字摄影测量方法。可以利用带有自动记录设备的立体测量仪和数字测图仪器，对立体模型进行断面扫描或勾绘等高线，将坐标记录在纸袋或磁带上。

三、公路透视图

现代公路除要能满足交通要求外，还要求行车舒适安全、线形和谐优美，与环境相融合，使乘客视觉良好，心旷神怡，即使长途旅行，也不感到疲惫厌倦。随着道路等级的提高，人们对道路线形的审美要求和道路与周围景观的协调性越来越重视。道路透视图是路线计算机辅助设计的重要组成部分，它可以使设计者在设计阶段获得形象逼真的道路全貌，用于检查路线设计的线形质量及道路与周围景观的协调程度，是评价公路线形质量的主要手段之一，并以此作为修改设计的依据，也是当今进行招标、投标时显现设计效果的重要手段。

道路透视图有线形透视图、全景透视图、复合透视图和动态透视图等。复合透视图将线形透视图与照相技术结合起来，最后以照片形式反映道路与周围景观的配合情况；动态透视图移动的画面模拟汽车行驶时驾驶员所感受到的道路情况。设计中常用的是线形透视图和全景透视图。

某一点（视点）和被视物体的各点（物点）相连的射线（视线）与画面产生一系列交点，连接这些交点，所产生的被视物体的图像即该物体的透视图，与画面垂直的视线称为视轴，视轴与画面的交点称为主点，视线与物体的交点称为物点，视线与画面的交点称为迹点。

道路路线透视图首先应计算道路各点的大地坐标，接着要确定视点、视轴及视轴坐标系，然后确定透视断面和透视点，最后进行坐标计算转换，经过消隐等手段绘制出透视图。

透视图的晕形设计。通过设计者设置有关透视参数，然后显示或输出透视图的模型，也可以在计算机屏幕上观看动态透视图。通过透视图的检查，对公路平面、纵断面、横断面设计进行分析，对线形存在的问题进行修改，然后绘出透视图进行分析研究，直至满意。

四、"3S"技术在公路勘测设计中的应用

在大规模进行公路建设的今天，公路勘测设计成果的好坏及设计水平的高低直接影响着整个工程的质量。因为一个公路建设项目质量的好坏、投资的多少及运营的完善与否，直接取决于勘测工作是否周全、设计方案是否合理。这两者是

相辅相成、互为影响的。但目前的公路勘测设计仍然没有完全摆脱传统的勘测设计模式和方法，技术含量低，特别是高科技含量不足，这制约着高速公路建设的发展。因此，提高设计质量是公路设计人员面临的重要任务。

目前已提出了数字化地球的概念，并通过"3S"计划来实现：

(1) 丰富的全球地理信息系统（GIS）。

(2) 精确的全球卫星定位系统（GPS）。

(3) 先进的遥感测试系统（RS)。

未来的世界将是"数字化的世界"。数字化的概念将渗透我国的各行各业。公路行业的数字化也是最近几年才提出来的概念。它包括以下三个部分。

(1) 公路的数字化地理信息系统。

(2) 公路的全球卫星定位系统。

(3) 公路的遥感测试系统。

(一) 全球地理信息系统

公路地理信息系统（Geographic Infor mation Syste m）是综合处理三维公路信息的计算机软件、硬件系统，是 GIS 技术在公路领域的发展，是 GIS 与多种公路信息分析和处理技术的集成。数字化地理信息系统应该具备详细的地理数据资料，其内容主要包括平面点的坐标、高程，已建道路和桥梁的位置、名称，道路沿线的民宅、工矿企业事业单位、田地、果林、鱼塘、水渠、河流、电力管线等详细地面资料。建立一个庞大的 GIS，单靠公路是无法实现的，需要与测绘、航测、规划、地勘等部门通力合作，系统完成后，可以实现资源共享，具有较大的经济效益和社会效益。应用 GIS，可以方便地打开某一个区域或设计路段数字化地形图，通过鼠标在地形图上选取控制点，方便地比选出最佳路线方案，并同时获取其他相关信息资料（如最佳路径、最短出行时间、交通流量、道路沿线地区人口数量和经济状况、建材分布与储存量、运输条件、土壤、地质和植被情况等）。同时，设计人员对同一起点、终点的路线，可以选取不同的路线方案进行分析、对比、筛选，直至获得最满意的方案。

GIS 在道路前期规划中发挥了巨大作用，在 GIS 电子地图上准确确定出占地线宽度，自动算出占地面积，占地范围内的鱼塘、田地、果树、电线杆、水井和电力管线等分项拆迁工程量，减轻前期规划人员外业作业强度，提高工作效率；还可以随时到现场进行碎部测量并采集数据，以补充更新原有的 GIS 数据库。

（二）全球卫星定位系统

全球卫星定位系统（Global Positioning Syste m）是目前应用最广泛、技术最成熟的卫星导航和定位系统，是一种可以实时和测距的空间交会定点导航系统。GPS 系统由卫星系统、地面控制系统、用户系统三部分组成，不仅具有全球性、全天候、连续性、实时性的精密三维导航与定位能力，还具有良好的抗干扰性和保密性。相对于经典测量学技术，GPS 定位技术具有观测点之间无须通视、定位精度高、观测时间段短、提供三维坐标、操作简便及全天候作业等优点。随着 GPS 技术的快速发展，产品的更新换代，新一代具备 RTK（实时动态定位）系统功能双频 GPS 接收机的诞生，给当今公路测设事业注入了新的活力。最新的 RTK 技术在公路测设及建设中主要应用于以下五方面。

1. 工程控制测量

用 GPS 建立控制网，精密方法为静态测量。对大型结构物，如特大桥、隧道、互通式立交等进行控制，宜用静态测量；而一般公路工程的控制测量，则可采用实时 GPS 动态测量。该法在测量过程中能实时获得定位精度，当达到要求的点位精度，即可停止观测，大大提高了作业效率。点与点之间不要求通视，因而测量简便易行。

2. 绘制大比例地形图

公路选线多是在大比例尺（1∶1000 或 1∶2000）带状地形图上进行的。采用传统方法测图，先要建立控制网，然后进行碎部测量，绘制成大比例尺地形图。传统方法工作量大，速度慢，花费时间长。采用实时 GPS 动态测量，在沿线每个碎部点上仅需短暂的时间，即可获得测点的坐标，结合输入的点特征编码及属性信息，构成碎部点的数据，在室内由绘图软件成图。其只需要采集碎部点的坐标和输入其属性信息，采集速度快，降低了测图的难度，既省时又省力，当基准站设置完成后，整个特色系统可由一个人持流动站接收机操作，也可设置几个流动站，利用同一基准站观测信息各自独立操作。

3. 公路中线测设

纸上定线后须将道路中线在地面上标定。采用实时 GPS 测量，只须将中线桩点的坐标输入 GPS 接收机，移动接收机就会定出放样点位。因每个人的测量独立完成，不会产生累计误差。各点放样精度一致。

4. 公路的纵、横断面测量

道路中线确定后，利用中线桩点坐标，通过绘图软件，即可绘出路线纵断面和各桩点的横断面。所用数据是测绘地形图时采集的，不需要再到现场进行纵、横断面测量，减少了外业工作。如须进行现场断面测量时，也可采用实时 GPS 测量。

5. 施工测量

实时 GPS 系统有良好的硬件和丰富的软件，可供选择。施工中对点、线及坡度等放样方便、快捷。

（三）遥感技术

遥感技术（Remote Sensing）是利用航片或卫星照片上含有的丰富地表信息，通过立体观察和照片判释并经过计算机的自动处理、自动识别，以获得各种地形、地貌、地质、水文等资料的计算机软硬件系统。现代遥感技术系统一般由空间信息采集系统、地面接收和预处理系统、地面实况调查系统、信息分析应用系统四部分组成。

遥感技术的主要产品之一就是遥感专题地图。遥感专题地图通过地形符号，客观、系统地反映一定地区内环境、资源的空间分布和时间变化规律。按其内容和专题性质不同，遥感专题地图可分为三类，即自然地图（如地质图、地貌图、气象气候图、土壤图、植被图等）、社会经济地图（如行政区划图、居民分布图、经济地图、文化地图等）、其他专题地图（如航海图、航空图、城市平面图）。

遥感技术及其所提供的遥感资料，具有视域广、整体感强、资料获取迅速、影像逼真、信息量丰富等特点，特别对地形、地貌、地质、植被等信息反映最为直接。目前，在公路勘测设计中，遥感技术主要是一种辅助性的地质勘察设计手段，其应用主要体现在以下四方面。

1. 查明地质条件

利用遥感影像，配合地面地质调查，可以判定区域地质条件、地形、地貌、岩性、构造和不良地质现象等资料，大幅度减少野外工作量，节省野外勘测成本。

2. 为公路选线提供资料

在公路可行性研究阶段，利用 TM 卫星影像或 SPOT 影像，可以判释大的区域地质构造及地层岩性，推荐适宜路线布局的合适走廊带，为公路方案的选择与优化提供宏观地质依据。避开容易因工程建设而造成的多种不良地质现象发生地段，从而降低工程造价和路线运行维护成本。

3. 为路线构造物设计提供帮助

利用路线走廊带大比例尺航空摄影照片，可以判释出绝大部分物理地质现象，如崩塌、滑坡、泥石流等自然灾害的位置、规模，并能对相应的地质灾害提出相应的治理方法和建议，可以为工程构造物的位置、形式等提出建议。

4. 可对所选路线线形进行三维透视

通过 GIS、GPS、RS 一体化技术的综合处理，将遥感图像叠加于三维地形模型上，形成真实的地形环境模型，帮助设计人员了解路线线形是否顺畅、行车视距是否良好、与周围景观是否协调一致，更体现出遥感技术在公路路线比选中的重要作用。

第三章　公路几何线形设计

第一节　公路平面设计

一、直线

(一) 直线的线形特征

由于两点之间直线段距离最短，因此，一般在选线和定线时，只要地势平坦，无大的地物、地形障碍，选线定线人员都会首选考虑使用直线。因此，直线在公路中使用最为广泛。直线具有以下主要特征。

(1) 直线段以最短的距离连接两目的地，具有路线短捷、缩短里程和行车方向明确的特点。

(2) 直线具有视距良好、行车快速、易于排水等特点。

(3) 由于已知两点就可以确定一条直线，因而直线线形简单，容易测设。

(4) 从行车的安全和线形美观来看，过长的直线，线形呆板，行车单调，易使驾驶员产生疲劳，也容易发生超车和超速行驶，行车时驾驶员难以估计车间距离，在直线上夜间行车时，双方车容易产生眩光等。因此，过长直线行车的安全性较差，往往是发生车祸较多的路段。

(5) 直线虽然路线方向明确，但只能满足两个控制点的要求，难以与地形及周围环境相协调。特别是在山区、丘陵区，采用过长的直线会破坏自然景观，并易造成大挖、大填施工，工程的经济性也较差。

(6) 笔直的公路给人以简捷、直达、刚劲的良好印象，在美学上直线也有其自身的视觉特点。

（二）直线长度限制

在路线设计中，应根据路线所处地形、地物、驾驶员的视觉、心理状态及保证行车安全等合理布设。直线的最大、最小长度应有所限制。

1. 直线的最大长度

由于长直线会使驾驶员的安全警惕感下降，所以相对安全性差。由于我国地域辽阔，地形条件在不同的地区有很大的不同，对直线最大长度很难做出统一的规定。但总的原则是直线的长度不宜过长。受地形条件或其他特殊情况限制而采用长直线时，应结合沿线具体情况采取相应的技术措施。

2. 直线最小长度

（1）同向曲线间的直线最小长度

同向曲线是指两个转向相同的相邻曲线之间以直线相连接而成的平面线形。其中间的直线长度就是指前一曲线的终点至后一曲线的起点之间的长度。当此直线长度很短时，在视觉上容易形成直线与两端的曲线构成反弯的错觉，使整个组合线形缺乏连续性，形成所谓的"断背曲线"。《公路路线设计规范》（JTG D20—2017）（以下简称《规范》）规定，当设计速度大于或等于 60 km/h 时，同向圆曲线间最小长度（以 m 计）以不小于设计速度（以 km/h 计）的 6 倍为宜，当设计速度小于或等于 40 km/h 时，可参照上述规定执行。

（2）反向圆曲线间的直线最小长度

反向曲线是指两个转向相反的相邻曲线之间以直线相连接而成的平面线型。由于两弯道转弯方向相反，考虑其超高和加宽缓和的需要及驾驶员的操作方便，其间的直线最小长度应予以限制。《规范》规定，当设计速度大于或等于 60 km/h 时，反向圆曲线直线最小长度（以 m 计）以不小于设计速度（以 km/h 计）的 2 倍为宜；当设计速度小于或等于 40 km/h 时，可参照上述规定执行。

（3）相邻回头曲线间的直线最小长度

回头曲线是指山区公路为克服高差在同一坡面上回头展线时所采用的曲线。《规范》规定，两相邻回头曲线之间应有较长的距离，由一回头曲线的终点至下一回头曲线起点的距离，设计速度为 40 km/h、30 km/h 和 20 km/h 时，应分别不小于 200 m、150 m 和 100 m。

（三）直线设计要点

1. 适用条件

（1）路线不受地形、地物限制的平原区或山间的开阔谷地；

（2）市镇及其邻近或规划方正的农耕区等以直线为主体的地区；

（3）为缩短构造物长度以便于施工的长大桥梁、隧道路段；

（4）为争取较好的行车和通视条件的平面交叉前后；

（5）双车道公路在适当间隔内设置一定长度的直线，以提供较好条件的超车路段。

2. 直线运用注意问题

（1）采用直线应特别注意它同地形的关系，在运用直线并决定其长度时，必须持谨慎态度且不宜采用长直线。直线长度也不宜过短，特别是同向圆曲线之间不得设置短的直线。

（2）长直线或长下坡尽头的平面曲线，除曲线半径、超高、视距等必须符合规定要求外，还必须采取设置标志、增加路面抗滑能力等安全措施。

（3）在长直线上纵坡不宜过大，因为长直线在陡坡下行时很容易导致超速行车。长直线上的纵坡一般应小于 3%。

（4）长直线与大半径凹形竖曲线组合为宜，这样可以使生硬呆板的直线得到一些缓和或改善。

（5）公路两侧地形过于空旷时，宜采取种植不同树种或设置不同风格的建筑物、雕塑等措施，以改善单调的景观。

二、圆曲线

圆曲线是公路平面设计中最常用的线形之一，《规范》规定，各级公路平面无论转角大小，均应设置圆曲线。由于圆曲线具有曲率半径不变，线形美观、易于测设等优点，故使用十分广泛。

（一）圆曲线半径的计算公式与影响因素

在选用圆曲线半径时，应与设计速度相适应。行驶在弯道上的汽车由于受离心力作用其稳定性受到影响，而离心力的大小又与圆曲线半径密切相关，半径越小越不利，所以，在选择圆曲线半径时应尽可能采用较大的值，只有在地形或其他条件受到限制时才可使用较小的曲线半径。为了行车的安全与舒适，《标准》规定了圆曲线半径在不同情况下的最小值。

根据汽车行驶在曲线上的力的平衡式得到

$$R = \frac{v^2}{127(\mu + i)} \tag{3-1}$$

式中：R——圆曲线半径，m；

v——车辆速度，km/h；

μ——横向力系数，极限值为路面和轮胎之间的横向摩阻系数；

i——路面横向坡度，%。

式（3-1）中的 v 采用各级公路相应的设计速度，因此，最小取决于容许的最大横向力系数 $\mu_{\max}$，该曲线的最大超高 $i_{\max}$。对这些因素讨论如下：

1. 横向力系数 μ

横向力系数 μ 值的大小会直接影响乘车人的舒适感。横向力的存在对行车产生不利影响，而且 μ 值越大越不利，主要表现在以下四方面。

（1）考虑汽车行驶的横向稳定性

汽车在圆曲线上行驶的稳定性包括横向倾覆稳定性和横向滑移稳定性。由于汽车在设计和制造时，充分考虑横向倾覆稳定性，将其重心定得足够低，完全可以保证在正常装载和行驶情况下，不会在横向上产生倾覆。因此，在平曲线设计过程中，主要考虑横向滑移稳定性，保证轮胎不在路面上产生滑移即可。为此，需要满足关系式横向力 $X \leqslant$ 轮胎与路面之间的摩阻力 F，因为 $X = \mu G$ 和 $F = fG$，所以只须满足条件

$$\mu \leqslant f \tag{3-2}$$

式中：f——轮胎与路面间的摩阻系数，与车速、路面种类及状态、轮胎状态等有关。在干燥路面上为 0.4～0.8；在潮湿的黑色路面上，汽车高速行驶时，降低到 0.25～0.40；路面结冰和积雪时，f 降到 0.2 以下；在光滑的冰面上可降到 0.06（不加防滑链）。

（2）考虑驾驶员操作

弯道上行驶的汽车，在横向力作用下，轮胎会产生横向变形，使轮胎的中间平面与轮迹前进方向形成一个横向偏移角，致使增加了汽车在方向操纵上的困难，尤其是车速较高时，就更不容易保持驾驶方向上的稳定。

（3）考虑燃料消耗和轮胎磨损

由于横向力的影响，行驶在曲线上的汽车比在直线上的汽车的燃料消耗和轮胎磨损都要大。这是因为当汽车在曲线上行驶时，除要克服行驶阻力外，还要克服横向力对行车的作用，才能使汽车沿着正确的方向行驶，为此增加了燃料的消耗。与此同时，在曲线上行驶时，横向力的作用使汽车轮胎发生变形，致使轮胎的磨损也额外增加。表 3－1 中列出了由于横向力系数 μ 的存在，使车辆的燃料消耗和轮胎磨损增加的百分比。

表 3－1　横向力系数 μ 与燃料消耗、轮胎磨损关系

横向力系数 μ	燃料消耗/%	轮胎磨损/%
0	100	100
0.05	105	160
0.10	110	220
0.15	115	300
0.20	120	390

（4）考虑乘车的舒适性

汽车行驶在弯道上，随横向力系数 μ 值的大小不同，乘客将有不同的感受。据试验，乘客随 μ 值的变化其感觉和心理反应如下。

①当 $\mu < 0.10$ 时，不能感到有曲线存在，很平稳。

②当 $\mu = 0.15$ 时，稍感到有曲线存在，尚平稳。

③当 $\mu = 0.20$ 时，已经感到有曲线存在，稍感不平稳。

④当 $\mu = 0.35$ 时，感到有曲线存在，已感到不平稳。

⑤当 $\mu \geq 0.40$ 时，非常不稳定，站不住，有倾倒的危险感。

综上所述，μ 值的采用关系到行车的安全、经济与舒适。为计算最小平曲线半径，应考虑各方面因素采用一个舒适的 μ 值。研究表明：μ 的舒适界限，由

0.10～0.16 随行车速度而变化，设计中对高、低速路可取不同的数值。

2. 超高横坡度 i_b

（1）最大超高横坡度 $i_{b,\,max}$

在车速较高的情况下，平衡离心力要采用较大的超高横坡度，但在公路上行驶车辆的速度并不一致，特别是在混合交通的公路上，需要兼顾快、慢车的行驶安全。对于慢车，特别是因故暂停在弯道上的车辆，其离心力接近于 0 或等于 0。如超高横坡度过大，超出轮胎与路面间的横向摩阻系数，车辆有沿着路面最大合成坡度下滑的危险，因此必须满足：

$$i_{b,\,max} \leqslant f_w \qquad (3-3)$$

式中：f_w——一年中气候恶劣季节路面的横向摩阻系数。

制定最大超高度坡度除考虑公路所在地区的气候条件外，还必须给予驾驶员和乘客心理上的安全感。对山岭重丘区、城市附近、交叉口及有相当数量非机动车行驶的公路上，最大超高横坡度比一般公路还要小。

《标准》对各级公路圆曲线的最小半径的横向系数及超高值的规定，见表 3-2。

表 3-2　圆曲线的最小半径的横向系数及超高值

设计速度/（km·h⁻¹）	120	100	80	60	40	30	20
横向力系数 μ	0.10	0.12	0.13	0.15	0.15	0.16	0.17
超高值/%	6	6	6	6	6	6	6
	8	8	8	8'	8	8	8
	10	10	10	10	10	10	10

（2）最小超高横坡度 $i_{b,\,min}$

公路的超高横坡度不应该小于公路直线段的路拱横坡度，否则不利于公路的排水，因此有：

$$i_{b,\,min} = i_1 \qquad (3-4)$$

式中：i_1——路拱横坡度。

（二）圆曲线最小半径及选用

1. 圆曲线最小半径

行驶在曲线上的汽车由于受到离心力的作用，其稳定性受到了影响，离心力的大小又与曲线半径密切相关，半径越小越不利，所以，在选择曲线半径时应尽可能采用较大的半径值，只有在地形或其他条件受到限制时才可使用较小的曲线半径。为了行车安全与舒适，我国《规范》给出了直接影响行车安全性的圆曲线最小半径的两种值，即最小半径和不设超高最小半径。

（1）圆曲线最小半径

我国《规范》中规定的超高值变化范围在 4% ～ 10% 之间，分别采用 4%、6%、8% 和 10% 的超高值代入计算，将计算结果取整而得，圆曲线最小半径，见表 3－3。

表 3－3　圆曲线最小半径

设计速度/（km·h^{-1}）		120	100	80	60	40	30	20
圆曲线最小半径（一般值）/m		1000	700	400	200	100	65	30
圆曲线最小半径（极限值）/m	$I_{max}=4\%$	810	500	300	150	65	40	20
	$I_{max}=6\%$	710	440	270	135	60	35	15
	$I_{max}=8\%$	650	400	250	125	60	30	15
	$I_{max}=10\%$	570	360	220	115	—	—	—

（2）不设超高的圆曲线最小半径

圆曲线半径大于一定数值时，可以不设超高，而允许设置等于直线路段路拱的反超高。即采用与直线相同的双向路拱断面，离心力对外侧车道上行驶的汽车的影响很小。

不设超高最小半径是判断圆曲线设不设超高的一个界限，当圆曲线半径大于或等于该公路等级对应的不设超高的最小半径时，圆曲线横断面采用与直线相同的双向路拱横断面，不必设计超高；反之，则采用向内倾斜单向超高横断面形式。因此，我国《规范》制定了"不设超高的圆曲线最小半径"，见表 3－4。

表 3-4　不设超高的圆曲线最小半径

设计速度/（km·h⁻¹）		120	100	80	60	40	30	20
不设超高圆曲线	路拱≤2.0%	5500	4000	2500	1500	600	350	150
最小半径/m	路拱>2.0%	7500	5250	3350	1900	800	450	200

2.圆曲线半径的选用

圆曲线能较好地适应地形的变化，它在路线遇到障碍或地形须要改变方向时需设置，适应范围较广而灵活。圆曲线半径选用得当，可获得圆滑舒顺的平面线形。

选用圆曲线半径时，应注意以下五点。

（1）在地形、地物等条件许可时，优先选用大于或等于不设超高的最小半径。

（2）一般情况下宜采用极限最小曲线半径的 4~8 倍或超高为 2%~4% 的圆曲线半径。

（3）当地形条件受限制时，应采用大于或接近一般最小半径的圆曲线半径。

（4）在自然条件特殊或受其他条件严格限制而不得已时，方可采用极限最小半径。

（5）《规范》规定圆曲线最大半径不宜超过 10 000 m。

（三）圆曲线的几何要素

圆曲线几何要素如图 3-1 所示。其计算公式如下：

切线长：

$$T = R \cdot \tan \frac{\alpha}{2} \tag{3-5}$$

曲线长：

$$L = \frac{\pi}{180} \alpha R \tag{3-6}$$

外距：

$$E = R \left(\sec \frac{\alpha}{2} - 1 \right) \tag{3-7}$$

切曲差：

$$J = 2T - L \qquad (3-8)$$

式中：T ——切线长，m；

$\quad\ \ L$ ——曲线长，m；

$\quad\ \ E$ ——外距，m；

$\quad\ \ J$ ——切曲差（或校正值），m；

$\quad\ \ R$ ——圆曲线半径，m；

$\quad\ \ \alpha$ ——转角，°。

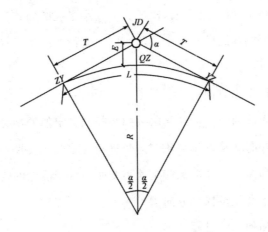

图 3—1　圆曲线几何要素

（四）主要点里程桩号的计算

以上圆曲线的几何要素，目的是计算圆曲线段各主要点的里程桩号。公路平面线形上的各点一般采用路线所处位置距离路线起点的水平距离的统一格式表示，记为 K＃＃＃＋＃＃＃.＃＃＃（＃号表示 0～9 的数字），我们将此表示符号称为里程桩号。其中 K 为英文单词千米 kilo metre 的首字母，K 后面的整数表示整千米数，"＋"号后面的数字表示不足 1 km 的部分，即后面数字单位为 m。例如里程桩号 K25＋314.258 是指，该点距离起点的水平距离为 25 km 的 314.258 m 处。

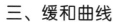

三、缓和曲线

（一）设置缓和曲线的目的和条件

1. 设置缓和曲线的目的

（1）消除离心力的突变，提高乘客舒适性

根据离心力的计算可知，圆曲线半径越小，离心力越大。为了使汽车能安全、迅速、平稳、舒适地从没有离心力的直线逐渐驶入离心力较大的圆曲线，或从离心力小的大半径圆曲线逐渐驶入离心力大的小半径圆曲线，消除离心力的突变，必须在直线和圆曲线之间，或大圆与小圆之间设置曲率半径随弧长逐渐变化的缓和曲线。

（2）便于驾驶员操纵方向盘

汽车从直线驶入圆曲线，即从无限大的半径到一定值的半径或从大半径圆曲线驶入小半径圆曲线时，从汽车前轮转向角逐渐变化的必要性，其中间需要插入一个逐渐变化的缓和曲线，才能保持车速不变而使汽车前轮的转向角从 0 至 α 逐渐转向，从而有利于驾驶员操纵方向盘。

（3）完成超高和加宽的过渡

当圆曲线需要设置超高和加宽时，其超高缓和段和加宽缓和段，一般应在缓和曲线长度内完成超高或加宽的过渡。

（4）与圆曲线配合得当，增加线形美观

圆曲线与直线相连接，而连接处曲率突变，在视觉上有不平顺的感觉。但在圆曲线与直线之间设置了缓和曲线后，使线形连续圆滑，增加线形美观。

2. 设置缓和曲线的条件

直线和圆曲线半径小于不设超高最小半径的圆曲线相衔接处，应在直线和圆曲线之间设置缓和曲线以满足曲率半径逐渐过渡的要求。

①缓和曲线参数与其长度应根据线形设计及对安全、视觉、景观等的要求，选用较大的数值。

②四级公路无论圆曲线半径的大小可不考虑设计缓和曲线，用超高、加宽缓和段径相连。

（二）缓和曲线的性质

1. 汽车转弯时行驶的轨迹方程

汽车由直线进入圆曲线的行驶轨迹，先假定汽车是等速行驶，驾驶员匀速转动方向盘，当方向盘转动角度为 φ 时，前轮相应转动角度为 φ，通过理论推导得出弧长和曲率半径的关系（图 3—2）。即

$$l = \frac{vd}{k\omega_\rho} \qquad (3-6)$$

式中：k ——小于 1 的系数；

　　　ω ——方向盘转动的角速度，rad/s；

　　　t ——行驶时间，s；

　　　d ——汽车前后轴轮距；

　　　v ——汽车匀速行驶的速度，m/s。

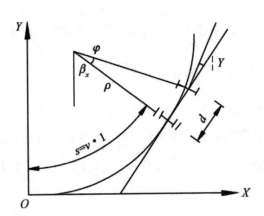

图 3—2　汽车驶入曲线行驶轨迹

因为 v、d、k、ω 均为常数；令 $C = \frac{vd}{k\omega}$，则

$$l = \frac{C}{\rho} \qquad (3-7)$$

式中：l ——汽车自直线终点进入曲线经 t 时间后行驶的弧长，m；

　　　ρ ——汽车行驶经 t 时间后行驶的弧长 l 处相对应的曲率半径，m；

　　　C ——常数。

由此可见，汽车匀速从直线进入圆曲线或（相反）其行驶轨迹的弧长与曲线的曲率半径之积为常数，即弧长和半径成反比。

2. 回旋线作为缓和曲线

汽车行驶理论方程与回旋线基本方程相符，我国《标准》规定缓和曲线采用回旋线。回旋线的数字表达式为

$$lr = A^2 \qquad (3-8)$$

式中：l ——回旋线上某点至回原点的曲线长，m；

$\qquad r$ ——回旋线上某点的曲线半径，m；

$\qquad A^2$ ——回旋线的参数，m。

回旋线参数 A 的确定

$$RL_S = A^2 \text{ 或 } A = \sqrt{RL_S} \qquad (3-9)$$

式中：R ——圆曲线半径，m；

$\qquad L_S$ ——缓和曲线长度，m。

只要设计选定圆曲线半径和缓和曲线长度，回旋线参数就确定了。

（三）缓和曲线最小长度

由于汽车在缓和曲线上完成不同曲率的过渡行驶，所以要求缓和曲线应有足够的长度，以使驾驶员能从容地操纵方向盘，乘客感觉舒适，线形美观流畅，并且能顺利完成超高和加宽过渡，因此，要规定缓和曲线的最小长度。缓和曲线的长度应随着圆曲线半径的增大而增大，当圆曲线按规定设置超高时，缓和曲线长度应大于超高缓和段的长度。

一是控制离心加速度增长率，满足旅客舒适要求。汽车在缓和曲线上行驶时，半径从无穷大过渡到一定半径，所以，离心加速度从零过渡到 $a_{\max} = \dfrac{v^2}{t}$，设离心加速度由零均匀地增加，所以离心加速度的增长率（以 α_S 表示）为

$$L_S = 0.0213 \frac{V^3}{R\alpha_S} \qquad (3-10)$$

从乘客舒适性来看，α_S 以 $0.5 \sim 0.75$ 最宜，不可过大，我国公路设计中采用 $\alpha_S = 0.6 \text{ m/s}^3$。

故

$$L_S = 0.035 \frac{V^3}{R} \tag{3-11}$$

式中：L_S——缓和曲线最小长度，m；

　　　V——计算行车速度，km/h；

　　　R——圆曲线半径，m。

二是根据驾驶员操作方向盘所需的时间为

$$L_S \geqslant v_t = \frac{Vt}{3.6}$$

一般认为汽车在缓和曲线上行驶时间最少为 3 s。

$$L_{S_{\min}} = \frac{V}{1.2} \tag{3-12}$$

三是根据超高渐变率适中。由于在缓和曲线上要完成超高过渡，设置超高缓和段，如果缓和曲线太短使超高渐变太快，不但对行车和路容不利，还影响到舒适性；太长，使超高渐变率太小，对排水不利。《规范》规定了适中的超高渐变率，算缓和段最小长度的计算公式为

$$L_S = \frac{b'}{p} \Delta i \tag{3-13}$$

式中：L_S——缓和曲线最小长度；

　　　b'——超高旋转轴至路面外侧边缘的距离；

　　　Δi——超高旋转轴外侧的最大超高横坡度与原路面横坡度的代数差；

　　　p——超高渐变率。

四是从视觉上应有平顺感的要求考虑。按视觉考虑，从回旋线起点至终点形成的方向变位，实践得知最好是在 3°～29°之间。

按上述四种方法，计算缓和曲线长度公式与设计速度的关系最大，与半径关系则有差异。为此，我国《规范》规定按设计速度来确定缓和曲线最小长度，同时考虑了行车时间和附加纵坡的要求，回旋线最小长度，见表 3-5。

表 3－5　回旋线最小长度

设计行车速度（km·h⁻¹）	120	100	80	60	40	30	20
缓和曲线最小长度/m	100	85	70	50	35	25	20

注：四级公路为超高、加宽过渡段长度。

（四）缓和曲线常数

1. 切线角 β

根据推算，切线角按式（3－14）计算：

$$\beta = \frac{L_s}{2R} \tag{3－14}$$

2. 内移值 p 和切线增长值 q

为了在直线和圆曲线之间设置缓和曲线，必须将原来的圆曲线向内移动，才能使缓和曲线的起点切于直线上，而缓和曲线的终点又与圆曲线相切。

设有缓和曲线后圆曲线内移距离为 p，内移圆曲线半径为 R，则有：

$$p = \frac{L_s^2}{24R} \tag{3－15}$$

设有缓和曲线的圆曲线起点（终点）至缓和曲线起点距离（曲线切线增长值）为 q，则有：

$$q = \frac{L_s}{2} - \frac{L_s^3}{240R^2} \tag{3－16}$$

四、平曲线超高

公路平曲线是由圆曲线与缓和曲线构成的，从直线到圆曲线上的全超高是在缓和曲线段过渡变化完成的。

（一）设置超高的原因

为了抵消汽车在曲线路段上行驶时所产生的离心力，在该路段横断面上设置外侧高于内侧的单向横坡，称为超高，即将此弯道横断面做成向内倾斜的单向横坡形式，利用重力向内侧分力抵消一部分离心力，改善汽车的行驶条件。

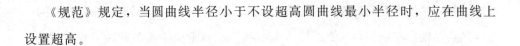

《规范》规定，当圆曲线半径小于不设超高圆曲线最小半径时，应在曲线上设置超高。

（二）圆曲线上最大超高值

1. 圆曲线上全超高横坡度的确定

超高的横坡度应按设计速度、圆曲线半径、路面类型、自然条件和车辆组成等情况确定。各级公路圆曲线的最大超高值规定，见表 3−6。各级公路圆曲线部分的最小超高值应与该公路直线部分的正常路拱横坡度值一致。在圆曲线段半径不变，故超高横坡度从圆曲线起点至圆曲线终点是一个不变的定值。

表 3−6 各级公路圆曲线最大超高值

公路技术等级	高速公路、一级公路	二级公路、三级公路、四级公路
一般地区/%	8 或 10	8
积雪冰冻地区/%	6	
城镇区域/%	4	

注：一般地区公路，圆曲线最大超高应采用 8%；以通行中、小型客车为主的高速公路和一级公路，最大超高可采用 10%。

二级公路、三级公路、四级公路接近城镇且混合交通量较大的路段，当车速受到限制时，其最大超高限制值为：设计速度为 80 km/h 时最大超高值为 6%；设计速度为 60 km/h 时最大超高值为 4%；设计速度为 40 km/h、30 km/h、20 km/h 时最大超高值为 2%。

2. 圆曲线上的超高横坡度的最小值

各级公路圆曲线部分的最小超高值应与该公路直线部分的正常路拱横坡度值一致。

（三）超高过渡段

1. 超高过渡段设置原因

汽车从双向路拱横断面过渡到设有单向横坡全超高的圆曲线横断面上，会产生突变，不能顺利行车。从立面来看，这个突变也影响美观。所以，在直线和圆曲线之间必须设置超高过渡段，完成从直线双向横坡逐渐过渡到圆曲线上的单向超高横坡，使汽车顺势地从直线驶入圆曲线。超高渐变率按照旋转轴位置规定，见表3－7。

表3－7　超高渐变率

设计速度/（km·h^{-1}）	超高旋转轴位置	
	中线	边线
120	1/250	1/200
100	1/225	1/175
80	1/200	1/150
60	1/175	1/125
40	1/150	1/100
30	1/125	1/75
20	1/100	1/50

2. 超高过渡方式

（1）无中间带公路的超高过渡。

①当超高横坡度等于路拱坡度时，将外侧车道绕中线旋转，直至超高横坡度。

②当超高横坡度大于路拱坡度时，可分别采用以下三种方式。

a. 绕内侧车道边缘旋转。新建工程宜采用此方法，具体是先将外侧车道绕路面未加宽前的中心线旋转，待达到与内侧车道构成单向横坡后，整个断面绕路面未加宽前的内侧边缘线旋转，直至全超高横坡度。

b. 绕路中线旋转。先将外侧车道绕路面未加宽前的路中心线旋转，待达到与内侧构成单向横坡后，整个断面绕路面未加宽前的路中心线旋转，直至全超高横坡度。改建工程中可以采用此方法。

c. 绕外侧车道边缘旋转。先将外侧车道绕路面外侧边缘旋转，与此同时，内侧车道随中线的降低而相应降低，待达到单向横坡后，整个断面仍绕外侧车道边缘旋转，直至超高横坡度。用于路基外缘高程受限制或路容美观有特殊要求时，为改善路容的地点可采用此方法。

（2）有中间带公路的超高过渡。

①绕中间带的中心线旋转。先将外侧行车道绕中央分隔带的中心线旋转，待达到与内侧行车道构成单向横坡后，整个断面绕中央分隔带的中心线旋转，直至全超高横坡值。中间带宽度小于或等于 4.5 m 的公路可采用绕中央分隔带的中心线旋转。

②绕中央分隔带边缘旋转。各种中间带宽度的公路都可以采用此方法，具体是将两侧行车道分别绕中央分隔带两侧边缘线旋转，使之各自成为独立的单向超高断面。此时，中央分隔带维持原水平状态。

③绕各自行车道中线旋转。对于车道数大于四条的公路可采用绕各自行车道中心线旋转；将两侧行车道分别绕各自的行车道中心线旋转，使之各自成为独立的单向超高断面，此时，中央分隔带两边缘分别升高与降低而成为倾斜断面。

3. 超高过渡段长度

《规范》规定，超高过渡宜在回旋线全长范围内进行。当回旋线较长时，其超高过渡段应设置在回旋线的某一区段范围内，超高过渡段的纵向渐变率不得小于 1/330，全超高断面宜设在缓圆点（HY）或者圆缓点（YH）处。超高过渡宜用线性过渡方式。双向六车道及其以上的公路宜增设路拱线。

另外，高速公路、一级公路整体式路基的纵坡较大处，其上、下行车道可采用不同的超高值。

五、平曲线加宽

（一）设置加宽的原因

（1）汽车在圆曲线上行驶时，各个车轮的轨迹半径是不相等的，后轴内侧车轮的行驶轨迹半径最小，前轴外侧车轮的行驶轨迹半径最大。因此，在圆曲线半径较小时，车道内侧需要更宽一些的路面以满足后轴外侧车轮的行驶轨迹要求，故当曲线半径小时需要加宽曲线上的行车道宽度。

（2）汽车在圆曲线上行驶时，驾驶员不可能将前轴中心的轨迹操纵得完全符合理论轨迹，而是有一定的摆幅（其摆幅值的大小与实际行车速度有关），汽车在圆曲线上行驶时的摆幅要比直线上大。所以，当圆曲线半径小时，要加宽曲线上的行车道宽度，以利于安全。

（二）加宽的确定

1. 加宽的规定和要求

《规范》规定，二级公路、三级公路、四级公路的圆曲线半径小于或等于250 m 时，应设置加宽。双车道公路路面加宽值应符合表 3-8 的规定；圆曲线加宽值应根据公路功能、技术等级和实际交通组成确定，并应符合下列规定。

（1）作为干线的二级公路，应采用第 3 类加宽值。

（2）作为集散的二级公路和三级公路，在考虑铰接列车通行时，应采用第 3 类加宽值；不考虑通行铰接列车时，可采用第 2 类加宽值。

（3）作为支线的三级公路、四级公路可采用第 1 类加宽值。

（4）有特殊车辆通行的专用公路应根据特殊车辆验算确定其加宽值。

设计中如果平曲线加宽值本身较小，可采取内、外侧平均加宽的办法；如果加宽值较大，应通过计算确定加宽值。

表 3-8　双车公路面加宽值

加宽类别	设计车辆	圆曲线半径/m								
		200～250	150～200	100～150	70～100	50～70	30～50	25～30	20～25	15～20
第 1 类	小客车	0.4	0.5	0.6	0.7	0.9	1.3	1.5	1.8	2.2
第 2 类	载重汽车	0.6	0.7	0.9	1.2	1.5	2.0	—	—	—
第 3 类	铰接列车	0.8	1.0	1.5	2.0	2.7	—	—	—	—

注：单车道公路路面加宽值应为表列规定值的一半。

2. 加宽值计算

圆曲线上的全加宽值计算（如图 3-3 所示）

$$B_j = \frac{d^2}{R} + \frac{0.1v}{\sqrt{R}} \tag{3-17}$$

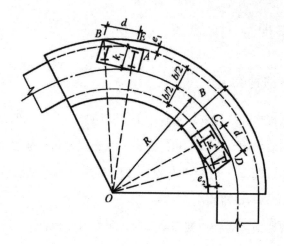

图 3－3　圆曲线加宽

（三）加宽过渡段

1. 加宽过渡段长度要求

（1）设置回旋线或超高过渡段时，加宽过渡段长度应采用与回旋线或超高过渡段长度相同的数值。

（2）不设回旋线或超高过渡段时，加宽过渡段长度应按渐变率为 1：15 且长度不小于 10 m 的要求设置。

2. 加宽过渡段方式

二级公路、三级公路、四级公路的加宽过渡段应在加宽过渡段全长范围内，按长度成比例增加的方式设置。其计算式为

$$B_{JX} = \frac{X}{L_S} B_J \qquad (3-18)$$

式中：B_{JX} ——加宽缓和段上任意点加宽值，m；

X ——任意点距加宽缓和段起点的距离，m；

B_J ——圆曲线上的全加宽值，m；

L_S ——加宽缓和段全长，对于不设置有缓和曲线的平曲线，m。

六、行车视距

（一）视距的种类

行车视距是指驾驶员在驾驶过程中的可视距离，以便在发现路面障碍物或迎面来车时，能采取措施，以避免相撞。行车视距是影响交通安全的重要因素，主要包括停车视距、超车视距和会车视距。停车视距驾驶员视线高度：小客车为 l.2 m，货车为 2 m，障碍物高为 0.1 m。

驾驶员发现路面障碍物或迎面来车时，根据其采取措施的不同，行车视距可分为以下四种。

（1）停车视距：汽车行驶时，自驾驶员看到障碍物时起，直至在障碍物前安全停止，所需要的最短距离。

（2）会车视距：在同一车道上两对向汽车相遇，从互相发现起，至同时采取制动措施使两车安全停止，所需要的最短距离。

（3）错车视距：在没有明确划分车道线的双车道公路上，两辆对向行驶的汽车相遇，发现后即采取减速避让措施，安全错车所需要的最短距离。

（4）超车视距：在双车道公路上，后车超越前车时，从开始驶离原车道之处起，直至在与对向来车相遇之前，完成超车安全回到原来的车道，所需要的最短距离。

高速公路、一级公路的视距采用停车视距。二级公路、三级公路、四级公路的视距应采用会车视距。受地形条件或其他特殊情况限制而采取分道行驶措施的路段，可采用停车视距。

二级公路、三级公路、四级公路双车道公路，应间隔设置满足超车视距的路段。具有干线功能的二级公路宜在 3 min 的行驶时间里，提供一次满足超车视距要求的超车路段。一般情况下，超车路段的总长度以不小于路线总长度的 10%～30%为宜。超车路段的设置应结合地形并力求均匀。

（二）视距的计算

1. 停车视距

停车视距指的是同一车道上，车辆行驶时遇到前方障碍物而必须采取制动停车时所需要最短行车距离。停车视距由两部分组成，一部分为驾驶者在反应时间内行驶的距离；另一部分为开始制动到刹车停止所行驶的距离，即制动距离。另外，还应增加 $5\sim10m$ 的安全距离。

停车视距通常按下式计算

$$S_{停} = \frac{v}{3.6}t + \frac{(v/3.6)^2}{2gf_1} \qquad (3-19)$$

式中：f_1——纵向摩阻系数，依车速及路面状况而定；

　　　t——驾驶者反应时间，取 $2.5s$。

《规范》规定，高速公路、一级公路停车视距，见表 3-9。二级公路、三级公路、四级公路会车视距与停车视距，见表 3-10。

表 3-9　高速公路、一级公路停车视距

设计速度/（km·h⁻¹）	120	100	80	60
停车视距/m	210	160	110	75

表 3-10　二级公路、三级公路、四级公路会车视距与停车视距

设计速度/（km·h⁻¹）	80	60	40	30	20
会车视距/m	220	150	80	60	40
停车视距/m	110	75	40	30	20

2. 超车视距

超车视距的全程可分为以下四个阶段。

（1）加速行驶距离 S_1。当驾驶人员经判断认为有超车的可能，于是加速驶入对向车道，在驶入对向车道之前的加速行驶距离 S_1，可按下式计算：

$$S_1 = \frac{V_0 t_1}{3.6} - \frac{at_2}{2} \qquad (3-20)$$

式中：V_0——超车的初速度，km/h；

　　　t_1——超车加速时间，s；

　　　a——超车平均加速度，m/s²。

（2）超车在对向车道行驶的距离 S_2，可按下式计算：

$$S_2 = \frac{Vt_2}{3.6} \qquad (3-21)$$

式中：V —— 超车在对向车道上行驶的速度，km/h,；

t_2 —— 超车在对向车道上行驶的时间。

（3）超车完毕时，超车与对向汽车之间的安全距离 S_0。这个距离视超车和对向汽车的行驶速度不同，采用不同的数值，一般取 $15 \sim 100$。

（4）超车开始加速到超车完成时对向汽车的行驶距离 S_3，可按下式计算

$$S_3 = \frac{V'(t_1 + t_2)}{3.6} \tag{3-22}$$

式中：V' —— 对向汽车行驶速度，km/h。

理想的超车过程为

$$S_H = S_1 + S_2 + S_3 + S_0 \tag{3-23}$$

这样计算所得距离较长，在地形复杂时很难实现。因为尾随在慢车后面的快车驾驶员往往在未看到前面安全区段时，就开始加速进入对向车道了，如果在进入对向车道之后，发现迎面有汽车开来而超车距离不足时，则只能及时返回自己的车道仍尾随在慢车后。所以，超车视距在地形条件困难时可按下式计算：

$$S_H = \frac{2}{3}S_2 + S_3 + S_3' \tag{3-24}$$

式中：S_3' —— 对向车行驶的距离，按 t_2 的 $\frac{2}{3}$ 行驶时间确定。

式中其余符号意义同前。

我国《规范》中规定超车视距最小值，见表 3-11。

表 3-11　超车视距最小值

设计速度/（km·h^{-1}）		80	60	40	30	20
超车视距最小值/m	一般值	550	350	200	150	100
	最小值	350	250	150	100	70

（三）视距保证

汽车在直线上行驶时，一般会车视距、停车视距和超车视距是容易保证的。但当汽车在平面弯道上行驶若遇到内侧有建筑物、树木、路堑边坡等，均可能阻碍视线。这种处于隐蔽地段的弯道称为"暗弯"，凡属于"暗弯"都应该进行视

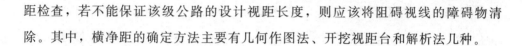

距检查，若不能保证该级公路的设计视距长度，则应该将阻碍视线的障碍物清除。其中，横净距的确定方法主要有几何作图法、开挖视距台和解析法几种。

七、平面线形设计要点

（一）平面线型设计一般原则

（1）平面线型应直捷、连续、顺适，并与地形、地物相适应，与周围环境相协调。在地形平坦开阔的平原微丘区，路线直捷、舒顺，在平面线形三要素中直线所占比例较大。而在地势有很大起伏的山岭重丘区，路线则多弯曲，曲线所占比例较大。路线要与地形相适应，这既是美学问题，也是经济问题和保护生态环境问题。直线、圆曲线、回旋线的选用与合理组合取决于地形、地物等具体条件，片面强调路线要以直线为主或以曲线为主，或人为规定三者的比例都是错误的。

（2）保持平面线形的均衡与连贯。高、低标准之间要有过渡。结合地形变化，使路线的平面线形指标逐渐过渡，避免出现突变。不同标准路段相互衔接的地点，应选在交通量发生变化处。

（3）应避免连续急弯的线形。这种线形给驾驶者造成不便，给乘客的舒适也带来不良影响。设计时可在曲线之间插入足够长的直线或回旋线。

（4）平曲线应有足够的长度。平曲线太短，汽车在曲线上行驶时间过短会使驾驶员操纵方向盘困难，来不及调整，所以，《规范》规定了困难时平曲线最小长度，见表3－12。

公路弯道在一般情况下是由两段缓和曲线（或超高、加宽缓和段）和一段圆曲线组成。缓和曲线（一般采用回旋线）的长度不能小于该级公路对其最小缓和曲线长度的规定，中间圆曲线的长度也宜有不小于3 s的行程。

表3－12　公路平曲线最小长度

设计速度/（km·h^{-1}）		120	100	80	60	40	30	20
平曲线最小长度/m	一般值	600	500	400	300	200	150	100
	最小值	200	170	140	100	70	50	40

路线转角的大小反映了路线的舒顺程度，以相对小一些为好。但转角过小，即使设置了较大的半径也容易将曲线长看成比实际的要短，造成急转弯的感觉。这种现象在转角越小时越明显，以致造成驾驶员判断错误进行减速转弯的操作。

一般认为，路线转角小于或等于 7°属于小偏角，应设置较长的平曲线，其长度应大于表 3—13 中规定的"一般值"。当地形及其他特殊情况限制时，可采用表中的"最小值"。

表 3—13　公路转角小于或等于 7°时的平曲线长度

设计速度/（km·h⁻¹）	120	100	80	60	40	30	20
一般值	$1400/\Delta$	$1200/\Delta$	$1000/\Delta$	$700/\Delta$	$500/\Delta$	$350/\Delta$	$280/\Delta$
最小值	200	170	140	100	70	50	40

注：表中的 Δ 为路线转角值（°），当 $\Delta<2°$ 时，按 $\Delta=2°$ 计算。

（二）平面线形组合类型

可根据具体情况选用如下六种线形组合形式。

1. 基本型

基本型是按直线—回旋线—圆曲线—回旋线—直线的顺序组合的。

两个回旋线的参数值可以根据地形条件设计成对称的或非对称的曲线。当回旋线两个参数 $A_1=A_2$ 时称为对称形，这种线形经常采用。根据线形、地形变化的需要在圆曲线两侧采用 $A_1 \neq A_2$ 的回旋线，设计成非对称型。为使线型连续协调，回旋线—圆曲线—回旋线的长度之比宜为 1∶1∶1 左右，并注意设置基本型的几何条件为 $\alpha > 2\beta$（α 为圆曲线转角，β 为缓和曲线角）。

2. S 型

两个反向圆曲线用回旋线连接起来的组合线型为 S 型。

S 型的相邻两个回旋线参数 A_1 与 A_2 宜相等，设计成对称形。当采用不同的参数时，A_1 与 A_2 之比应小于 2.0，有条件时以小于 1.5 为宜。

S 型的两个反向回旋线以径相光滑连接为宜，当地形等条件受限必须插入短直线或当两圆曲线的回旋线相互重合时，短直线或重合段的长度应符合下式规定：

$$L \leqslant \frac{A_1 + A_2}{40} \qquad (3—25)$$

式中：L ——反向回旋线之间短直线或重合段的长度，m；

　　　　A_1，A_2——回旋线参数。

3. 复曲线

①直线与两同向圆曲线直接相连形式。

②两同向圆曲线两端设置回旋线形式。

③卵形。用一个回旋线连接两个同向圆曲线的组合形式，称为卵形。

4. 凸形

两个同向回旋线间不插入圆曲线而径相衔接的线形称为凸形。凸形的回旋线参数及其连接点的曲率半径，应分别符合容许最小回旋线参数和圆曲线一般最小半径的规定。凸形曲线在两回旋曲线衔接处，曲率发生突变，不仅行车操作不便而且由于超高，路面边缘线纵断面也在该处形成转折，所以，凸形曲线作为平面线形是不理想的。只有在地形、地物受限制的路段方可采用凸形组合。

5. 复合型

两个及两个以上同向回旋线，在曲率相等处相互连接的形式称为复合型。复合型的两个回旋线参数之比以小于 1∶1.5 为宜。复合型的线形组合仅在地形或其他特殊原因限制时（互通式立体交叉除外）才使用。

6. C 形

同向曲线的两个回旋线在曲率为零处径相衔接的形式称为 C 形。C 形的线型组合方式只有在特殊地形条件下方可采用。

第二节　公路纵断面设计

一、纵坡及坡长设计

汽车在公路上行驶，必须有足够的牵引力来克服各种行驶阻力。汽车行驶的牵引力来自发动机，发动机里的热能转化为机械能。发动机将燃料燃烧所放出的热能转化为机械能。汽车行驶的阻力有的来自汽车周围的空气介质，有的来自汽车行驶的路面，有的来自汽车上下坡行驶，也有的来自汽车加减速行驶阻力，要保证汽车正常行驶，牵引力必须大于或等于各项阻力之和。另外，汽车在坡道上行驶时，要求满足纵坡度力求平缓、短捷而且纵坡度的变化不宜太多，尤其应避免急剧起伏变化，力求纵坡均匀。

(一) 最大纵坡、最小纵坡、平均纵坡及缓和坡段

1. 最大纵坡

各级公路的最大纵坡主要考虑载重汽车的爬坡性能和公路通行能力。一般公路偏重于考虑爬坡性能；高速公路、一级公路偏重于车辆的快速安全行驶。具体来讲，确定最大纵坡应考虑包括以下三个因素。

(1) 汽车的动力性能。考虑公路上行驶的车辆，按汽车行驶的必要条件和充分条件来确定。

(2) 公路等级。不同的公路等级要求的行车速度不同，公路等级越高、行车速度越快，要求的纵坡越平缓。

(3) 自然因素。公路所经过的地形、海拔、气温、雨量、湿度和其他自然因素，均会影响汽车的行驶条件和上坡能力。

《规范》规定，各级公路的最大纵坡应不大于表 3—14 的规定。并应符合下列规定。

(1) 设计车速为 120 km/h、100 km/h、80 km/h 的高速公路，受地形条件或其他特殊情况限制时，经技术经济论证，最大纵坡可增加 1%。

(2) 改、扩建公路设计车速为 40 km/h、30 km/h、20 km/h 的利用原有公路的路段，经技术经济论证，最大纵坡可增加 1%。

(3) 四级公路位于海拔 2000 m 以上或积雪冰冻地区的路段，最大纵坡不应大于 8%。

(4) 设计速度小于或等于 80 km/h 位于海拔 3000 m 以上的高原地区的公路，最大纵坡应按表 3—15 的规定折减；最大纵坡折减后小于 4% 时，应采用 4%。

表 3—14 公路最大纵坡

设计速度/ (km · h⁻¹)	120	100	80	60	40	30	20
最大纵坡/%	3	4	5	6	7	8	9

表 3—15　高原纵坡折减值

海拔/m	3000～4000	4000～5000	5000 以上
纵坡折减值/%	1	2	3

桥梁、隧道纵坡规定如下。

（1）小桥纵坡应随路线纵坡设计，大、中桥上的纵坡不宜大于 4%，桥头引道纵坡不宜大于 5%，引道紧接桥头部分的线形应与桥上线形相配合。易结冰、积雪的桥梁，桥上纵坡宜适当减小；位于城镇混合交通繁忙处的桥梁，桥上及桥头引道纵坡均不得大于 3%。

（2）隧道内的纵坡应大于 0.3% 并小于 3%，但短于 100 m 的隧道可不受上述条件限制。高速公路、一级公路的中、短隧道，当受条件限制时，经技术经济论证后，最大纵坡可适当加大，但不宜大于 4%。隧道内的纵坡宜设置成单向坡；地下水发育的隧道及特长、长隧道宜采用人字坡。

2. 最小纵坡

为使公路上行车快速、安全和畅通，希望公路纵坡设计得小一些，但是，在长路堑低填方以及其他横向排水不畅通的地段，为防止积水渗入路基而影响其稳定，规定各级公路的长路堑路段，以及其他横向排水不畅的路段，均应采用不小于 0.3% 的纵坡。当必须设计水平坡（0%）或小于 0.3% 的纵坡时，边沟排水设计应与纵坡设计一起综合考虑，其边沟应做纵向排水设计。

3. 平均纵坡

平均纵坡是指一定长度的路段纵向所克服的高差与该路段长度之比。平均纵坡是衡量路线线形设计质量的重要指标之一。

根据对山区公路行车的实际调查发现，虽然公路纵坡设计完全符合最大纵坡、坡长限制及缓和坡长的规定，但也不能保证行车顺利安全。如果在长距离内，平均纵坡较大，汽车上坡用二挡时间较长，发动机长时间发热，易导致汽车水箱沸腾、气阻；同样，汽车下坡时，频繁刹车，易引起制动器发热，甚至烧毁制动片，加之驾驶员心理过分紧张，极易发生事故。因此，从汽车行驶方便和安全出发，合理运用最大纵坡、坡长限制及缓和坡段的规定，还应控制平均纵坡。

平均纵坡与坡道长度有关，还与相对高差有关。《标准》规定，二级及二级以下公路的越岭路线连续上坡（或下坡）路段，相对高差为 200～500 m 时，平均纵坡不应大于 5.5％；相对高差大于 500 m 时，平均纵坡应不大于 5％。任意连续 3 km 路段的平均纵坡宜不大于 5.5％。

4. 缓和坡段

在纵断面设计中，当陡坡长度达到限制坡长时，应安排一段缓坡，用以恢复在陡坡上降低的速度。同时，从下坡安全考虑，设计一段缓坡也是非常必要的。缓和坡段的具体位置应结合纵向地形考虑路线的平面线形要素。不同等级的公路其缓和坡度不同，《规范》规定，当设计速度小于或等于 80 km/h 时，缓和坡段的纵坡应不大于 3％；当设计速度大于 80 km/h 时，缓和坡段的纵坡应不大于 2.5％，缓和坡段的长度应不得小于最小坡长要求。

（二）坡长限制

1. 最大坡长

公路纵坡的大小及坡长对汽车正常行驶影响很大。坡长限制，是根据汽车动力性能来决定的。长距离的陡坡对汽车行驶不利。连续上坡，发动机过热影响机械效率，从而使行驶条件恶化，下坡则因刹车频繁而危及行车安全，因此，纵坡越陡，坡长越长，对行车的影响越大。《规范》对各级公路不同纵坡的最大坡长加以限制见表 3－16。

表 3－16　不同纵坡的最大坡长（单位：m）

设计速度/（km·h⁻¹）	120	100	80	60	40	30	20
3	900	1000	1100	1200	—	—	—
4	700	800	900	1000	1100	1100	1200
5	—	600	700	800	900	900	1000
6	—	—	500	600	700	700	800
纵坡坡度/％　7	—	—	—	500	500	600
8	—	—	—	—	300	300	400
9	—	—	—	—	—	200	300
10	—	—	—	—	—	—	200

2. 最小坡长

考虑汽车行驶平顺性的要求，如果坡长过短，使变坡点增多，路段出现"波浪"，会使汽车行驶在连续起伏地段产生增重与减重的频繁变化，导致感觉不舒适，并且车速越高感觉越明显，另外，也不利于纵断面的视距保证、竖曲线的设置和路容美观。为使纵断面线形不至于出现因起伏频繁而呈波浪形的状况，并便于平面线形的布设合理，应对纵坡的最小长度做出限制。最小坡长通常以设计速度行驶 9～15 s 的行程作为规定值。《规范》规定，各级公路最小坡长见表 3—17。

表 3—17　公路最小坡长

设计速度/（km·h⁻¹）	120	100	80	60	40	30	20
最小坡长/m	300	250	200	150	120	100	60

3. 组合坡长

当连续陡坡是由几个不同受限坡度值的坡段组合而成时，应按不同坡度的坡长限制折算确定；其连续陡坡最短坡长应大于规范规定最小坡长。在公路纵坡设计时，当连续陡坡由几个不同坡度值的坡段组合而成时，相邻坡段长度应按限制的规定进行坡长折算。

另外，公路在平曲线路段，若纵向有纵坡并且横向又有超高时，则最大坡度既不在纵坡上，也不在超高横坡上，而是在纵坡和超高横坡的合成方向上，这时最大的坡度称为合成坡度，又叫作流水线坡度。

纵坡、超高横坡和合成坡度满足勾股定理的关系，即

$$i_{合} = \sqrt{i^2 + i_b^2} \qquad (3-26)$$

式中：$i_{合}$——合成坡度，%,；

　　　i——公路平曲线处的纵坡，%；

　　　i_b——公路平曲线处的超高横坡度，%。

《规范》规定了各级公路的最大合成坡度值不得大于表 3—18 的规定。

表 3-18　公路最大合成坡度

公路技术等级	高速公路、一级公路				二级公路、三级公路、四级公路				
设计速度/（km·h⁻¹）	120	100	80	60	80	60	40	30	20
合成坡度值/%	10.0	10.0	10.5	10.5	9.0	9.5	10.0	10.0	10.0

当陡坡与小半径平曲线相重叠时，宜采用较小的合成坡度。下列情况其合成坡度必须小于 8%。

（1）冬季路面有结冰、积雪地区。

（2）自然横坡较陡峻的傍山路段。

（3）非汽车交通量较大的路段。

各级公路最小合成坡度不宜小于 0.5%。在超高过渡的变化处，合成坡度不应设计为 0%。当合成坡度小于 0.5% 时，应采取综合排水措施，保证路面排水畅通。

二、竖曲线

考虑汽车在转坡点上行驶不顺适，因此，在转坡点处都必须用曲线将前后两条相邻纵坡线顺适连接起来以适应行车的需要，为满足在直线的坡度转折处平顺过渡需要设置的曲线称为竖曲线，一般采用二次抛物线作为竖曲线。按坡度转折形式的不同，竖曲线可分为凸形竖曲线和凹形竖曲线两种形式，其大小用半径和长度表示。纵断面设计线是由直坡段和竖曲线组成的。当纵断面上两条坡度不同的相邻纵坡线相交时，就出现了转坡点（变坡点）。

（一）竖曲线要素计算

如图 3-4 所示，O 为变坡点，前坡段纵坡 i_1，后坡段纵坡 i_2，则相邻两坡度的差为 $\omega = i_1 - i_2$，上坡时取正值，下坡时取负值。当 $i_1 - i_2$ 为正值时，则为凸形竖曲线；当 $i_1 - i_2$ 为负值时，则为凹形竖曲线。

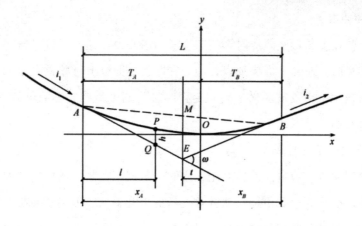

图 3—4 竖曲线计算图示

设抛物线顶点半径为 R ，考虑采用二次抛物线作为竖曲线，则竖曲线各要素的计算公式如下：

竖曲线长：

$$L = R\omega \tag{3—27}$$

竖曲线切线长：

$$T = T_A = T_B \approx L/2 = \frac{R\omega}{2} \tag{3—28}$$

竖曲线的外距：

$$E = \frac{T^2}{2R} \tag{3—29}$$

竖曲线上任意点至相应切线的距离：

$$h = \frac{l^2}{2R} \tag{3—30}$$

式中：l ——竖曲任意点至竖曲线起点（终点）的距离，m；

R ——竖曲线的半径，m。

（二）竖曲线半径的确定

无论是凸形竖曲线还是凹形竖曲线在其确定极限最小半径时，主要考虑因素有车辆在行驶中的缓和冲击作用、经行时间及视距的要求。

1. 缓和冲击

汽车行驶在上凸形竖曲线时，会产生径向离心力，使汽车重量减小，所以确定竖曲线半径时，对离心力要加以控制。在凹形竖曲线上行驶重量增大；半径越小，离心力越大；当重量变化达到一定程度时，就会影响旅客的舒适性，同时，也会影响汽车的悬挂系统。

2. 经行时间不宜过短

当竖曲线两端直线坡段的坡度差很小时，若汽车在竖曲线段倏忽而过，则会使冲击增大，令乘客感到不适；从视觉上考虑也会感到线形突然转折。因此，汽车在竖曲线上行驶的时间不能太短，通常控制汽车在凸形、凹形竖曲线上行驶时间不能太短，控制汽车在竖曲线上行驶时间不得小于 3 s。

3. 满足视距的要求

汽车行驶在凸形竖曲线上，如果竖曲线半径太小，会阻挡司机的视线。为了行车安全，对凸形竖曲线的最小半径和最小长度应加以限制。对地势起伏较大地区的路段，在夜间行车时，若半径过小，前灯照射距离过短，则会影响行车安全和速度；在高速公路及城市道路上有许多跨线桥、门式交通标志及广告宣传牌等，有时也会影响驾驶员的视线。

我国按照汽车在竖曲线上以设计速度行驶 3 s 行程时间控制竖曲线最小长度。在竖曲线设计时，不但要保证竖曲线长度要求，还必须满足竖曲线半径规定。《规范》规定，各级公路的竖曲线长度和最小半径规定如表 3－19 所示。

表 3－19　竖曲线长度和竖曲线最小半径

设计速度/（km·h⁻¹）		120	100	80	60	40	30	20
凸形竖曲线最小半径/m	一般值	17 000	10 000	4500	2000	700	400	200
	极限值	11 000	2500	3000	1400	450	250	100
凹形竖曲线最小半径/m	一般值	2000	4500	3000	1500	700	400	200
	极限值	4000	3000	2000	1000	450	250	100
竖曲线长度/m	一般值	250	210	170	120	90	60	50
	极限值	100	85	70	，50	35	25	20

注：表中所列"一般值"为在正常情况下的采用值；"极限值"为条件受限制时，经技术经济论证后的采用值。

（三）竖曲线的设计和计算

1. 竖曲线半径的选取

在实际设计时，为了安全和舒适，应采用竖曲线最小半径一般值的 1.5～2.0 倍或更大值。有条件时宜采用大于或等于表 3－20 所列的竖曲线半径值。

表 3－20　视觉所需要的最小竖曲线半径值

设计速度/（km·h⁻¹）	竖曲线半径/m	
	凸形	凹形
120	20000	12000
100	12000	10000
80	12000	8000
60	9000	2000

同向竖曲线，特别是同向凹形竖曲线间，如果直线坡段接近或达到最小坡长时，宜合并设置为单曲线或复曲线。

2. 竖曲线的计算

（1）计算竖曲线的基本要素：竖曲线长：L，切线长：T，外距：E。

（2）计算竖曲线的起、终点的桩号：

竖曲线的起点的桩号＝变坡点的桩号－T

竖曲线的终点的桩号＝变坡点的桩号＋T

（3）计算竖曲线上任意点切线高程及改正值：

切线高程＝变坡点的高程±$(T-l)i$

改正值：

$$y = \frac{l^2}{2R} \qquad\qquad (3-31)$$

式中：l——竖曲任意点至竖曲线起点（终点）的距离，m，。

（4）计算竖曲线上任意点设计高程：

某桩号在凸形竖曲线的设计高程＝该桩号在切线上的设计高程－y

某桩号在凹形竖曲线的设计高程＝该桩号在切线上的设计高程＋y

三、爬坡车道

爬坡车道是指设置在上坡路段原有车道的外侧，供慢速上坡车辆行驶的专用车道。爬坡车道是丘陵地区超车车道的一种特殊形式，以保证快速车辆能超过货车和其他慢速车辆向前行驶，不仅可减少慢车压车时间，提高整个路段的平均车速和服务水平，也避免了强行超车，有利于交通安全。

高速公路的爬坡车道应紧靠车道的外侧设置，并不占用原有的硬路肩宽度，爬坡车道的外侧可只设土路肩。

（一）设置爬坡车道的条件

《标准》规定，高速公路、一级公路和二级公路的连续上坡路段，当通行能力、运行安全受到影响时，应设置爬坡车道。六车道以上的高速公路，可不设置爬坡车道。

《规范》规定，四车道高速公路、四车道一级公路和二级公路连续上坡路段，符合下列情况之一者，宜在上坡方向行车道右侧设置爬坡车道。

（1）沿连续上坡方向载重汽车的运行速度降低到表3—21所列的容许最低速度以下时。

表3—21　上坡方向允许最低速度

设计速度/（km·h^{-1}）	120	100	80	60	40
容许最低速度/（km·h^{-1}）	60	55	50	40	25

（2）单一纵坡坡长超过表3—16中的规定或上坡路段的设计通行能力小于设计小时交通量时。

（3）经设置爬坡车道与改善主线纵坡不设爬坡车道技术经济比较论证，设置爬坡车道的效益费用比、行车安全性较优时。

（二）爬坡车道的设计

1. 横断面组成

爬坡车道设于上坡方向正线行车道右侧。爬坡车道的宽度不应小于3.5 m，包括设于其左侧路缘带的宽度 0.5 m。

爬坡车道的路肩和正线一样仍然由硬路肩和土路肩组成，但由于爬坡车道上行驶速度较低，其硬路肩宽度可以不按正线的安全标准要求设计，一般为 1.0 m，而土路肩宽度以按正线要求设计为宜。

窄路肩不能提供停车使用，在长而连续的爬坡车道路段上，其右侧应按规定设置紧急停车带。

2. 横坡度

因为爬坡车道的行车速度比正线小，但为了行车安全起见仍需要设置超高，超高坡度的旋转轴为爬坡车道内侧边缘线。高速公路正线超高坡度与爬坡车道的超高坡度之间的对应关系，见表 3—22。

表 3—22　爬坡车道的超高值

主线的超高坡度/%	10	9	8	7	6	5	4	3	2
爬坡车道的超高坡度/%	5				4			3	2

若爬坡车道位于直线路段时，其横坡度的大小同正线路拱坡度，采用直线式横坡，坡向向外。另外，爬坡车道的曲线加宽应采用一个车道曲线加宽的规定。

3. 爬坡车道的起、终点与长度

爬坡车道的总长度由分流渐变段长度、爬坡车道的长度和汇流渐变段长度组成，并应符合下列规定。

（1）爬坡车道起点、终点处应按设置分流、汇流渐变段，其长度应符合表 3—23 中的规定。

表 3—23　爬坡车道分流、汇流渐变段长度

公路技术等级	分流渐变段长度/m	汇流渐变段长度/m
高速公路、一级公路	100	150～200
二级公路	50	90

（2）爬坡车道的终点，应设于载重汽车爬经陡坡路段后恢复至"容许最低速度"处，或陡坡路段后延伸的附加长度的端部。该陡坡路段后延伸的附加长度应符合表 3—24 中的规定。

表 3—24　陡坡路段后延伸的附加长度

附加段纵坡/%	下坡	平坡	上坡			
			0.5	1.0	1.5	2.0
附加长度/m	100	150	200	250	300	350

（3）爬坡车道的起点，应设于陡坡路段上载重汽车运行速度降低至表 3—21 中"容许最低速度"处。

（4）当相邻两爬坡车道相距较近时，宜将两爬坡车道直接相连。

四、公路平、纵线型组合设计

（一）线形组合的基本要求

（1）在线型组合设计中，各技术指标除应分别符合平面、纵断面规定值外，还应考虑横断面对线型组合与行驶安全的影响，应避免平面、纵断面和横断面的最不利值相互组合的设计。

（2）在确定平面、纵断面的各相对独立技术指标时，各自除应相对均衡、连续外，还应考虑与之相邻路段的各技术指标值的均衡、连续。

（3）线形组合设计除应保持各要素间内部的相对均衡与变化节奏的协调外，还应注意与公路外部沿线自然景观的适应和地质条件等的配合。

（4）路线线形应能自然地诱导驾驶员的视线，并保持视觉的连续性。

（二）公路平、纵线形组合设计要点

1. 组合设计要求

（1）平线形、纵线形宜相互对应，且平曲线宜比竖曲线长。当平曲线、竖曲线半径均较小时，其相互对应程度应较严格；随着平曲线、竖曲线半径的同时增大，其对应程度可适当放宽；当平曲线、竖曲线半径均大时，可不严格相互对应。

（2）长直线不宜与坡陡或半径小且长度短的竖曲线组合。

（3）长的平曲线内不宜包含多个短的竖曲线，短的平曲线不宜与短的竖曲线组合。

（4）半径小的圆曲线起讫点，不宜接近或设在凸形竖曲线的顶部或凹形竖曲线的底部。

（5）长的竖曲线内不宜设置半径小的平曲线。

（6）凸形竖曲线的顶部或凹形竖曲线的底部，不宜与反向平曲线的拐点重合。

（7）当复曲线、S形曲线中的左转圆曲线不设超高时，应采用运行速度对其安全性予以验算。

（8）应避免在长下坡路段、长直线路段或大半径圆曲线路段的末端接小半径圆曲线的组合。

2. 组合形式

（1）平面为直线与纵断面的组合

平面的长直线与纵断面直坡段相配合效果较好，对双车道公路能提供超车方便，在平坦地区易与地形相适应，行车单调，驾驶员易疲劳。从美学的观点上看，平面的直线与一个大半径的凸形竖曲线配合最好，与一个凹形竖曲线相配和次之；应尽量避免短直线内两次以上的变坡，这样会形成反复凹凸的"驼峰"和"波浪"，使线型视觉效果既不美观也不连续，更不利于行车。

平面直线与纵断面组合时应注意以下五项。

①平面长直线配纵面长坡时，线形单调、枯燥，容易使司机疲劳和超速行驶。

②平面直线上短距离内纵面多次变坡，有隐蔽路段，同时影响夜间行车前灯照射。

③在平面直线段内不能插入短的竖曲线。

④在平面长直线上不能设置陡坡及竖曲线长度短、半径小的凹形竖曲线。

⑤在平面直线上的纵断面线形应避免出现"驼峰"、凹暗、跳跃等使驾驶员视觉中断的线形。

（2）平曲线和竖曲线组合

①尽量做到"平包竖"，即平曲线和竖曲线两者在一般情况下应相互重合，宜将竖曲线的起点、终点，放在平曲线的缓和段内；这种立体线形不仅能起到诱

导视线的作用，而且可以取得平顺和流畅的效果。

②平曲线与竖曲线大小应保持均衡。平曲线、竖曲线的几何要素应大体平衡、匀称、协调，不要把过缓与过急、过长与过短的平曲线和竖曲线组合在一起。

当平曲线半径和竖曲线半径都很小时，平曲线和竖曲线两者不宜重叠。

凸形竖曲线的顶部或凹形竖曲线的底部不得插入小半径的平曲线，也不得与反向平曲线拐点相重合，以免误导驾驶员视线，使驾驶员操作失误，引起交通事故。

五、纵断面设计要点

（一）纵断面设计的主要内容

根据公路等级、沿线自然条件和构造物控制高程等，确定路线合适的高程、各坡段的纵坡度和坡长，并设计竖曲线。

（二）纵断面设计的基本要求

纵坡应均匀平顺、起伏和缓、坡长和竖曲线长短适当、平面与纵面组合设计协调，以及填挖经济、平衡。

1. 设计高程的控制

（1）平原微丘区主要由保证路基稳定的最小填土高度控制。为了保证路基的稳定性，最小填土高度为 $60 \sim 80$ cm，一般高速公路、一级公路最少为 80 cm，无论是填方段还是挖方段。

（2）丘陵地区设计高程主要是保证填挖平衡、降低工程造价。

（3）山岭区设计高程主要由纵坡度和坡长控制。

（4）沿河线设计高程主要由洪水位控制，要高出设计洪水位 0.5 m。

（5）高级公路、一级公路、二级公路的最小净空高度为 5 m，三级公路、四级公路为 4.5 m。考虑将来可能变化，净空高应预留 0.2 m。

（6）人行通道和农用车辆通道的净空最小值分别为 2.2 m 和 2.7 m。

（7）公路越过铁路时，路线桥下净空应符合现行铁路部门净空高度要求。

（8）电力线、地下设施、水运航道地段，也应满足最小净高高度要求。

2. 竖曲线半径的选择

竖曲线应选用较大半径为宜。在不过分增加工程数量的情况下，应选用大于或等于一般最小半径的半径值，特殊困难方可用极限最小值。

3. 纵坡值的选用

（1）纵坡的极限值，如各级公路的最大纵坡值及陡坡限制坡长，设计时不可轻易采用，应留有余地。

（2）在受限制较严的地带，可有条件地使用纵坡极限值。

（3）纵坡应力求平缓，但为了路面和边沟排水，最小纵坡不应低于 0.3%～0.5%。

（4）最小坡长不宜过短，以不小于设计速度 9 s 的行程为宜。对连续起伏的路段，坡度应尽量减小，一般可取到竖曲线最小长度的 3～5 倍。

（5）丘陵区的纵坡应避免过分迁就地形而使路线起伏过大。

（6）山岭重丘区的沿河线，应尽量采用平缓的纵坡，坡长不宜过短，纵坡不宜大于 6%。

（7）越岭线的纵坡应力求均匀，尽量不采用极限纵坡度，更不宜连续采用极限坡长的陡坡夹短距离缓坡的坡型。越岭线不得设置反坡，以免浪费高程。

越岭线是指公路走向与河谷及分水岭方向横交时所布设的路线。两个控制点位于山岭的两侧，路线需要由一侧山麓升坡至山脊，在适当的地方穿过垭口，然后从山脊的另一侧降坡而下的路线。垭口是分水岭山脊上的凹形地带，由于高程低，常常是越岭线的重要控制点。

（8）山脊线和山腰线应采用较平缓的纵坡。

（9）非机动车辆较多的路段，平原微丘区纵坡应不大于 2%～3%，山岭重丘区应不大于 4%～5%。

（10）在较长的连续上坡路段，下方采用较陡的坡为宜，顶部纵坡应适当缓一些。

（三）纵坡设计的步骤与要点

1. 纵坡设计的步骤

（1）准备工作

纵断面设计（俗称拉坡）之前，应在纵断面图纸上绘制和标明如下内容：

①根据中桩和水准测量记录按比例标注里程桩号和高程，点绘地面线。

②绘出平面直线与平曲线资料，以及土壤地质说明资料。

③将桥梁、涵洞、地质土质等与纵断面设计有关的资料在纵断面图纸上标明。

④熟悉和掌握全线有关勘测设计资料，领会设计意图和设计要求。

（2）标注控制点

控制点是指影响纵坡设计高程的控制点。如路线起、终点，越岭垭口，重要桥梁、涵洞的桥面高程，最小填土高度，最大挖深，沿溪线的洪水位，隧道进出口，平面交叉和立体交叉点，与铁路交叉点及受其他因素限制路线必须通过的高程。

在山区道路上，除考虑上述控制点外，还应考虑各横断面上的"经济点"，以求降低造价。横断面经济点有以下三种情况。

①当地面横坡不大时，可在中桩地面高程上下找到填方和挖方基本平衡的高程，纵坡设计应尽量通过该点。

②当地面横坡较陡时，填方往往不易填稳，用多挖少填或全挖路基的方法比砌筑坡脚、修筑挡墙经济，此时多挖少填或全挖路基的高程为经济点。

③当地面横坡很陡，无法填方时，须砌筑挡土墙，此时采用全挖路基比填方修筑挡墙经济。

（3）试坡

在已标出"控制点""经济点"的纵断面图上，根据定线意图，全面考虑地面线起伏情况，纵坡线必须满足控制点及《规范》对坡长、坡度的要求，顾及多数"经济点"。通过的经济点越多，则工程量越小，投资就越省，通过穿插与取直，试定出若干直坡段线。对各种可能坡度线方案反复比较，最后定出既符合技术标准，又满足控制点要求，且土石方最省的坡度线，将前后坡度线延长交会出

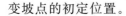

变坡点的初定位置。

（4）调整

按照平纵配合要求对照技术标准，将所定坡度与选线时坡度的安排比较，两者应基本相符，若有较大的差异时，应全面分析，找出原因，决定取舍。检查纵坡度、坡长、纵坡折减、合成坡度及平面与纵面配合是否适宜；以及路线交叉、桥隧和接线等处的纵坡是否合理，若不符合要求则应调整纵坡线。

（5）核对

按照典型横断面进行核对，如高填深挖、地面横坡较陡峻地段路基、挡土墙、重要桥涵及其他重要控制点等，根据纵断面图上对应桩号填挖的高度，在横断面图上"戴帽"检查是否填挖过大、坡脚落空或过远、挡土墙过大等情况，若有问题应及时调整纵坡线。

（6）定坡

纵坡线经调整核对后，即可确定变坡点位置、变坡点高程和纵坡度。变坡点高程是由纵坡度和坡长依次推算而得。由于现在内业设计都由公路 CAD 系统来完成，因此，纵坡坡度也可以由 CAD 系统确定的变坡点高程进行反算。

公路的纵坡设计是在全面掌握设计资料的基础上，经过多次方案比较，精心设计才能完成。纵坡设计还要注意以下四项。

①与平面线形合理组合，以得到较佳的空间组合线形。

②回头曲线路段纵坡的特殊要求。

③在大、中桥上不宜设置竖曲线，即不宜设变坡点。

④注意交叉口、城镇、大中桥、隧道等地段路线纵坡的特殊要求。

（7）设计竖曲线

拉坡时已考虑了平纵组合问题，根据技术标准、平纵组合均衡等确定竖曲线半径，计算竖曲线要素。

（8）设计高程计算

从起点由纵坡度连续推算变坡点设计高程，根据已定的纵坡和变坡点的设计高程及竖曲线半径，逐桩计算各点的设计高程。中桩设计高程与对应原地面高程之差即为路基施工高度，当两者之差为"＋"则是填方；"－"则是挖方。

2. 纵坡设计应注意的问题

（1）设置回头曲线地段，拉坡时应按回头曲线技术标准先定出该地段的纵坡，然后从两端接坡，应注意在回头曲线地段不宜设竖曲线。

（2）大、中桥上不宜设置竖曲线（特别是凹竖曲线），桥头两端竖曲线的起、终点应设在桥头 10 m 以外。但特殊大桥为保证纵向排水，可在桥上设置凸竖曲线。

（3）小桥涵允许设在斜坡地段或竖曲线上，为保证行车平顺，应尽量避免在小桥涵处出现驼峰式纵坡。

（4）注意平面交叉口纵坡及两端接线要求。公路与公路交叉时一般宜设在水平坡段，其长度应不小于最短坡长规定。两端接线纵坡应不大于 3%，山区工程艰巨地段纵坡应不大于 5%。

（5）拉坡时受"控制点"或"经济点"制约，导致纵坡起伏过大，或土石方工程量太大，经调整仍难以解决时，可用纸上移线的方法修改原定纵坡线。具体方法是按理想要求定出新的纵坡设计线，然后找出对应新设计线的填挖高度，用"模板"在横断面上新填挖高度左右移动，定出适宜的中线位置。该点距离原路中线的横距就是按新纵坡设计要求希望平面线形调整移动的距离，据此可做出纸上平面移线，若为实地定线时还应到现场改线。这种移线修正纵面线形的方法，在山区和丘陵区公路的纵坡设计中常用。

（6）对连接段纵坡，如大、中桥引导及隧道两端接线等，纵坡应平缓，避免产生突变。

第三节 公路横断面设计

一、路基横断面组成

（一）路基标准横断面

公路中线上各点垂直于路线前进方向的竖向剖面图称为公路横断面图。其是由横断面设计线与横断面地面线所围成的图形。

高速公路、一级公路的路基横断面可分为整体式和分离式两类。整体式路基的标准横断面包括行车道、中间带（中央分隔带及左侧路缘带）、路肩（硬路肩及土路肩）及紧急停车带、爬坡车道、加（减）速车道等组成部分；分离式横断面包括行车道、路肩（硬路肩及土路肩）及紧急停车带、爬坡车道、加（减）速车道等组成部分。分离式横断面是在受地形限制的局部地段，将上行车道、下行车道放在不同平面上，中间带随地形变宽的断面形式。

二级公路的路基标准横断面应由行车道、路肩（右侧硬路肩、土路肩）等部分组成。二级公路位于中、小城市城乡接合部、混合交通量大的连接路段，实行快、慢车道分开行驶时，可根据当地经验设置右侧硬路肩。三级、四级公路的路基横断面包括行车道、路肩及错车道等组成部分。

1. 公路路基标准横断面的一般组成

（1）行车道。公路上供各种车辆行驶部分的总称，包括快车行车道和慢车行车道。

（2）路肩。位于行车道外缘至路基边缘，具有一定宽度的带状结构部分，路肩可分为土路肩和硬路肩两类。

（3）中间带。高速公路、一级公路用于分隔对向车辆的路幅组成部分，通常设于车道中间。

2. 公路路基标准横断面的特殊组成

公路特殊组成是指仅在公路特殊路段才设置。

（1）爬坡车道：设置在高速、一级、二级公路的上坡路段，供慢速上坡车辆行驶用的车道。

（2）加减速车道。供车辆驶入（离）高速车流之前（后）加速（减速）用车道。

（3）错车道。在单车道道路上，可通视的一定距离内，供车辆交错避让用的一段加宽车道。

（4）紧急停车带。在高速、一级公路上，供车辆临时发生故障或其他原因紧急停车使用的临时停车地带。

（5）避险车道。设置于连续长、陡下坡路段右侧弯道以避免车辆在行驶中速度失控而造成事故的路段，是在特殊路段设置的安全车道。

（二）各级公路车道宽度

《标准》对各级公路的路基总宽度不做规定，只规定公路路基横断面中各部分宽度，包括发挥各部分基本功能和与行车安全性密切关联的"最小值"指标，应因地制宜选择横断面布置形式和宽度。

1. 车道宽度

在公路上提供一定宽度的纵列以保证车辆安全行驶的路面，称为一个车道。一条公路的车道数量主要根据该路的预测交通量和一个车道的设计通行能力来确定，行车道的基本数目应在一个较大路线长度内保持不变。《标准》根据公路等级和设计速度将车道数分为单车道、双车道、四车道、六车道和八车道。

一条车道的宽度必须能满足设计车辆在有一定横向偏移的情况下运行，并能为相邻车道上的车流提供余宽，所以，汽车所需车道的宽度受车速、交通量、驾驶员的驾驶能力、会车等影响。《规范》规定的车道宽度，见表3-25。

表 3-25 车道宽度

设计速度/（km·h⁻¹）	120	100	80	60	40	30	20
车道宽度/m	3.75	3.75	3.75	3.50	3.50	3.25	3.00

（1）八车道及以上公路在内侧车道（内侧第1、2车道）仅限小客车通行时，其车道宽度可采用3.50 m。

（2）以通行中、小型客运车辆为主且设计速度为80 km/h及以上的公路，经论证车道宽度可采用3.50 m。

（3）四级公路采用单车道时，车道宽度应采用3.50 m。

（4）设置慢车道的二级公路，慢车道宽度应采用3.50 m。

（5）需要设置非机动车道和人行道的公路，非机动车道和人行道的宽度，宜视实际情况而定。

2. 车道数

高速公路和一级公路各路段车道数应根据设计交通量、设计通行能力确定，当车道数为双车道以上时应按双数增加。各级公路车道数应符合表3-26中的规定。

表 3—26　各级公路的基本车道数

公路技术等级	高速公路、一级公路	二级公路	三级公路	四级公路
车道数/条	24	2	2	2（1）

注：四级公路应采用双车道，交通量小或工程特别艰巨的路段可采用单车道。

3. 中间带宽度

中间带由两条左侧路缘带和中央分隔带组成，是分隔公路上对向行车道的地带。高速公路、一级公路整体式路基必须设置中间带。中间带的功能是分离不同方向的交通流，减少车辆的对向干扰，以防止无序的交叉运行和转弯运行；同时，为设置公路标牌、提供绿化带、遮挡对向车灯的眩光和埋设管线等设施提供场地。

路缘带既可以是硬路肩的一部分，又可以是中间带的一部分，这主要取决于它的位置。在中间带范围内的路缘带属中间带的组成部分；在路肩范围内的路缘带属路肩的组成部分，它的主要功能是诱导驾驶员视线和提供部分侧向余宽。当汽车越出行车道时，能提高行车安全，左侧路缘带宽度不应小于表 3—27 中的规定。

表 3—27　左侧路缘带宽度

设计速度/（km·h^{-1}）		120	100	80	60
左侧路缘带宽度/m	一般值	0.75	0.75	0.50	0.50
	最小值	0.50	0.50	0.50	0.50

高速公路和作为干线的一级公路，中央分隔带宽度应根据公路项目中央分隔带功能确定。作为集散的一级公路，中央分隔带宽度应根据中间隔离设施的宽度确定。

4. 路肩的组成及宽度

（1）组成及作用

路肩通常由右侧路缘带（高速、一级公路）、硬路肩和土路肩三部分组成。

路肩的作用包括以下几项。

①增加路幅的富余宽度，供临时停车、错车或堆放养路材料之用；同时，对

提高行车道通行能力也有辅助作用。

②为填方地段通车后的路基提供宽度损失。据调查，填方路堤通车后由于自然力的破坏，一般路基边缘形成约为 0.2 m 的圆角，使路基实际宽度减少，路肩宽度可使这部分宽度损失得以补偿。同时也保护路面，作为路面横向支承之用。

③有利于诱导驾驶员的视线，开阔视野，增加行车的舒适感和安全感。

④为公路的其他设施（如护墙、护栏、绿化、电杆、地下管线等）提供设置的场地。

⑤为公路养护操作及避车提供空间。

（2）路肩的宽度

《规范》规定，各级公路右侧路肩宽度应符合表 3－28 中的规定，高速公路和一级公路采用分离式断面时，应设置左侧硬路肩，其宽度不应小于表 3－29 中的规定。

表 3－28　右侧路肩宽度

公路技术等级（功能）		高速公路			一级公路（干线功能）	
设计速度/（km·h⁻¹）		120	100	80	100	80
右侧硬路肩宽度/m	一般值	3.00 (2.50)	3.00 (2.50)	3.00 (2.50)	3.00 (2.50)	3.00 (2.50)
	最小值	1.50	1.50	1.50	1.50	1.50
土路肩宽度/m	一般值	0.75	0.75	0.75	0.75	0.75
	最小值	0.75	0.75	0.75	0.75	0.75
公路技术等级（功能）		一级公路（集散功能）和二级公路		三级公路、四级公路		
设计速度/（km·h⁻¹）		80	60	40	30	20
右侧硬路肩宽度/m	一般值	1.50	0.75	—	—	—
	最小值	0.75	0.25	—	—	—
土路肩宽度/m	一般值	0.75	0.75	0.75	0.50	0.25（双车道）
	最小值	0.50	0.50			0.50（单车道）

注：①正常情况下，应采用"一般值"；在设爬坡车道、变速车道及超车道路段，受地形、地物等条件限制路段及多车道公路特大桥，可论证采用"最小值"。

②高速公路和作为干线一级公路以通行小客车为主时，右侧硬路肩宽度可采用括号内数值。

③高速公路局部设计速度采用 60 km/h 的路段，右侧硬路肩宽度不应小于1.5 m。

表 3-29　高速公路、一级公路分离式路基的左侧路肩宽度

设计速度/（km·h⁻¹）	120	100	80	60
左侧硬路肩宽度/m	1.25	1.00	0.75	0.75
左侧土路肩宽度/m	0.75	0.75	0.75	0.50

5. 紧急停车带

紧急停车带是车辆发生故障时紧急停车的区域。当硬路肩的宽度足以停车时就无须设置紧急停车的区域。高速公路和作为干线的一级公路右侧硬路肩宽度小于 2.50 m 时，应设紧急停车带。紧急停车带的间距不宜大于 500 m，宽度应不小于 3.50 m，有效长度不应小于 40 m，并应在其前后设置不短于 70 m 的过渡段。

6. 路拱及路肩横坡度

为了利于路面横向排水，将路面做成由中央向两侧倾斜的拱形，称为路拱。路拱的基本形式很多，各有特点，常用的有抛物线形、直线形和折线形三种。在设计道路横断面时，路拱及路肩横坡度应根据行车道宽度、路面结构类型、排水和当地的自然条件等要求而定，路拱横坡度取值规定。

（1）高速公路、一级公路整体式路基的路拱宜采用双向路拱坡度，由路中央向两侧倾斜。位于中等强度降雨地区时，路拱坡度宜为 2%；位于降雨强度较大地区时，路拱坡度可适当增大。

（2）高速公路、一级公路分离式路基的路拱，宜采用单向横坡，并向路基外侧倾斜，也可采用双向路拱坡度。积雪、冰冻地区，宜采用双向路拱坡度。

（3）双向六车道及以上车道数的公路，当超高过渡段的路拱坡度过于平缓时，可采用双向路拱坡度。路拱坡度过于平缓路段应进行路面排水分析。

（4）二级公路、三级公路、四级公路的路拱应采用双向路拱坡度，由路中央向两侧倾斜。路拱坡度应根据路面类型和当地自然条件确定，但不应小

于 1.5%。

（三）路基典型横断面

在公路几何线形设计中，将经常采用的具有代表性的公路路基横断面称为典型横断面。在典型横断面中，将高于原地面的填方路基称为路堤，低于原地面的挖方路基称为路堑，在一个断面内，一部分要填，另一部分要挖的路基称为半填半挖路基。由于自然地形、地质条件的多样性，由此可派生出一系列类似的断面形式，它们在公路设计中经常被采用。另外，为了保证路基稳定和行车安全，根据实际需要设置取土坑、弃土堆、护坡道、碎落台、堆料坪等，这些都是路基主体工程不可缺少的部分。

1. 常用的典型横断面选用

（1）路堤

路堤是指填筑在地面线以上的路基形式，也称填方路基。路堤包括一般路堤、矮路堤、挖沟填筑路堤、高路堤、陡坡路堤、浸水路堤（沿河路堤）、护脚路堤、吹（填）砂（粉煤灰）路堤等。

①填土高度小于 18 m（土质）或 20 m（石质）的路堤为一般路堤。

②填土高度小于 1.0 m 的路堤称为矮路堤。在填土高度小于 0.5 m 时，为保证路基最小填土高度及能够顺利地排除路面、路肩和边坡表面水的需要，应设置边沟。

③平原区公路为满足填土需要，将路基两侧或一侧的边沟断面扩大成取土坑的路基称为挖沟填筑路堤，但此时为保证边坡的稳定，应在坡脚与取土坑之间设置宽度不小于 1 m 的护坡道。

④填土高度大于 18 m（土质）或 20 m（石质）的路堤称为高路堤，为保证边坡稳定，应采用折线形边坡。

⑤在山区陡坡路段上填筑的路基称为陡坡路堤。

⑥沿河路堤是指桥头引道和河滩路堤。路堤浸水部分边坡，除应采用较缓和坡度外，还应视水流情况采用相应的加固防护措施。

⑦吹（填）砂（粉煤灰）路堤。为了维护边坡的稳定和植物的生长，边坡表层 1～2 m 应用黏质土填筑，路床顶面可采用 0.3～0.5 m 粗粒土封闭。

（2）路堑

路堑是指全部在原地面开挖而成的路基，也称挖方路基。路堑路段均应设置边沟；为拦截和排除上侧地面水以保证边坡稳定，应在坡顶 5 m 外设置截水沟。

挖路堑所废弃的土石方，应弃置于下侧坡顶外至少 3 m，并做成规则形状的弃土堆；当挖方高度较大或土质变化处，边坡应随之做成折线形或台阶式边坡以保证稳定。

路堑还包括台口式路堑和半山洞。其中：台口式路堑是指山体的自然坡面为路堑的下边坡，适用于地质状况良好的地段；半山洞适用于整体坚硬的岩石层上为节省工程量采用的一种形式，应用时须注意公路的安全和建筑限界的要求。

（3）半填半挖路基

当原地面横坡大，且路基较宽，须一侧开挖，另一侧填筑时，为挖填结合路基，也称半填半挖路基。在丘陵或山区公路上，挖填结合是路基横断面的主要形式。当地面横坡大于 1∶5 时（包括一般路堤在内），为保证填土的稳定，应将原地面挖成台阶，台阶的高度应视填料性质和施工方法而定，挖方部分与一般路堑相同。

在陡坡路段，其路基的填土高度虽不大，但地面横坡较陡，坡脚太远且不易填筑时，可采用护肩路基；填土高度较大难以填筑，或地面横坡太陡以致坡脚落空不能填筑时，可采用砌石路基或挡土墙路基，前者是干砌或浆砌片石，能支持填土的稳定，片石与路基为一个整体，而挡土墙是不依靠路基也能独立稳定的支挡结构物；当挖方边坡土质松软易碎落时，可采用矮墙路基；当挖方地质不良可能产生滑坍时，可采用挡土墙路基。

各种典型路基横断面要结合实际地形选用，且应以路基稳定、行车安全、工程量小和经济适用为前提。

2. 取土坑与弃土堆

取土坑可分为路侧取土和路外集中取土两种。当地面坡度不大于 1∶10 的平坦地区，可在路基两侧设置取土坑。取土坑一般设置在地势较高的一侧，其深度和宽度应视取土数量、施工方法及用地许可条件而定。平原区一般深度为 1.0 m。为防止坑内积水，路基坡脚与坑之间，当堤顶与坑底高差超过 2 m 时，需设宽度 1.0 m 的护坡道，坑底设纵、横排水坡及相应设施。

河流淹没地段的桥头引道两侧一般不设取土坑。河滩上的取土坑，应与调治构造物的位置相适应。一般距离河流水位界 10 m 以外，并不得长期积水导致危害路基或构造物的稳定。

开挖路基的废方，应妥善处理，充分利用；如用于公路、农田水利、基建等，做到变废为宝，弃而不乱，对无法加以利用的弃土，应防止乱弃而造成水土流失，危害路基及农田水利，淤塞河道。

废方一般选择在沿线附近低洼荒地或路堑下坡一侧堆放。沿河路基的废石方，条件允许时，可以部分占用河道，但不能造成河道上游壅水，危及路基及附近农田。如须在路堑上侧弃土，要求堆弃平整，顶面具有适当横坡，并设置平台三角土埂及排水沟渠，积砂或积雪地段的弃土堆，为有利防砂防雪，一般设在迎风一侧。路堑深度大于 1.5 m 时，弃土堆距离坡顶至少 20 m。浅而开阔的路堑两旁不得设弃土堆。

3. 护坡道与碎落台

护坡道的作用是缓减路堤边坡的平均坡度，是保证路堤稳定的技术措施之一。一般情况下，当路堤填土高度（指路基边缘与取土坑内侧底面的高差）小于或等于 3 m 时，可不设护坡道，取土坑内侧坡顶可与路堤坡脚径向衔接，并采用路堤边坡坡度；当高差大于 2 m 时，应设置宽度为 1 m 的护坡道；当高差大于 2 m 时，应设置宽度为 2 m 的护坡道。为利于排水，护坡道表面应做成向外侧倾斜 2% 的横坡。

在地质和排水条件良好的路段，或通过经济作物、高产田的路段，若采取一定措施可以保证路堤稳定时，护坡道可另行设计。

碎落台通常设置在路堑边坡坡脚与边沟外侧边缘之间，有时也设在边坡中部。其作用是防止零星土石碎落物落入边沟，碎落台宽度一般为 1.0～1.5 m。对风化严重的岩石边坡或不良土质边坡，一般为 1.0～1.5 m，其顶部宽度大于 0.5 m，墙高为 1～2 m。

另外，为避免在路肩上堆放路面养护用料，在用地条件许可时，可在路肩外缘或边沟外缘设置堆料坪，一般每隔 50～100m 设置一个，其长度为 5～8m，宽度在 2m 左右。

二、横断面设计的步骤

（1）按 1：200 的比例绘制横断面地面线；定测阶段，横断面地面线是现场测绘的，若纸上定线，可在大比例的地形图上内插获得。在计算机辅助设计中，可以通过数字化仪或键盘向计算机输入横断面各变化点用 Excel 快速制作相对中桩的坐标，由计算机自动绘制。

（2）从"路基设计表"中抄入路基中心填挖高度，对于有超高和加宽的曲线路段，还应抄入"左高""右高""左宽""右宽"等数据。

（3）根据现场调查所得来的"土壤、地质、水文资料"，参照"标准横断面图"设计出各桩号横断面，确定路幅宽度，填或挖的边坡坡线，在需要各种支挡工程和防护工程的地方画出该工程结构的断面示意图。在计算机辅助设计中，由计算机自动设计，并利用人机对话调整特殊断面。

（4）根据综合排水设计，画出路基边沟、截水沟、排灌渠等的位置和断面形式。必要时须注明各部分尺寸（不必绘出路拱，但必须绘出超高、加宽）。另外，对于取土坑、弃土坑、绿化等也尽可能画出。经检查无误后，修饰描绘。

（5）分别计算各桩号断面的填方面积（A_T）、挖方面积（A_W），并标注于图上。若一条道路的横断面图数量极大，为提高手工绘制的工作效率，可事先制作若干透明模板。但根本的解决办法是"路线 CAD"，它不但能准确绘制横断面图，而且能自动解算横断面面积。

三、路基土石方数量计算及调配

（一）横断面面积计算

通常可以积距法或者坐标法进行计算。

1. 积距法

如图 3-5 所示，将断面按单位横宽划分为若干个梯形和三角形，每个小条块的面积近似按每个小条块中心高度与单位宽度的乘积：$A_i = b \times h_i$，则横断面面积如下式：

$$A = bh_1 + bh_2 + bh_3 + \cdots + bh_n = b \sum h_i \qquad (3-32)$$

当 $b = 1$ m 时，则 A 在数值上就等于各个小条块平均高度之和 $\sum h_i$。

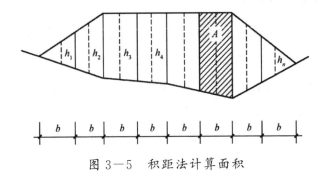

图 3－5　积距法计算面积

2. 坐标法

坐标法的计算精度较高，适宜用计算机计算。已知断面图（图 3－6）上各转折点坐标（x，y），则断面面积为：

$$A = \frac{1}{2}\left[\sum (x_i y_{i+1} - x_{i+1} y_i)\right] \qquad (3-33)$$

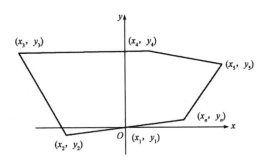

图 3－6　坐标法计算面积

（二）土石方数量计算

在工程上通常采用近似计算。常见的采用平均断面法进行计算，如图 3－7 所示。假定相邻断面间为一棱柱体，体积计算公式为：

$$V = (A_1 + A_2)\frac{L}{2} \qquad (3-34)$$

式中：V ——体积，即土石方数量，m^3，；

A_1，A_2——分别为相邻两断面的面积，m^3；

L ——相邻两断面的距离，m。

用平均断面法计算土石方体积更简便、实用，是公路上常采用的方法。只有当 A_1、A_2 相差不大时才较准确，当 A_1、A_2 相差大时其精度较差。

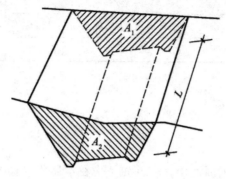

图 3—7　平均断面法

当 A_1、A_2 相差较大时，则按棱台体公式计算更为接近，其计算公式为

$$V = \frac{1}{3}(A_1 + A_2)L(1 + \frac{\sqrt{m}}{1 + m}) \qquad (3—35)$$

式中：m ——即为 A_1/A_2，其中 $A_1 < A_2$。

第二种方法精度较高，应尽量采用，特别适用于计算机计算。

若路基是以填方为主或以挖方为主，则填方要扣除、挖方要增加路面所占的那一部分面积。特别是路面厚度较大时更不能忽略。

计算路基土石方数量时，应扣除大、中桥及隧道所占路线长度的体积；桥头引道的土石方，可视需要全部或部分列入桥梁工程项目中，但应注意不要遗漏或重复；小桥涵所占的体积一般可不扣除。

路基工程中的挖方按天然密实方体积计算，填方按压实后的体积计算，各级公路的各类土石方与天然密实方换算系数见表 3—30，土石方调配时应注意换算。

表 3—30　路基土石方换算系数

公路等级	土石类别				
	土方				石方
	松土	普通土	硬土	运输	
二级及二级以上公路	1.23	1.16	1.09	1.19	0.92

续表

公路等级	土石类别				
	土方				石方
	松土	普通土	硬土	运输	
三、四级公路	1.1	1.05	1.00	1.08	0.84

（三）土石方调配

1. 调配原则

（1）在半填半挖的断面中，应首先考虑在本路段内移挖作填进行横向平衡，多余的土石方再做纵向调配，以减少总运量。

（2）土石方调配应考虑桥涵位置对施工运输的影响，一般大沟不做跨越运输，同时应注意施工的可能与方便，尽可能避免和减少上坡运土。

（3）为使调配合理，必须根据地形情况和施工条件，选用适当的运输方式，确定合理的经济运距，用以分析工程用土是调运还是外借。

（4）土方调配"移挖作填"固然要考虑经济运距问题，但这不是唯一的指标，还要综合考虑弃方和借方的占地，赔偿青苗损失及对农业生产的影响等。有时将路堑的挖方纵向调配做路堤的填方，虽然运距超出一些，运输费用可能高一些，但如果能减少占地，对农业生产的影响减小，这样，对整体来说未必是不经济的。

（5）不同的土方和石方应根据工程需要分别进行调配，以保证路基稳定和人工构造物的材料供应。

（6）位于山坡上的回头曲线路段，要优先考虑上下线的土方竖向调运。

（7）土方调配对于借土和弃土应事先同地方商量，妥善处理。借土应结合地形、农田规划等选择借土地点，并综合考虑借土还田、整地造田等措施。弃土应不占或少占耕地，在可能条件下宜将弃土平整为可耕地，防止乱弃乱堆，或堵塞河流，损害农田。

2. 调配步骤

（1）土石方调配是在土石方数量计算与复核完毕的基础上进行的，调配前应将可能影响运输调配的桥涵位置、陡坡大沟等在表旁注明，供调配时参考。

（2）计算并填写表中"本桩利用""填缺""挖余"各栏。当以石做填土时，石方数应填入"本桩利用"的"土"一栏，并以符号区别。然后按填挖方分别进行闭合核算，其核算式如下：

填方＝本桩利用＋填缺

挖方＝本桩利用＋挖余

（3）在做纵向调配前，根据"填缺""挖余"的分布情况，选择适当施工方法及可采用的运输方式定出合理的经济运距，供土方调配时参考。

（4）根据填缺、挖余分布情况，结合路线纵坡和自然条件，本着技术经济、少占用农田的原则，具体拟订调配方案。将相邻路段的挖余就近纵向调配到填缺内加以利用，并将具体调运方向和数量用箭头标明在纵向调配栏中。

（5）经过纵向调配，如果仍有填缺或挖余，则应会同当地政府协商确定借土或弃土地点，然后将借土或弃土的数量和运距分别填注到借方或废方栏内。

（6）调配完成后，应分页进行闭合核算，核算式如下：

填缺＝远运利用＋借方

挖余＝远运利用＋废方

（7）本公里土石方调配完毕，应进行公里合计，总闭合核算除上述外，还包括：

（跨公里调入方）＋挖方＋借方＝（跨公里调出方）＋填方＋废方

（8）土石方调配一般在本公里内进行，必要时也可跨公里调配，但须将调配的方向及数量分别注明，以免混淆。

（9）每公里土石方数量计算与调配完成后，须汇总列入"路基每公里土石方表"，并进行全线总计与核算。

3. 土石方调配中的几个参量

（1）平均运距

土方调配的运距，是从挖方体积的重心到填方体积的重心之间的距离。在路线工程中为简化计算起见，这个距离可简单地按挖方断面间距中心至填方断面间距中心的距离计算，称为平均距离。

（2）免费运距

土、石方作业包括挖、装、运、卸等工序，在某一特定距离内，只按土、石方数量计价而不计运费，这一特定的距离称为免费运距。施工方法的不同，其免费运距也不同，如人工运输的免费运距为 20 m，铲运机运输的免费运距为 100 m。

在纵向调配时，当其平均运距超过定额规定的免费运距，应按其超运运距计算土石方运量。

（3）经济运距

填方用土来源，一是路上纵向调运；二是就近路外借土。一般情况用路堑挖方调去填筑距离较近的路堤还是比较经济的。但如调运的距离过长，以致运价超过了在填方附近借土所需的费用时，移挖作填就不如在路堤附近就地借土经济。因此，采用"借"还是"调"，有个限度距离问题，这个限度距离即所谓"经济运距"。其值按下式计算：

$$L_经 = B/T + L_免 \tag{3-35}$$

式中：B ——借土单价，元/m^3，；

$\quad\quad T$ ——远运运费单价，元/m^3 · km；

$\quad\quad L_免$ ——免费运距，km。

经济运距是确定借土或调运的界限，当调运距离小于经济运距时，采取纵向调运是经济的；反之，则可考虑就近借土。

（4）运量

土石方运量为平均超运运距单位与土石方调配数量的乘积。

在生产中，例如工程定额是将人工运输免费运距 20 m，平均每增运距 10 m 划为一个运输单位，称之为"级"。当实际的平均运距为 40 m，则超运运距 20 m 时，则为两个运输单位，称为二级，在路基土石方数量计算表中记作

$$总运量 = 调配（土石方）数量 \times n$$

$$n = (L - L_免)/A \tag{3-36}$$

式中：n ——平均超运运距单位（四舍五入取整数）；

$\quad\quad L$ ——土石方调配平均运距，m；

$\quad\quad L_免$ ——免费运距，m；

$\quad\quad A$ ——超运运距单位（如人工运输 $A = 10$ m，铲运机运输 $A = 50$ m），m。

（5）计价土石方数量

在土石方计算与调配中，所有挖方均应予计价，但填方则应按土的来源决定是否计价，如是路外就近借土就应计价，如是移"挖"作"填"的纵向调配利用方，则不应再计价，否则形成双重计价。即计价土石方数量为

$$V_{计} = V_{挖} + V_{借} \tag{3-37}$$

式中：$V_{计}$——计价土石方数量，m^3；

　　　$V_{挖}$——挖方数量，m^3；

　　　$V_{借}$——借方数量，m^3。

第四章　公路交叉设计

第一节　平面交叉设计

一、交叉口设计概述

道路是建筑在地面上的带状构造物，必然与许多其他道路、管线设施等发生交叉，可能出现的交叉情况一般有道路与道路交叉（包括公路、乡村道路、城市道路等）、道路与铁路交叉、道路与各种管线交叉、地下与地上管道、电力道路与道路（或铁路）在同一平面上相交的地方称为平面交叉，其交叉范围称为交叉口。在道路网中，各种道路纵横交错，必然会形成很多交叉口，交叉口是道路系统的重要组成部分，是道路交通的咽喉。相交道路的各种车辆和行人都要在交叉口会集、通过和转换方向，由于它们之间的相互干扰，会使行车速度降低，阻滞交通，耽误通过时间，也容易发生交通事故。因此，如何正确设计交叉口，合理组织交通，对于提高交叉口的通行能力，避免交通阻塞，减少交通事故，都具有重要意义。

（一）交叉口组成要素

1. 交叉口范围

交叉口范围是指十字路口、丁字路口及两条以上道路（人行道与车行道分开时指车行道）交叉时的交叉部分。一般是指相交道路直线段的路缘石线延长线或连线所包括的范围；若无路缘石时，指车行道边线的延长线或连线所包括的范围。但从交通工程角度看，常把在人行横道线及转角路缘石所围的范围作为交叉口范围比较恰当。

2. 交叉口的交叉道路

交叉口的交叉道路是指与交叉口连接的道路在交叉口附近的路段。

3. 交叉口驶入段与驶出段

在交叉口的交叉道路中，驶入交叉口的车辆行驶的部分称为交叉口驶入段，驶出交叉口的车辆行车的部分称为交叉口驶出段。

4. 附加车道

附加车道是在交叉口的交叉道路上，为了车辆转弯及变速，而比路段部分多设置的转弯车道或变速车道。转弯车道是为左转弯车或右转弯车设置的专用车道。右转弯车道是为右转弯车设置的转弯专用车道，左转弯车道是为左转弯车辆减速、等待左转弯的机会、停留而设置的转弯专用车道；变速车道是加速车道与减速车道的总称。为使合流车辆能加速到安全合流的车速，给出的必要的合流距离面设置的车道，称为加速车道；为使由高速的主交通流中减速分流出来的车辆，在不妨碍主流交通情况下达到安全减速的目的而设置的车道称为减速车道。

5. 导流路

导流路主要是供非主流的左右转弯交通行驶的车道。这种导流路分为用路缘石、路面标志线表示的独立的车道，以及只在设计时考虑导流车道而在路面表面没有任何标志的两种形式。

6. 交通岛

为控制车辆行驶位置或保护行人，在车道之间设置的岛状区域，在交叉口内、中央分车带或外侧分车带都被认为是交通岛。交通岛一般设在交叉口的"死区"，即行车轮游走不到的范围。其按其作用不同可分为方向岛、分隔岛、安全岛、中心岛等。方向岛又称导流岛，是在交叉口为将交通流引导到规定路线，防止其无秩序地行驶而设置的岛；分隔岛是为把两股交通流分开而设置的岛；安全岛是为行人横道安全而设置的岛；中心岛是设在交叉口中央，用来组织左转弯车辆和分隔对向车流的岛。

（二）平面交叉设计的原则和内容

平面交叉设计就是为保证车辆与行人在交叉口能以最短的时间顺利通过，使交叉口的通行能力能适应各条道路的行车要求，并保证转弯车辆的行车平稳。

1. 平面交叉设计原则

（1）平面交叉位置的选择应综合考虑公路网现状和规划、地形、地物和地质条件、经济与环境因素等。

（2）平面交叉形式应根据相交公路的功能、等级、交通量、交通管理方式、用地条件和工程造价等因素确定。

（3）平面交叉选型应选用主要公路或主要交通流畅通，冲突点少、冲突区小，且冲突区分散的形式。

（4）平面交叉几何设计应结合交通管理方式并考虑相关设施的布置。

（5）平面交叉范围内相交公路线形的技术指标应能满足视距的要求。

（6）相交公路在平面交叉范围内的路段宜采用直线；当采用曲线时，其半径宜大于不设超高的圆曲线半径。纵面应力求平缓，并符合视觉所需的最小竖曲线半径值。

（7）平面交叉设计应以预测的交通量为基本依据。设计所采用的交通量应为设计小时交通量。

（8）平面交叉处行人穿越岔路口的设施应根据行人流量、公路等级和交通管理方式等设置人行横道、人行天桥或人行通道。

（9）平面交叉的几何设计应与标志、标线和信号设施一并考虑，统筹布设。视距不良的小型平面交叉，可根据具体情况设置反光镜。

（10）平面交叉改建时，除应收集交通量以外，还应调查交通延误及交通事故的数量、程度、原因等现有交叉的使用状况。

2. 主要内容

平面交叉设计的主要内容如下。

（1）选择交叉口的交通管理方式和交叉口的类型。

（2）进行交通组织，合理布置各种交通设施，包括专用车道、组织渠化交通、交通信号标志、行人横道线、公共交通停靠站等。

（3）交叉口的平面设计，确定各组成部分的几何尺寸，包括行车道宽度、路缘石转弯半径、各种交通岛和绿化带的尺寸等。

（4）验算交叉口行车视距，以保证安全通视条件。

（5）进行交叉口立面设计与排水设计。

（三）交叉口的交通分析

进出交叉口的车辆，由于行驶方向不同，车辆与车辆之间的交错方式也不相同，可能产生的交叉点的性质也不一样。

同一行驶方向的车辆向不同方向分离行驶的地点称为分流点；来自不同行驶方向的车辆以较小的角度，向同一方向会合行驶的地点称为合流点；来自不同行驶方向的车辆以较大的角度相互交叉的地点称为冲突点。此三类交错点都存在相互尾撞、挤撞或碰撞的可能性，是影响交叉口行车速度、通行能力和发生交通事故的主要原因。其中，以直行与直行、左转与左转及直行与左转车辆之间所产生的冲突点对交通的干扰和行车的安全影响最大；其次是合流点；再次是分流点。因此，在交叉口设计时，应尽量采取措施减少冲突点和合流点，尤其要减少或消灭冲突点。

无交通管制时，三路、四路和五路相交平面交叉口的交错点分布数量见表4-1。

表4-1 平面交叉口交错点数量

交叉口类型	交错点数量/个			
	冲突点	分流点	合流点	总数
三路交叉口	3	3	3	9
四路交叉口	16	8	8	32
五路交叉口	50	15	15	80

分析表4-1可得出以下两点结论。

(1) 在无交通管制的交叉口，都存在各种交错点。其数量是随相交道路条数的增加而显著增加，其中增加最快的是冲突点。当相交道路均为双车道时，各交错点的数量可用式（4-1）计算：

$$分流点 = 合流点 = n(n-2)$$

$$冲突点 = \frac{n^2(n-1)(n-2)}{6} \tag{4-1}$$

式中：n——交叉口相交道路的条数。

因此，在规划和设计交叉口时，应力求减少相交道路的条数，尽量避免5条或5条以上道路相交，使交通简化。

(2) 产生冲突点最多的是左转弯车辆。如四路交叉口若没有左转车流，则冲突点可由16个减至4个，而五路交叉口则从50个减到5个。因此，在交叉口设计中如何正确地处理和组织左转弯车辆，是保证交叉口交通通畅和安全的关键。

减少或消灭冲突点的方法如下。

（1）实行交通管制。在交叉口设置交通信号灯或由交通警指挥，使发生冲突的车流从通行时间上错开。如四路交叉口实行交通管制后，冲突点由 16 个减至 2 个，分、合流点由 8 个减至 4 个。若禁止车流左转可完全消灭冲突点。

（2）采用渠化交通。在交叉口内合理布置交通岛、交通标志和标线，或增设车道等，引导各方向车流沿一定路径行驶，减少车辆之间的相互干扰。如环形平面交叉可消灭冲突点。

（3）修建立体交叉。将相互冲突的车流从通行空间分开，使其互不干扰，是解决交叉口交通问题最彻底的办法。

（四）平面交叉的交通管理方式

平面交叉根据相交公路的功能、等级、交通量等可分别采用主路优先交叉、无优先交叉或信号交叉三种不同的交通管理方式。

无优先交叉是在相交道路都较小时，各方向车流在交叉口处寻找间隙通过、不设任何管理措施的交叉口。这种交叉口无任何具体控制，交叉口范围内冲突点多，交通量大时，会严重影响交叉口的畅通，安全性较差。

主路优先交叉，又称停让控制交叉，是指在没有实施信号控制的主、次道路交叉口，主路车辆可优先通行，次路车辆必须减速或让行的控制方式，适用于交通量较低的交叉口或有明显主次关系的交叉口。在非优先车流的进口道上设置停车或让路标志。主路优先交叉口可最大限度地保证主路车辆顺畅通过，但次路会因让行产生延误。

信号控制交叉是采用交通信号控制灯的方式，对平面交叉口的交通实施动态控制和调节的交叉口。实行信号控制的交叉口，在时间上使相互冲突的车流分开，可减少各向车流的相互干扰，提高车辆运行的安全性和效率。我国《规范》推荐的平面交叉交通管理方式的选用方法如下。

（1）公路功能、等级、交通量有明显差别的两条公路相交，或交通量较大的 T 形交叉，应采用主路优先交叉交通管理方式。

（2）相交两条公路的等级均低且交通量较小时，应采用无优先交叉交通管理方式。

(3) 下述交叉应采用信号交通管理方式。

①两条交通量均大，且功能、等级相同的公路相交，难以用"主路优先"的规则管理时；

②两相交公路虽有主次之别，但交通量均较大（主要公路双向交通量大于或等于600 辆/h，次要公路单向交通量大于或等于 200 辆/h），采用"主路优先"交通管理方式会出现较频繁的交通事故和过分的交通延误时；

③主要公路交通量相当大（主要公路双向交通量大于或等于 900 辆/h），次要公路尽管交通量不大，但采用"主路优先"的交通管理方式，次要公路上的车辆由于难以遇到可供驶入的主流间隙而引起不可接受的交通延误，或出现冒险驶入长度不足的主流间隙而危及安全时；

④两相交公路的交通量虽未达到上述程度，但由于有相当数量的行人和非机动车穿越交叉而引起交通延误，甚至造成阻塞或交通事故时；

⑤环形交叉的入口因交通量大而出现过多的交通延误时，则入口应采用信号管理。

（五）平面交叉的类型及其适用范围

平面交叉口的形式取决于公路网的规划和周围建筑的情况，以及交通量、交通性质和交通组织。常见的形式有"十"字形、"T"字形及其演变而来的 X 形、Y 形、错位、多路交叉等。这些交叉口在平面上的几何图形，由规划公路网和街坊建筑的形状所决定，一般不易改变。但在具体设计中，常因相交道路的功能、交通量、交通管理和组织方式，把交叉口设计成各具交通特点的形式，可归纳为加铺转角式、分道转弯式、扩宽路口式和环形交叉四类。

1. 加铺转角式

加铺转角式是交叉口用适当半径的单圆曲线或复曲线平顺连接相交道路各个转角构成的平面交叉。此类交叉口形式简单、占地少、造价低、设计方便，但行车速度低，通行能力小，适用于交通量小、车速低、转弯车辆少的次要道路或地方道路；若斜交不大时，也可用于转弯交通量较小的主要道路与次要道路交叉。设计时主要解决合适的转角曲线半径和足够视距问题。

2. 分道转弯式

分道转弯式是通过设置导流岛、划分车道等措施，使转弯车流以较大半径分道行驶的平面交叉。此类交叉口转弯车辆，尤其是右转弯车辆行驶速度和通行能力都较高，适用于车速较高、转弯车辆较多的主要道路。设计时主要解决分道转弯半径、保证足够的视距和满足导流岛端部半径的要求。

3. 扩宽路口式

扩宽路口式是为了使转弯车辆不影响其他车辆的正常行驶，在交叉口连接部增设变速车道和转弯车道的平面交叉。这种交叉可以单增右转或左转车道，也可以同时增设左右转弯车道。此类交叉口可减少转弯交通对直行交通的干扰，车速较高、事故率低、通行能力大，但占地多、投资较大，适用于交通量较大、转弯车辆较多的二级公路和城市主干路。设计时主要解决扩宽的车道数，同时也要满足视距和转角曲线半径的要求。

4. 环形交叉

环形交叉是指在交叉口中央设置中心岛，用环道组织渠化交通，使进入环道的所有车辆一律按逆时针方向绕岛单向行驶，直至所要去的路口离岛驶出的平面交叉，俗称转盘。

驶入环形交叉口的各种车辆可连续不断地单向运行，没有停滞，减少车辆在交叉口的延误时间；环道上行车只有分流与合流，消灭了冲突点，提高了行车的安全性；交通组织简便，无需信号管制；对多路交叉和畸形交叉，用环道组织渠化交通更为有效；中心岛绿化可美化环境。但其占地面积大，城区改建困难；增加了车辆绕行距离，特别是左转弯车辆；一般造价高于其他平面交叉。

环形交叉适用于多条道路相交或转弯交通量较大，且地形较平坦时的交叉口。环形交叉一般能适应的交通量为 500~3000 辆/h，交通量更大时，会造成严重的环形交叉口拥堵。在快速道路和交通量大的干线道路上、有大量非机动车和行人交通、位于斜坡较大地形及桥头引道上均不宜采用。按规划须修建立体交叉处，近期可采用环形平面交叉作为过渡形式，并预留远期改建为立交的可能性。

（六）交叉口的设计速度

交叉口的交通岛、附加车道和转角曲线等各部分几何尺寸均取决于设计速度。交叉口的设计速度与路段设计速度密切相关，二者速差大时会因减速过大而影响行车安全，速差小而路段车速又高时仍有行车危险，对环形交叉又会造成用地过大和左转绕行过长等问题。

平面交叉范围内主要公路的设计速度，宜与路段设计速度相同。两相交公路的功能、等级相同或交通量相近时，平面交叉范围内的直行车道的设计速度可适当降低，但不应低于路段的 70%。次要公路因交角等改线，或因条件受限采用较低的线形指标时，可适当降低设计速度。

转弯车道的设计速度应根据路段设计速度、交通量、交叉类型、交通管理方式和用地情况等因素综合确定，或按变速行驶需要而定。交叉范围车辆变速的加、减速度见表 4—2。

表 4—2　加、减速度值（单位：m/s^2）

道路类型		加速度	减速度
城市道路		1.5	3.0
公路	主要公路	1.0	2.5
	次要公路	1.5	3.0

我国《城市道路设计规范》（以下简称《城规》）规定：交叉口内的设计速度应按各级道路设计速度的 0.5~0.7 倍计算，直行车取大值，转弯车取小值。

（七）平面交叉交角与岔数

（1）平面交叉的交角宜为直角。斜交时，其锐角应不小于 70°；受地形条件或其他特殊情况限制时，应不小于 60°。

（2）平面交叉岔数不应多于 4 条，岔数多于 4 条时应采用环形交叉。环形交叉的岔数不宜多于 5 条，有条件实行"入口让路"规则管理时，应采用"入口让路"环形交叉。新建公路不应直接与已建的四岔或四岔以上的平面交叉相连接。

（八）平面交叉间距

平面交叉的间距应根据公路功能、等级，及其对行车安全、通行能力和交通延误的影响确定。

一级公路、二级公路作为干线公路时，应优先保证干线公路的畅通，采取排除纵、横向干扰措施，平面交叉应保持足够大的间距，必要时可设置立体交叉。

一级公路、二级公路作为集散公路时，应合理设置平面交叉，宜将街道式的地方公路或乡村道路布置在与干线公路相交的次要公路上，或与主干公路平行而只提供有限出入口的次要公路上。

一级公路、二级公路的平面交叉最小间距应符合表4-3的规定。

表4-3　平面交叉口最小间距

公路等级	一级公路			二级公路	
公路功能	干线公路		集散公路	干线公路	集散公路
	一般值	最小值			
间距/m	2000	1000	500	500	300

为使平面交叉有足够的间距，规划和设计时应根据公路等级和功能，必要时限制平面交叉和出入口的数量，设置互通式立交、分离式立交、通道和天桥等。沿线开发程度高的路段，应将街道或小区道路布置在与公路相交的支路上，或平行于公路且与公路之间只提供有限出入口的辅道上。

二、交叉口的交通组织设计

（一）车辆交通组织方法

车辆交通组织的目的就是保证交叉口上车辆行驶安全、通畅，提高交叉口的通行能力。常用的交通组织方法有设置专用车道、左转弯车辆的交通组织、组织渠化交通、实行信号管制等。

1. 设置专用车道

组织不同行驶方向的车辆在各自的车道上行驶，互不干扰。根据行车宽度和左、直、右行车辆的交通量大小可做出多种组合的车道划分。

（1）左、直、右方向车辆组成均匀，各设一专用车道；

（2）直行车辆很多且左右转也有一定数量时，设两条直行车道和左右转各一条车道；

（3）左转车多而右转车少时，设一条左转车道，直行和右转共用一条车道；

（4）左转车少而右转车多时，设一条右转车道，直行和左转共用一条车道；

（5）左右转车辆都较少时，分别与直行车合用车道；

（6）行车道宽度较窄，不设专用车道，只画快慢车分道线；

（7）行车道宽度很窄时，快慢车也不划分。

2. 左转弯车辆的交通组织

如前所述，左转弯车辆是引起交叉口车流冲突的主要原因，合理地组织左转弯车辆的交通，是保证交通安全，提高交叉口通行能力的有效方法。左转弯车辆交通组织方法可采用以下三种形式：

（1）设置专用左转车道

在行车道宽度内紧靠中线画出一条车道供左转车辆专用，以免阻碍直行交通；若原有行车道宽度不够时，可向中线左侧适当扩宽设置专用左转车道。设置专用左转车道后左转车辆须在左转车道上等待开放或寻机通过，而不影响直行交通。

（2）实行交通管制

通过信号灯控制或交通警手势指挥，在规定时间内不准左转。

（3）变左转为右转

①环形交通。利用环道组织逆时针单向交通，变左转为右转，使冲突车流变为分流与合流。

②街坊绕行。使左转车辆环绕邻近街坊道路右转行驶实现左转。这种方法绕街坊行程增加很多，通常仅用于左转车辆所占比例不大。旧城道路扩宽困难，或在桥头引道坡度大的十字形交叉口，为防止车辆高速下坡时直角转弯发生事故而采用。

3. 组织渠化交通

在车道上画线，或用绿化带和交通岛来分隔车流，使各种不同类型和不同速度的车辆能像渠道内的水流那样，沿规定的方向互不干扰地行驶，这种交通称为渠化交通。

渠化交通在一定条件下可以有效地提高道路的通行能力，减少交通事故。它对解决畸形交叉口的交通问题尤为有效。

（1）渠化交通的主要作用

①利用分车线或分隔带、交通岛等，把不同方向和速度的车辆划分车道行驶，使

行人和司机很容易看清互相行驶的方向，避免车辆相互侵占车道和干扰行车路线，因而可减少车辆相互碰撞的机会，增加行车安全。

②利用交通岛的布置，限制车辆行驶方向，使斜交对冲的车流为直角交叉或锐角交叉。

③利用交通岛的布置，限制车道宽度，控制车速，防止超车。

④可利用渠化交通设置的交通岛或分隔带，设置各种交通标志，并可作为行人过街时避让车辆的安全岛。

在交通量较大、车速较高的交叉口利用交通岛组织渠化交通时，还须考虑设置变速车道和候驶车道，以利左转弯车辆转向行驶和变速行驶的需要。

（2）须进行平面交叉渠化设计的情况

我国《规范》规定，平面交叉进行渠化交通设计的情况如下：

①四车道及其以上的多车道公路的平面交叉，必须作渠化设计。

②二级公路的平面交叉，应做渠化设计。

③三级公路的平面交叉转弯交通量较大时，应做渠化设计。三、四级公路的平面交叉交通量较小时，可不做渠化设计。

（3）渠化平面交叉中交通岛的常用类型

方向岛（又称导流岛）用以指引行车方向，它在渠化交通中起着很大作用。许多复杂的交叉口往往只须用几个简单的方向岛，就能组织好交通，减少或消灭冲突点。方向岛还可用于约束车道，使车辆减速转弯，保证行车安全。

分隔岛是用来分隔机动车和非机动车、快速车和慢速车，以及对向行驶的车流，保证行车速度和交通安全的长条形交通岛，有时也可在路面上画线来代替分隔岛。

安全岛供行人过街时避让车辆之用。在宽阔的交通繁忙的街道上，宜在人行横道线中央设置安全岛，以保证行人过街安全。

中心岛是设在交叉口中央，用来组织左转弯车辆和分隔对向车流的交通岛。交通岛的开头为直线与圆曲线的组合图形。

当导流岛很大时，端部内移距在主要道路一侧按 1/10～1/20 过渡，次要道路一侧为 1/5～1/10。

各种交通岛的面积在城区不小于 5 m²，其他地区不小于 7 m²。用路缘石标界的交通岛一般高出路面 15～25 cm，有行人通过时高出路面 12～15 cm。

4. 调整交通组织

当旧城道路改建困难时，可对城市道路网综合考虑，采取改变交通路线，限制车辆行驶，控制行驶方向，组织单向交通，以及适当封闭一些主要干道上的支路等措施，简化交叉口交通，提高整个道路网的通行能力。

(二) 行人及非机动车交通组织

公路设计中往往不考虑行人和非机动车交通，但城市道路有大量行人和非机动车存在，合理组织行人和非机动车交通，是消除交叉口交通阻塞、保障交通安全最有效的方法。

1. 行人交通组织

行人交通组织的主要任务是组织行人在人行道上行走，在人行横道线内安全过街，使人、车分离，干扰最小。

人行道通常对称布置在车行道两侧。交叉口内相邻道路的人行道应互相连通，并将转角处人行道加宽，以适应人流集中转向需要。为使行人安全、有序地横穿车行道，应在交叉路口设置人行横道。交叉范围的人行道和人行横道应相互连接，共同组成可达任意方向的步行道网，尽量不将吸引大量人流的公共建筑的出入口设在交叉口上。

若人、车流量较大且车行道较宽时，应在人行横道中间设安全岛；必要时在转角处用栏杆将人、车隔离，人行横道两端设置信号灯。

当交叉口宽阔、人流量多、车流量大且车速高时，可考虑设置人行天桥或人行地道，这是行人交通组织最彻底、最有效的办法。交叉口处的人行道除满足行人通过外，还应为过街行人提供等待场地，其宽度原则上不小于路段人行道的宽度。若因设置附加车道不得已压缩人行道时，应根据人流量决定最小宽度。拟设人行天桥或地道时，人行道还应考虑梯道或坡道出入口宽度。在人行道上除必要的道路标志、交通信号、照明及栏杆等外，不允许布置其他设施，以保证人行道的有效宽度。

人行横道应设置在驾驶员容易看清的位置，标线应醒目。人行横道一般可布置在交叉口人行道的延续方向后退 4～5 m 的地方。当转角半径较大时，可将人行横道设在圆弧段内。原则上人行横道应垂直于道路设置，可使行人过街距离最短；但当道路斜交时，为避免行人不拐直角弯及扩大交叉口交通面积，人行横道可与相交道路平行。

人行横道的宽度主要取决于过街人流量的大小，一般应比路段人行道宽些。其最小宽度为 4 m，当过街人流量较大时，可适当加宽，但不宜超过 8 m。人行横道的长度与路口信号显示时间有关。一次横穿过长的距离会使过街行人思想紧张，尤其对行走迟缓的人，会感到很不安全。当机动车车道数大于或等于 6 条，或人行横道长度大于 30 m 时，应在道路中线附近设置宽度不小于 1 m 的安全岛。

在设置信号灯控制或设置停车标志的交叉口，应在路面上标出停车线，指明停车位置。对无人行横道的交叉口，在不影响相交道路交通的条件下，停车线应尽量靠近交叉口，以减小交叉口的范围，提高通行能力。当有人行横道时，停车线应布置在人行横道线后至少 1 m 处，并应与人行横道平行。

2. 非机动车交通组织

在交叉路口，非机动车道通常布置在机动车道和人行道之间。在交叉口内，一般车流量下非机动车随机动车按交通规则在右侧行驶，不设分离设施。而车流量较大时，可采用分隔带（或墩）将机动车与非机动车分离行驶，减少相互干扰。上述两种情况与机动车交通组织应共同考虑。

当车流量很大，机动车、非机动车之间干扰严重时，可考虑采用立体非机动车交通组织，并与人行天桥或地道一起考虑。上下人行天桥或地道可用梯道、坡道组成混合式。一般行人宜用梯道型升降方式；非机动车应采用坡道型；非机动车较多，又因地形或其他理由不能设坡道时，可用梯道带坡道的混合型升降方式。

三、交叉口的车道数及通行能力

（一）交叉口的车道数

交叉口各相交道路的车道数，应根据交通控制方法、交通量、车道的通行能力及交叉处用地条件等决定。在城市道路上还应考虑大量非机动车交通存在的需要。

从渠化交通考虑，交叉口最好按车种和方向分别设置专用车道，以使左、直、右机动车和非机动车能在各自的专用车道上排列停候或行驶，避免相互干扰，提高通行能力。但在交通量较小的道路上设置过多的车道是不经济的，可考虑车道混合行驶。

在确定交叉口的车道数和车道宽度时，必须考虑到我国城市目前自行车交通日益发展的客观需要，尽可能组织机动车和非机动车分流行驶，以保证交通安全。

交叉口设置的车道数，其通行能力的总和必须大于高峰小时交通量的要求，否则，交叉口会产生交通拥挤和阻塞的现象。

交叉口的车道数可按以下方法确定：

首先选定交叉口的形式，然后根据设计年限的高峰小时交通量和不同行驶方向的交通组成，进行交通组织设计，由此初定出车道数。之后按照所确定的交通组织设计方案，对初定的车道数进行通行能力验算，如车道通行能力总和小于高峰小时交通量的要求，则必须增加车道重新验算，直到满足交通量的要求为止。

由于受信号控制的影响，在相同车道数下交叉口车道的通行能力总是比路段上要小，所以交叉口的车道数不应少于路段上的车道数。为了充分发挥整条道路的通行能力，交叉口的设计通行能力应与路段通行能力相适应，一般情况下，交叉口的车道数宜比路段至少多设一条。

（二）交叉口的通行能力

交叉口的通行能力随不同交通组织而异，可分为有信号控制和无信号控制两类。

1. 有信号控制交叉口的通行能力

有信号控制交叉口的通行能力常用"停车线断面法"，即已知交叉口处车道使用规定、信号显示周期及配时，以进口道停车线为基准断面，凡通过该断面的车辆即认为已通过交叉口，据此来计算通过停车线断面上不同行驶方向车道上的小时最大通过量（即该车道的通行能力）。各进口车道通行能力之和即为交叉口的可能通行能力。交叉口停车线断面上不同车道的通行能力按式（4−2）～（4−7）计算。

（1）一条直行车道的通行能力 $N_直$（单位为车辆/h）：

$$N_直 = \frac{3600}{T} \times \frac{T_g - \frac{v_s}{2a}}{t_s}$$

（4−2）

式中：T——信号周期（s），一般 60～90 s。

　　　T_g——一个周期的红绿灯时间（s）。

　　　v_s——直行车辆通过交叉口的车速（m/s）。

　　　a——平均加速度（m/s²）。据观测，小型车为 0.6～0.7 m/s²，中型车为 0.5～0.6 m/s²，大型车为 0.4～0.5 m/s²；

t_s——直行车平均车头距（s），据观测，车多时为 2.2～2.3 s，车少时为 2.7～2.8 s，平均为 2.5 s，大型车为 3.5 s。

（2）一条右转车道的通行能力 $N_右$（单位为车辆/h）：

$$N_右 = \frac{3600}{t_r} \tag{4-3}$$

式中：t_r——右转车平均车头距。

（3）一条左转车道的通行能力 $N_左$（单位为车辆/h）。

①有左转信号灯：

$$N_左 = \frac{3600}{T} \times \frac{T_1 - \frac{v_1}{2a}}{t_1} \tag{4-4}$$

式中：T_1——一个周期的红绿灯时间（s）。

v_1——左转车辆通过交叉口的车速（m/s）。

t_1——左转车平均车头距（s），取 2.5 s。

②无左转信号灯：

利用绿灯时间。当有左转专用车道而无左转信号显示时，驶入左转车道的车辆，只能利用绿灯时间在对向直行车流中寻找可穿越空当实现左转。据实测，可穿越时距约为 8 s，直行车头时距约为 3.5～4 s，故穿越时距约为直行车头时距的 2 倍。假设平均两个直行车位的空当可供一辆左转车穿越，则每个周期可穿越的左转车辆 n_2（单位为辆/周期）最多等于一条直行车道一个周期的通行能力减去每个周期实际到达的直行车除以 2。

利用黄灯时间。黄灯亮时通过车数 n_2 为：

$$n_2 = \frac{T_y - \frac{v_1}{2a}}{t_1} \tag{4-5}$$

式中：T_y——每周期黄灯时间，s。

因此，一条左转车道的通行能力为：

$$N_左 = \frac{3600}{T}(n_1 + n_2) \tag{4-6}$$

（4）一条直左混行车道的通行能力 $N_{直左}$（单位为车辆/h）

一条车道上有直、左混行时，因去向不同而相互干扰，甚至会停车，应乘以折减系数 K。据观测，左转车通过时间约为直行车的 1.5 倍，则

$$N_{直左} = N_{直}\left(1 - \frac{\beta_1}{2}\right)K \tag{4—7}$$

式中：β_1——直左车道中左转车所占比例；

K——折减系数，取 $0.7 \sim 0.9$。

2. 无信号控制交叉口的通行能力

无信号控制交叉口一般是指主要道路与次要道路相交时，因次要道路交通量不大，可不设交通信号控制。根据主要道路优先通行的交通规则，次要道路上的车辆必须等待主要道路上的车辆之间出现足够长的间隔时间而通过交叉口。

主要道路上的车流可视为无交叉的连续交通流，则车辆间出现的间隔服从负指数分布，但并非所有间隔都可供次要道路上车辆汇入或穿越，只有当出现的间隔大于临界间隔（即 50% 的驾驶员可以接受）时才有此可能。当出现大的间隔时，次要道路上的第二辆及后继车辆可跟随进入交叉口，其相隔的车头时距为 A。则次要道路单向可通过的最大车辆数 $Q_{次}$（单位为辆/h）：

$$Q_{次} = \frac{Q(\mathrm{e}^{-qa})}{1 - \mathrm{e}^{-q\beta}} \tag{4—8}$$

式中：Q——主要道路双向交通量（辆/h）；

q——主要道路交通流率（辆/s），$q = \dfrac{Q}{3600}$；

a——主要道路临界间隔时间（s），对停车标志控制的交叉口为 $6 \sim 8$ s，对让路标志为 $5 \sim 7$ s；

β——次要道路最小车头时距（s），对停车控制标志的为 5 s，对让路标志为 3 s。

主要道路的双向交通量与次要道路最大交通量之和，即为无信号交叉口的可能通行能力。

四、交叉口视距与圆曲线半径

(一) 交叉口的视距

1. 通视三角区

为了保证交叉口行车安全，驾驶员在进入交叉口前一段距离内，应能看到相交道路上的行车情况，以便能及时采取措施顺利驶过或安全停车。这段必要的距离应该大于或等于停车视距。

由相交道路上的停车视距所构成的三角形称为通视三角区。在其范围内不能有任何阻挡驾驶员视线的障碍物。通视三角区应以最不利的情况来绘制，绘制的方法和步骤如下：

(1) 确定停车视距。可用前述停车视距计算公式计算。

(2) 找出行车最危险冲突点。不同形式交叉口的最危险冲突点的找法不尽相同。对常见的十字形和 T 形交叉口的最危险冲突点可按下述方法寻找：

对十字形交叉口，最靠右侧第一条直行机动车道的轴线与相交道路最靠中心线的第一条直行车道的轴线所构成的交叉点为最危险的冲突点。

对 T 字形交叉口，直行道路最靠右侧第一条直行车道的轴线与相交道路最靠中心线的第一条左转车道的轴线所构成的交叉点为最危险的冲突点。

(3) 从最危险的冲突点向后沿行车轨迹线各量取停车视距。

(4) 连接末端构成通视三角区。

条件受限制不能保证由停车视距所构成的通视三角区，则应保证主要公路的安全交叉停车视距和次要公路至主要公路边车道中心线 5~7 m 所组成的通视三角区。

2. 识别距离

识别距离是指车辆以一定的车速行驶中，在临近道路的出（入）口区域，驾驶员自看清前方分流、合流、交叉、渠化、交织等各种行车条件变化时的导流设施、标志、标线，做出制动减速、变换车道等操作，至变化点前，使车辆达到必要的行驶状态所需要的最短行驶距离。

(1) 无信号控制的交叉口。对无任何信号控制的交叉口，可采用各相交道路的停车视距。

（2）有信号控制的交叉口。对有信号控制的交叉口，在车辆正常行驶条件下，识别距离为使驾驶员能看清交通信号和显示内容，能有足够时间制动减速、直至停车，但这种制动停车并非急刹车。因此，有信号控制交叉口的识别距离可用式（4—9）计算：

$$S_s = \frac{V}{3.6}t + \frac{V^2}{26a}$$ (4—9)

式中：S_s——交叉口的识别距离（m）；

V——路段设计速度（km/h）；

a——减速度（m/s²）；

t——识别时间（s）。

识别时间包括驾驶员的反应时间和制动生效时间。在公路上识别时间可取 10 s；在城市道路上因交叉口较多，驾驶员已有思想准备，识别时间可取 6 s。

（3）停车标志控制的交叉口。对停车标志控制的交叉口，一般为主要道路与次要道路交叉，主次关系明确，而且对标志的识别要比对信号容易。信号控制及停车控制标志交叉口的识别距离见表4—4，在此范围内不能有任何障碍物。

表4—4　交叉口的识别距离

设计速度/ km·h⁻¹	信号控制交叉口				停车标志控制交叉口	
	公路		城市道路		计算值	采用值
	计算值	采用值	计算值	采用值		
80	348	350	—	—	—	—
60	237	240	171	170	104	105
40	143	140	99	100	54	55
30	102	100	68	70	35	35
20	64	60	42	40	19	20

（二）平面交叉的曲线半径设计

相交道路的最小圆曲线半径可按式（4—10）计算：

$$R = \frac{V^2}{127(\mu \pm i_b)}$$ (4—10)

式中：R ——转弯车道中心线半径；

$\quad\quad V$ ——转弯设计速度，km/h；

$\quad\quad \mu$ ——横向力系数；

$\quad\quad i_b$ ——交叉口的路拱横坡。

在交叉口范围内，主要道路的设计速度 U 仍采用路段规定值，次要道路可取路段的 0.7 倍；横向力系数/X 可按不同设计速度在 0.15～0.20 之间选用；超高横坡 i_μ 以不大于 2％为宜，最大不应超过 6％。

当右转弯车辆比较多时，为保证右转车辆能以规定速度分道行驶，应对最小转弯半径加以限制。在右转车辆设计速度已确定的条件下，取 $\mu=0.16～0.20$，最小圆曲线半径的一般值采用 $i_\mu=2％$计算，极限值用 $i_\mu=6％$计算。

各级公路转弯车道中心线半径按鞍式列车控制设计，在各种转弯速度情况下，路面内缘的最小圆曲线半径规定见表 4—5。

表 4—5　路面内缘的最小半径

转弯半径/ km·h⁻¹	≤15	20	25	30	40	50	60	70
最小半径/m	15	20 (15)	25 (20)	30	45	60	75	90
最小超高/％	2	2	2	2	3	4	5	6
最大超高/％	一般值为 6，极限值为 8							

右转弯路面边缘线形应符合车辆转弯时的行迹。非渠化平面交叉以载重汽车为主，转弯路面边缘可采用半径 15 m 的圆曲线。当按鞍式列车设计时，路面边缘可采用符合转弯行迹的复曲线。渠化平面交叉的右转弯车道，其内侧路面边缘应采用三心圆复曲线；左转弯内侧路面边缘以一单圆曲线来控制分隔岛端的边缘线。

第二节　立体交叉设计

一、立体交叉概述

立体交叉（简称立交）是利用跨线构造物使道路与道路（或铁路）在不同高程相互交叉的连接方式。立交是高速道路（高速公路和城市快速路的统称）必不可少的组成部分。

立体交叉可使相交道路各方向车流在不同高程的平面上行驶，消除或减少冲突点；车流可连续稳定地行驶，提高车速和道路的通行能力；控制相交道路车辆的出入，车辆各行其道，互不干扰，保证行车安全和畅通。

立体交叉占地面积大、构造物多、施工复杂、造价高、不易改建。因此，采用立体交叉应根据道路、交通、环境及自然条件，并经计算、经济与环境效益的综合评价分析来慎重确定。

(一) 立体交叉的组成

立体交叉通常由跨线构造物、正线、匝道、出入口及变速车道等部分组成。

(1) 跨线构造物。设于地面以上的跨线桥（上跨式）或设于地面以下的地道（下穿式）。

(2) 正线。它是组成立体交叉的主体，指相交道路（含被交道路）的直行车行道，根据相交道路等级，正线可分为主要道路（简称主线）、一般道路或次要道路（简称次线）。

(3) 匝道。它是立体交叉的重要组成部分，是指供上下相交道路的转弯车辆行驶的连接道。按其作用可分为右转匝道和左转匝道两类。

(4) 出口与入口。由正线驶出进入匝道的道口为出口，由匝道驶入正线的道口为入口。

(5) 变速车道。它是在匝道与正线的连接路段，为适应车辆行驶的需要，不影响正线交通所增设的附加车道。它可分为减速车道和加速车道两种，出口端为减速车道，入口端为加速车道。

(6) 辅助车道。它是在高速道路立体交叉的分、汇流附近，为使匝道与高速道路车道数平衡和保持正线的基本车道数而在正线外侧设置的附加车道。

(7) 匝道的端部。它是指匝道两端分别与正线相连接的道口，它包括出入口、变速车道和辅助车道等。

(8) 绿化地带。它是在立体交叉范围内，由匝道与正线或匝道与匝道之间所围成的封闭区域，一般用以美化环境的绿化地带，也可布设排水管渠、照明杆柱等设施。

(9) 集散道路。在城市附近，为了减少车流进出高速道路的交织和出入口数量，可在高速道路的一侧或两侧设置与其平行且分离的专用道路。

立体交叉的范围，一般是指各相交道路端部变速车道渐变段顶点以内所包含的正线、跨线构造物、匝道和绿化地带等的全部区域。

除以上主要组成部分外，也包括立体交叉范围内的排水系统、照明设备及交通工程设施等。对城市道路立体交叉还应包括人行道、非机动车道和各种管线设施等。对于收费立体交叉也包含收费站、收费广场和服务设施等。

（二）公路立体交叉的设置条件

我国《规范》规定，高速公路与其他公路相交，必须采用立体交叉。一级公路同交通量大的其他公路交叉，宜采用立体交叉。二、三级公路间的交叉，在交通条件需要或有条件的地点，可采用立体交叉。

（三）立体交叉分类

1. 按结构物形式分类

按相交道路结构物形式立体交叉可分为上跨式和下穿式两类。

（1）上跨式

用跨线桥从相交道路或其他线形工程上方跨过的交叉方式。这种立交施工方便，造价较低，排水易处理，但占地大，引道较长，跨线桥影响视线，适用于市区以外或周围有高大建筑物处。

（2）下穿式

用通道（或隧道）从相交道路或其他线形工程下方穿过的交叉方式。这种立交占地较少，立面易处理，对视线和周围景观影响小，但施工期较长，造价较高，排水困难，多用于市区。

2. 按交通功能分类

按交通功能立体交叉可划分为分离式立交和互通式立交两类。

（1）分离式立交

分离式立交是仅设跨线构造物一座，使相交道路空间分离，上下道路无匝道连接的交叉方式。这种类型立交结构简单，占地少，造价低，但相交道路的车辆不能转弯行驶，适用于高速道路与铁路或次要道路之间的交叉。

（2）互通式立交

不仅设有跨线构造物使相交道路空间分离，且上下道路之间有相互连通的匝道，以供转弯车辆行驶的交叉方式。这种类型的立交车辆可转弯行驶，全部或部分消灭了冲突点，各方向行车干扰较小，但立交结构复杂，占地多、造价高。

互通式立体交叉按其相交公路的等级可划分为枢纽互通式立体交叉和一般互通式立体交叉两类。

高速公路间、或高速公路与具有干线功能的一级公路间、或具有干线功能的一级公路间的互通式立体交叉，应作为枢纽互通式立体交叉设计。枢纽互通式立体交叉的匝道应具有良好自由流的线形，匝道上不设置收费站，匝道端部不出现穿越冲突。

高速公路、一级公路间及其与其他公路相交的互通式立体交叉应为一般互通式立体交叉，其匝道上可设置收费站，且高速公路出入口以外允许设置平面交叉。

二、立体交叉的类型及适用条件

（一）分离式立体交叉

分离式立交是仅设跨线构造物（跨线桥或地道）一座，使相交道路空间分离，上下道路间无匝道连接的交叉方式。

分离式立体交叉主要适用于直行交通量大、转弯车辆少、可不设置转弯车的交叉处、道路与铁路交叉处等。我国《规范》规定，符合下列条件者应设置分离式立体交叉：

（1）高速公路同其他各级公路交叉，除因交通转换而设置互通式立体交叉外均必须设置分离式立体交叉。

（2）具干线功能的一级公路同其他各级公路的交叉，除因交通转换需要而设互通式立体交叉外，为减少平面交叉，且相交的公路又不能截断时，应采用分离式立体交叉。

（3）二、三、四级公路间的交叉，直行交通量很大或地形条件适宜，且不考虑交通转换时，可设置分离式立体交叉。这种类型立体交叉结构简单，占地少，造价低，但相交道路的车辆不能转弯行驶。

在布置分离式立体交叉时，应使主要道路的纵断面设计高程以保持不变或稍有变化为宜；结合地形条件和工程数量的大小，等级较低的次要道路以采用下穿的形式为宜；应综合考虑排水条件和排水方式，一般尽量不用泵站排水，以采用自流排水为宜，不得已时，公路立交可设蒸发池排水。

（二）互通式立体交叉

互通式立交不仅设有跨线构造物使相互道路空间分离，且上下道路之间有匝道连接，以供转弯车辆行驶的交叉。

互通式立体交叉适用于高速道路和其他各级道路、大城市出入口道路，以及通往重要港口、机场或游览胜地的道路相交处。我国《规范》规定，符合下列条件者应设置互通式立体交叉。

（1）高速公路间及其同一级公路相交处。

（2）高速公路、一级公路同通往县级以上城市、重要的政治或经济中心的主要公路相交处。

（3）高速公路、一级公路同通往重要工矿区、港口、机场、车站和游览胜地等的主要公路相交处。

（4）高速公路同通往重要交通源的公路相交而使该公路成为其支线时。

（5）两条具干线功能的一级公路相交时。

（6）一级公路上，当平面交叉的通行能力不能满足需要或出现频繁的交通事故时。

（7）基于地形或场地条件等原因设置互通式立体交叉的综合效益大于设置平面交叉时。

互通式立体交叉根据交叉处车流迹线的交叉方式和几何形状的不同，又可分为完全互通式、部分互通式和环形立体交叉三种类型。

1. 完全互通式立体交叉

完全互通式立交指相交道路的车流轨迹线全部在空间分离的交叉方式。它是一种比较完善的高级形式立交，匝道数与转弯方向数相等，各转弯方向都有专用匝道，无冲突点，行车安全，通行能力大，但立交占地面积大、造价高，适用于高速道路之间及高速道路与其他高等级道路相交。其代表形式有喇叭形、苜蓿叶形、Y形苜蓿叶形、X形、涡轮形等。

（1）喇叭形立体交叉

喇叭形立体交叉是三路立交的代表形式，它是用一个环形左转匝道（转向约为270°）和一个半定向左转匝道组成的完全互通式立体交叉。喇叭形立交可分为 A 型和 B 型，经环形左转匝道驶入主线（或正线）为 A 型，驶出时为 B 型。

这种立交除适应车速较低外，其他匝道都能为转弯车辆提供较高速度的半定向运行；只需一座构造物，投资较省；无冲突点和交织，通行能力大，行车安全；造型美观，行车方向容易辨别。适用于高速道路与一般道路相交的 T 形交叉。

布设时应将环形匝道设在交通量小的方向上，主线交通量大时宜采用 A 型，反之可选用 B 型。次线上跨对转弯交通视野有利，下穿时宜斜交或弯穿。

（2）苜蓿叶形立体交叉

苜蓿叶形立体交叉是用两个环形匝道来实现车辆左转弯的全互通式立交。这种立交只需一座跨线构造物，造价较低，匝道对称布置，造型美观。但由于环形左转匝道半径小，交通运行条件不如喇叭形立交好。苜蓿叶形立交的适用性与喇叭形立交相近，多用于苜蓿叶形立交的前布设时以使正线下穿为宜。

（3）Y 形立体交叉

Y 形立体交叉是用定向匝道或半定向匝道来实现车辆左转弯的全互通式立体交叉，相应地可划分定向 Y 形立交和半定向 Y 形立交两种。

①定向 Y 形立体交叉。定向 Y 形立体交叉是左转车辆在定向匝道上由一个方向车道的左侧驶出，并由左侧进入另一行车方向车道的立交方式。

这种立交能为转弯车辆能提供直接、无阻的定向运行，行车速度高，通行能力大，无交织、无冲突点，行车安全；行车方向明确，路径短捷，运行流畅；正线外侧占地宽度较小，但需要的跨线构造物多，很大的三路互通式立交，特别是正线双向为分离式断面，且相距一定宽度时较为适宜。另外，当正线外侧有障碍物时最为适宜。设计定向 Y 形立交时，正线在交叉范围内应为双向分离式断面或拉开相当的距离，以满足左转匝道纵坡和桥下净空要求，在正线设计时应充分考虑立交布设的要求。

②半定向 Y 形立体交叉。半定向 Y 形立体交叉是由定向 Y 形立交演变而来，将定向左转匝道改为半定向匝道，即左转弯车辆由行车道的右侧分离或汇入正线。

这种立交对左转弯车辆能提供较高速度的半定向运行，通行能力较大；各方向运行流畅，方向明确，不会发生错路运行；正线外侧占用土地较少；左转弯车辆由正线

右侧分离或汇入，运行方便，正线双向行车道之间不必分开。但匝道长度较定向 Y 形长，需要跨线构造物多，造价较高。

适用于正线双向交通量相对比较大，且双向行车道之间不必拉开或难以拉开的情况。因正线外侧相对占地较少，更适宜于正线外侧有平行于路线的铁路、河流、房屋等障碍物的情况。

（4）苜蓿叶形立体交叉

苜蓿叶形立体交叉是通过四个对称的环形左转匝道来实现各方向左转弯车辆运行的完全互通立交，它是四路立交常用的互通式立交形式之一。

这种立交各匝道相互独立，无冲突点，交通运行连续而自然，仅需一座构造物，可分期修建。但立交占地面积大，左转绕行距离较长，环形匝道适应车速较低，且跨线桥上下存在交织运行，限制了立交的通行能力。适用于高速道路之间或城市外围的环路上的不收费立交。

布设时为消除主线上的交织，避免双重出口而使标志简化及提高立交的通行能力和行车安全，常在正线外侧增设集散车道，成为带集散车道的苜蓿叶形立交。

（5）X 形立体交叉

X 形立体交叉，又称半定向式立交，是由四条半定向左转匝道组成的高级全互通立交。

这种立体交叉各方向运行都有专用匝道，自由流畅；单一的出入口，便于车辆运行和简化标志；无冲突点、无交织、行车安全；适应车速高，通行能力大。但层多桥长、造价高、占地面积大。一般多用于高速道路之间，左转等交通量大、车速要求高、通行能力大的枢纽互通式立体交叉。

（6）涡轮形立体交叉

涡轮形立体交叉是由四条半定向左转匝道组成的一种高级全互通立交。

这种立体交叉匝道纵放和缓，适应车速较高；车辆进出正线安全顺畅；无冲突点、无交织，通行能力大。但左转弯车辆绕行距离较长，营运费用较高；须建两层式跨线构造物多，造价较高；占地面积大。适用于高速道路之间转弯车速要求较低的枢纽互通式立体交叉。

布设时，为使匝道平面线形与汽车行驶速度的变化相适应，通常出口线形应比入口线形好。

（7）组合形立体交叉

组合形立体交叉是根据交通量并结合地形、地物限制条件，在同一座立交中采用两种或两种以上不同形式的左转匝道组合而成的全互通立体交叉。

这种立体交叉正线双向行车道在立交范围不拉开距离的情况下，左转匝道多为环形和半定向式匝道，组合形式多样；匝道布设与交通量相适应；充分利用地形、地物，因地制宜。适用于一个或两个左转弯交通量小的枢纽互通式立交。

布设时应合理设置环形左转匝道，尽量使结构紧凑，减少占地。

2. 部分互通式立体交叉

相交道路的车流轨迹之间至少有一个平面冲突点的立体交叉称为部分互通式立体交叉。这是一种低级的互通式立体交叉，其特点是形式简单，仅需一座跨线构造物，占地小、造价低，但存在平面交叉，对行车干扰大的缺点。一般多用于高速道路与次要道路相交。当个别方向的交通量很小或分期修建时，或者受地形、地物及路网规划等条件限制某个方向不能设匝道时也可采用。布置时应将平面交叉设在次要的道路上。代表形式有菱形立交、部分苜蓿叶形立交等。

（1）菱形立体交叉

菱形立体交叉只设右转和左转公用的匝道，使主要道路与次要道路连接，在跨线构造物两侧的次要道路为平面交叉口。

这种立体交叉能保证主线直行车辆快速畅通；转弯车辆绕行距离较短；主线上具有高标准的单一进出口，交通标志简单；主线下穿时匝道坡度便于驶出车辆减速和驶入车辆加速；形式简单，仅需一座桥，用地和工程费用小。但次线与匝道连接处为平面交叉，影响了通行能力和行车安全。适用于城市道路的主要道路与次要道路相交且用地困难的情况，而公路上较少采用。

布设时应将平面交叉设在次要道路上。主要道路采用上跨式或下穿式应视地形和排水条件而定，一般以下穿为宜；次要道路上可通过渠化或设置交通信号等措施组织交通。

（2）部分苜蓿叶形立体交叉

部分苜蓿叶形立交是相对全苜蓿叶形立交而言的，是在部分左转弯方向不设环形左转匝道，而在次要道路上以平面交叉的方式实现左转弯运行的立体交叉。这种立体交叉可根据转弯交通量的大小或场地的限制，设计出形式多样的立交形式。也可将某

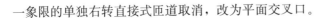

一象限的单独右转直接式匝道取消，改为平面交叉口。

这种立体交叉可保证主要道路直行车辆快速畅通；单一的驶出方式简化了主要道路上的交通标志；仅需一座跨线构造物，用地和工程费用较小；便于分期修建，远期可扩建为全苜蓿叶形立体交叉。但次要道路上存在平面交叉，影响通行能力和行车安全，且有停车等待和错路运行现象的可能。适用于主要道路与次要道路相交。

布设时应使转弯车辆的出入尽可能少妨碍主要道路的交通，平面交叉口应布设在次要道路上，必要时可在次要道路上组织渠化交通或设置信号控制。当跨线构造物前后有两个连续出口或入口时，宜在主要道路外侧设置集散车道以简化出入口。

3. 环形立体交叉

环形立体交叉是主线直通，次线及主线转弯车辆环绕中心岛交织运行的互通式立交。它是由环形平面交叉发展而来的，为保证主线直行车流快速、通畅，将主线下穿或上跨中心岛。次要道路的直行车流及交叉口的左转弯车流一律绕岛逆时针行驶，车流在环岛内相互交织。

这种立体交叉能保证主线直通，交通组织方便，无冲突点，占地较小，但通行能力受到环境交织能力的限制，车速受到中心岛半径大小的影响，构造物较多，左转车辆绕行距离长。适用于主要道路与一般道路交叉，以用于5条及5条以上道路相交为宜。

布设时，应让主要道路直通，中心岛可采用圆形、椭圆形或其他形状。

三、立体交叉的布置

（一）立体交叉位置的确定

确定互通式立体交叉位置时，应综合考虑公路网的现状和规划情况，并设在两相交公路线形指标良好，地形、地质和环境条件有利的位置。与之相连的公路应符合以下条件。

（1）相连接公路在路网中不应低于次要干道或集散路的功能，不应有较大的横向干扰。

（2）通行能力应满足过境和集散交通量的要求。

（3）与主要交通源的连接应短捷。

（4）分配到路网中附近公路的交通量应适当，不应使某些道路或路段负荷过重。

（5）根据路网布局等条件而选定的被沟通的公路，在通行能力和其他方面不能满足需要时，应进行改建设计。

（二）立体交叉形式的选择

立体交叉形式的选择，是为了提供行车效率高，安全舒适，适应设计交通量和计算行车速度，满足车辆转弯需要，并与环境相协调的合理立交形式。立交形式选择是否合理，不仅影响立交本身的功能，如通行能力、行车安全和工程经济等，而且与地区整体规划、地方交通的发展及市容环境等都有密切关系。

1. 影响立交形式选择的因素

影响立交形式选择的因素很多，归纳起来主要包括道路、交通、自然、环境条件及经济性等方面。道路方面的因素有相交道路的功能、等级、主要技术指标、近远期实施要求、收费要求等；交通方面的因素有现状及远景各个方向的交通量、交通组成、交通空间与时间分布特征等；自然因素包括地形、地质、水文、气象等方面的特征；环境方面的因素有立交周边的土地性质、建筑、设施、文物古迹等的分布情况及环境保护要求等；经济因素主要有立交拟投资额度、土建工程、征地拆迁等经济指标。

2. 立交形式选择的基本原则

互通式立交形式的选择，应根据道路、交通条件，结合自然、环境条件综合考虑而定。

互通式立交形式的选择，应遵循以下基本原则：

（1）立交的形式首先取决于相交道路的性质、任务和远景交通量等，应确保行车安全畅通和车流的连续。相交道路等级高时应采用完全互通式立交；交通量大、设计速度高的行车方向要求线形标准高、路线短捷、纵坡平缓；车辆组成复杂时要考虑个别交通特性的需要。在城市道路上，若使机动车、非机动车交通量都很大的车流分离行驶，可采用三层或四层式立交。

（2）选定的立交形式应与所在地的自然环境条件相适应，要充分考虑区域规划，地形地质条件、可能提供的用地范围、周围建筑物及设施分布现状等。在满足交通要求前提下综合分析研究，力求合理利用地形，工程营运经济，与环境相协调，造型美观，结构新颖合理。

（3）选型应全面考虑近远期结合。既要考虑近期交通要求，减少投资费用，又要考虑远期交通发展需要改建提高的可能。

（4）选型应从实际出发，有利于施工、养护和排水。尽量采用新技术、新工艺、新结构，以提高质量、缩短工期和降低成本。

（5）选型和总体布置要全面安排、分清主次，考虑平面线形指标和竖向标高的要求。如铁路与道路相交，常以铁路上跨为宜（可减小净空高度）；高速道路与其他道路相交，原则上高速道路不变或少变，其他道路抬高或降低；城市立交以非机动车道不变或少变，有利于行人及自行车通行。

（6）选型应与定位相结合。立交的形式随所在位置的地形地物及环境条件而异，通常先定位后选形，并使选形与定位结合考虑。

3. 立交形式选择的方法

互通式立体交叉选型，应综合考虑相交公路的功能、等级、匝道设计速度、地形、地物、用地条件、交通量、造价及是否设置收费站等因素。我国《规范》推荐立交选型的主要考虑因素如下：

（1）两条干线或功能类似的高速公路相交时，应采用设计速度较高的能使转弯车流保持良好自由流的各种定向式匝道，非干线公路间的枢纽互通式立体交叉宜用定向式。当左转弯交通量较小时，可采用含设计速度较低的定向式（或半定向式）匝道，或部分环形匝道的涡轮形（或混合式）。

（2）高速公路与一级公路相交或两条一级公路相交时，可采用混合式。当转弯交通量不大且不致因交织困难而干扰直行车流时，允许在较次要公路的一方设置相邻象限的环形匝道。

（3）两条一级公路相交时，宜采用有附加右转弯匝道的部分苜蓿叶形、全苜蓿叶形、环形或混合式。

（4）高速公路同一级公路或交通量大的二级公路相交，且设置收费站时，宜采用双喇叭形。

（5）高速公路与交通量小的二级公路相交时，宜采用在被交公路上设置平面交叉的旁置式单喇叭形、部分苜蓿叶形。匝道上不设收费站时，宜采用菱形。

（6）一级公路与二、三、四级公路相交，因交通转换而设置互通式立体交叉时，宜采用菱形、部分苜蓿叶形。在特殊情况下，也可采用单象限形。

(7) 因地形有利而设互通式立体交叉时，可采用匝道布置简单的单象限形或菱形。

(8) 路网密度较高的地区，可利用路网结点转换交通时，将某些立体交叉设计成仅为部分交通转换提供往返匝道的非全互通的立体交叉。

(三) 立体交叉的间距

1. 影响立体交叉间距的因素

确定互通式立体交叉的间距时，主要应考虑交通密度、相邻立交之间的交织段要求、标志和信号布置的要求、驾驶员驾驶顺适的要求、经济上的因素等。相邻立交之间保持合适的间距，能够均匀分散交通，使整体道路和区域交通被各立体交叉均衡、合理分担。间距过大会使交通联系不便；间距过小则又影响高速道路功能的发挥，且使建设投资增加。相邻立交之间要有足够的交织路段，以便在相邻立交出入口之间设置足够的加减速车道。相邻立交之间还应保证足够的距离，设置一系列标志和信号，以便连续不断地告诉驾驶员下一立交出口的到来。另外，相邻立交之间的距离如果过近，特别是在城市道路上，因互通式立交的平面连续变化，纵断面起伏频繁，对车辆运行、驾驶操作及景观均不利。

2. 立体交叉间距的规定

(1) 我国《规范》规定，高速公路上互通式立体交叉的间距如下：

①大城市、重要工业园区附近的平均间距宜为 5～10 km；其他地区宜为 15～25 km。

②相邻互通式立体交叉的最小间距，不宜小于 4 km。因路网结构或其他特殊情况限制，经论证相邻互通式立体交叉的间距须适当减小时，加速车道渐变段终点至下一个互通式立体交叉的减速车道渐变段起点间的距离，不应小于 1000 m；若小于 1000 m，且经论证而必须设置时，应将两者合并为复合式互通式立体交叉。

③相邻互通式立体交叉的间距不宜大于 30 km；超过时，应设置与主线立体分离的 "U 形转弯" 设施。

(2) 非高速公路互通式立体交叉的最小间距，可参照上述规定执行。条件受限时，经对交织段的通行能力验算后可适当减小间距。

（3）城市道路上互通式立体交叉间距。我国《城规》规定的两个相邻互通式立体交叉之间最小净距见表 4－6。

表 4－6　立交之间最小净距

干道设计速度/ km·h⁻¹	80	60	50	40
最小净距/m	1000	900	800	700

④互通式立体交叉与相邻的其他有出入口的设施或隧道之间的距离如下：

①互通式立体交叉与服务区、停车区、公共汽车停靠站之间的距离，应能满足设置出口预告标志的需要；条件受限制时，间距可适当减小，但上一入口终点至下一个出口起点的距离不应小于 1000 m。

②隧道出口与前方互通式立体交叉间的距离，应满足设置出口预告标志的需要；条件受限制时，隧道出口至前方互通式立体交叉减速车道渐变段起点的距离不应小于 1000 m，否则应在隧道入口前或隧道内设置预告标志。

③互通式立体交叉与前方隧道进口间的距离，应满足设置标志及以后对洞口判断所需的距离。

（5）分离式立体交叉间距。为便于地方交通横穿高速道路，分离式立交间距可小些。我国公路和城市道路设计规范对分离式立交间距没有明确规定。但据国外资料，间距一般为 1～1.5 km。德国平均间距为 700～800 m，美国宾夕法尼亚州收费高速公路平均间距为 1.6 km。

四、匝道设计

匝道是互通式立交必不可少的组成部分，是供上下相交道路转弯车辆行驶的连接道。匝道设计得合理与否直接关系到立交枢纽的功能、营运及安全等，因此，匝道的合理布置及使用合适的线形非常重要。

（一）匝道组成

在一个互通式立交处车辆运行有两种方式：一种是直通运行，即走原来的路线在交叉处借立交桥跨越过去；另一种是转弯运行，从一条路转弯到另一条路上去，这时就要修建专门的转弯道路，即匝道。匝道是由以下三部分组成的：①离开原线的驶出道口；②匝道经行的路段；③汇入另一路线的驶入道口。

道口有控制式（如红绿灯），用于次要路线的出入道口；还有不受控制的畅通式，或称为无阻运行式，用于主要路线，尤其是高速公路的出入道口。

驶出道口的位置必须明显，最好设置在立交结构物之前，以便驾驶员及早识别，顺利驶出。如果设在立交构造物之后，必须有充分远的距离，否则易使驾驶员错过出口，要到下一个立交处才能驶出。驶出道口则以位于立交构造物之后对行车安全较为有利，驾驶员视野开阔，不受构造物影响，有利于司机汇入主线。

匝道视立交的构造可能是多层的，而且互相穿越，因此匝道不一定全是用土方筑成路基的道路，有时可能是路堑，更可能是高架桥，视具体情况而定。

（二）匝道的基本形式

匝道的形式千变万化，但根据它的基本功能——提供转弯车道及其与正线的关系可划分为如下两种基本类型：

1. 右转弯匝道

车辆从正线的右侧驶出和直接右转约90°，到被交道路的右侧驶入，一般不须设跨线构造物。根据互通式立交的形式和用地等限制条件，右转匝道可以布设单（复）曲线、反向曲线、平行线和斜式四种。右转匝道属于右出右进的直连式匝道，其特点是形式简单，出入直接，方向明确，线形顺适，行车速度和线形指标较高，行程短、行程安全。

2. 左转弯匝道

车辆按右侧通行时，左转弯须转90°～270°的角度，穿越对向车道及被交道路，除环形匝道外，至少需要一座跨线构造物。左转匝道遇到的情况十分复杂，其线形千变万化。按匝道布设与相交道路的关系，左转匝道可分为直连式（定向式）、半直连式（半定向式）和间接式三种类型。

（1）直连式（又称定向式或左出左入式）

左转车辆直接从行车道左侧分流驶出，左转约90°，从被交道路左侧汇入相交车道。定向式匝道线形简捷，转向明确，长度最短，营运费用低；左转弯自左驶出，没有反向运行，最为自然顺当，线形指标高，适应车速高，通行能力大。但跨线构造物较多；正线及被交道路的对向行车道间均须有足够的间距或设计成不等高以便上跨或下穿；重型车和慢速车左侧驶出、驶入困难且不安全。

（2）半直连式（半定向式）

为了克服直连式匝道从左驶出、从左驶入在运行上的缺点，改为从右驶出，或从右驶入的做法。这时车辆为了左转还须做反向的右转运行，但匝道上车辆运行的总方向仍然是向左转弯的，这种匝道称为半直接式或半定向式。按车辆由相交道路的进出方式可分为左出右入式、右出左入式和右出右入式三种基本形式。

①左出右入式。左转车辆从行车道左侧直接分流驶出后左转弯，到被交道路时从右侧汇流驶入。与左出左入匝道相比，改进了左入的缺点，车辆驶入安全，但仍存在左出的缺点：匝道上车流略有绕行，正线对向行车道间须有足够的间距，跨线构造物较多。

②右出左入式。左转车辆从行车道右侧分流右转驶出，在匝道上左转弯，到被交道路后直接由行车道左侧汇流驶入。这种形式的匝道改进了左出的缺点，车辆驶出安全，但仍有左入问题；驶入道路对向行车道间要有足够的间距；其余特征与左由右入匝道相同。当汇入的道路为双车道公路，上下行各只有一个车道且无分隔带，从左汇入和右汇入并没有什么差异时，这种匝道是可以采用的。

③右出右入式。左转车辆从行车道右侧分流右转驶出，在匝道上左转弯，到被交道路后由行车道右侧汇流驶入。这种形式的匝道消除了左出左入的缺点，行车安全方便，是较常用的左转匝道形式。但匝道绕行距离最长，跨线构造物也最多。两条高等级公路相交，各条的上下行车道都有两条或两条以上，且该象限的转弯交通量又很大时，可以采用这种形式。

（3）间接式（环形匝道）

左转车辆驶过跨线构造物后，从行车道右侧驶出后，不向左转，却反向向右连续转约270°达到左转目的，从被交道路的右侧驶入。这种匝道从右侧驶出，从右侧汇入，行车安全；匝道上不需要任何建筑物就可达到左转弯的目的，造价最低；但匝道线形指标低，适应车速低，通行能力小，占地较大，左转车辆绕行距离较长。

环形匝道是苜蓿叶和喇叭形立交的标准匝道。对于出入道口不受控制的、无阻碍运行的环形匝道，其开始曲线应有较大半径切于出口端的外边缘，末尾曲线亦应有较大半径切于入口端的外边缘，中段曲线半径应比首段或末段者为小（或者在两者之间），形成一个卵形或水滴形曲线。如果中段曲线半径大于首段或末段，甚至中段呈直线（半径无穷大）形成一个平背曲线，会使车辆多次减速或加速运行，甚至在平背直线段过早地加速，而在达到或超过复合曲线的连接点进入小半径曲线段时失去控制。

对于出入道口受到控制（如红绿灯）的环形匝道，如从次要道路驶出时或汇入次要道路时，往往采用控制式道口，这时出入的半径可以采用小的半径。当出入的交通量大体相等时，接近次要路线的匝道路段亦垂直于次要路线。当出或入一方的交通量偏大太多时，匝道路段宜以不小于 $75°$ 的交角斜向交通量大的一方，以利于车辆运行。

当采用下穿匝道时，穿过跨线构造物进入环圈匝道时，必须注意线形布设保证运行安全。当穿过的是主线时，由于主线车道多、路基宽，野外公路桥下一般无照明设备，高速车辆驶过一个长而阴暗的桥洞，出去后还没来得及看清标志就马上转弯进入环形匝道，是十分危险的，会容易发生事故。改进的做法如下：

（1）将直线延伸过桥洞以后相当距离才开始转弯，但这将增加占地面积。

（2）在进入桥洞之前路线就开始转弯，或斜交穿过，这是常用的做法，这时将会得到线形最顺利流畅、运行最舒适安全的卵形或水滴形匝道。

（3）如果前两个措施有困难，或穿过的路基太宽（车道多），桥洞很长时，就需在桥洞内设照明，或者将上层跨线桥按车道分离设置，在车道之间的分隔带等处开设天窗（须用透明塑料板等覆盖以防杂物掉落）以供采光。

环形匝道半径太大时占地较多，半径太小时车速受影响，而且车辆在甚小半径连成的复杂的复合曲线上运行较困难。在采用环形匝道的典型的苜蓿叶立交中还存在有交织段，这些都影响这种匝道的运行能力。后者必要时须采取增设集散道的措施以进行改善。

（三）左转匝道的布设特性

上述匝道的基本形式中，右转匝道在不设跨线构造物前提下，几乎都采用右出右进的形式，只是在使用中视场地限制条件改变匝道的线形而已。若某一象限未设右转匝道，该立交相交道路上会出现平面交叉口。而左转匝道的基本形式变化多，各种匝道可以单独或相互组合使用，形成千变万化的立体交叉形式。在布设左转匝道时，可根据现场地形、地物及用地限制条件，灵活安排匝道的空间位置与线形。左转匝道布设有以下两大特性：

（1）任何一个方向左转的车辆，均可在所有象限内完成左转弯运行。

（2）所有行驶方向左转的车辆，均可在部分象限内完成左转弯运行。

（四）匝道的设计依据

匝道的设计依据主要有互通式立体交叉的类型及主线的线形指标、匝道设计速度、设计交通量和设计通行能力等。互通式立交的类型是确定匝道设计速度的主要依据，主线的线形指标决定匝道端部设计，匝道的设计速度和设计交通量是确定匝道平纵面线形和横断面几何尺寸的主要依据，而匝道的通行能力则是检验匝道适应交通量的能力。

1. 互通式立体交叉范围内主线线形指标

互通式立体交叉范围内，主线形的主要技术指标规定见表4—7。

表4—7　互通式立体交叉范围内主线形指标

设计速度/ km·h⁻¹			120	100	80	60
最小圆曲线半径/m		一般值	2000	1500	1100	500
		极限值	1500	1000	700	350
最小竖曲线半径/m	凸形	一般值	45000	25000	12000	6000
	凹形	极限值	23000	15000	6000	3000
		一般值	16000	12000	8000	4000
		极限值	12000	8000	4000	2000
最大纵坡/%		一般值	2	2	3	4.5（4）
		最大值	2	2	4（3.5）	5.5（4.5）

注：当主要公路以较大的下坡进入互通式立体交叉，且所接的减速车道为下坡，同时，后随的匝道线形指标较低时，主要公路的纵坡不得大于括号内的值。

2. 匝道设计速度

匝道的设计速度是匝道线形受限路段所能保证的最大安全速度，主要根据互通式立交的类型、匝道的类型、转弯交通量的大小及用地和建设费用等条件确定。如果匝道的设计速度能和正线一样，即使是采用不同速度相交道路中较低者，车辆运行也是顺畅的。然而，由于地形、用地和建设费用等限制，匝道的设计速度通常都较正线低，但降低不得过大，以免车辆在离开或进入正线时产生急剧的减速或加速，导致行车危险和不顺畅。期望值以接近主线平均行驶速度为宜。当受用地或其他条件限制时，匝道设计速度可适当降低，一般为主线设计速度的 50%～70%。

3. 设计交通量

匝道设计交通量是确定匝道类型、设计速度、车道数、几何形状、平交或立交及是否分期修建等的基本依据。匝道设计交通量是指远景设计年限的交通量，设计交通量主要根据相交道路的交通量，结合交通调查资料，通过分析预测，推算设计年限末期的年平均日交通量，将匝道单向日交通量换算为设计小时交通量，推算方法与相交道路相同。互通式立体交叉的设计年限一般与高速公路相同，采用 20 年。交通组成及左、直、右行方向的交通量一般用交通量流向、流量分布图表示。

4. 通行能力

匝道的通行能力取决于匝道本身和出入口处的通行能力，以三者之中较小者作为采用值。通常出口和入口处的通行能力与匝道本身通行能力相比甚小，故匝道的通行能力主要受出入口处通行能力的控制，并受主线通行能力、车道数、设计交通量等影响。单车道的最大设计通行能力为 1200 pcu/h，单车道环形匝道设计通行能力为 800～1000 pcu/h。

（五）匝道的线形设计要点

1. 匝道平面线形设计

(1) 匝道平面线形设计要点

①从出入口至匝道平面线形紧迫路段的范围内，圆曲线的半径应与变化着的速度相适应。

②右转弯匝道和左转弯直连式或半直连式匝道应采用较高的平面指标。

③直连式互通式立体交叉中，纵面起伏时凸形竖曲线前后的平面线形应一致，或具备良好的线形诱导。严禁在小半径凸形竖曲线以后紧接反向平曲线。

④匝道平面线形指标应与交通量相适应，交通量大的匝道应具有较高的平面线形指标。

⑤应避免不必要的反弯。

（2）匝道平面线形布设

匝道平面线形要求应是直线、圆曲线及缓和曲线，但由于匝道通常较短，难以争取到较长直线，故以曲线为主。

对右转匝道及直连式左转匝道，可采用单曲线或复曲线（双向或多心）、卵形曲线等。若用多心复曲线时，相邻半径之比应满足规范要求，并使两端连接出入口的圆曲线采用较大半径（且出口半径应大于入口半径），中间圆曲线半径可小一些。否则会使车辆多次减速和加速运行，且在中间路段过早加速，到驶入匝道时易失去控制。

对半直连式左转匝道，其平面线形可由反向曲线与单曲线或复曲线组成。反向曲线之间最好不插设直线段而以缓和曲线相连形成 S 形曲线，并满足 S 形曲线的有关要求。

对环形左转匝道，最简单的是采用单曲线，它设计简便，但与匝道上车速的变化不适应。最好采用曲率半径由大到小再到大的水滴形或卵形曲线，可满足车速变化要求，但设计计算比较复杂。另外，考虑减少占地和造价，环形匝道通常采用最小半径。

2. 匝道纵面线形设计

（1）匝道纵面线形设计要点

①匝道的纵坡应平缓，并避免不必要的反坡。

②匝道同主线相连接的部位，其纵面线形应连续，避免线形的突变。

③出口匝道宜为上坡匝道。

④上坡加速或下坡减速的匝道，应采用较缓纵坡，应避免采用最大纵坡值。

⑤匝道中设收费站时，邻接收费广场的路段，其纵坡应平缓，不得以较大的下坡紧接收费广场。

⑥匝道端部纵坡变化处应采用较大半径的竖曲线。匝道中间难以避免反坡时，尤其在其后不远有反向平曲线或匝道分、汇流的情况下，凸形竖曲线应具有较大的半径。

（2）匝道纵面线形

纵面线形多受其两端相连接正线的高程、纵坡大小及坡长限制。不同形式的匝道，纵断面的布设会有所差异。

右转匝道纵面线形常由一个以上竖曲线组合而成，但纵坡较小，起伏不大，竖曲线半径较大。左转匝道一般由反向或同向竖曲线组成，反向竖曲线的上端多为凸形，下端多为凹形，中间宜插入直坡段，也可直接连接；同向竖曲线宜加大半径，连成一个竖曲线或复合曲线。

纵坡设计应尽量平缓，最好一次起伏，避免多次变坡。出口处竖曲线半径应尽可能大一些，以便误行或其他原因要倒车时不致造成危险或引起阻塞。入口附近的纵面线形必须有同正线一致的平行区段，以看清正线，安全驶入。

3. 匝道平、纵线形组合设计

匝道平、纵线形组合设计的基本要求是使匝道立体线形平顺无扭曲，视野开阔，行车安全舒适，视觉美观，并与正线衔接处及周围环境协调配合。设计的原则和要求与正线基本相同，但应注意进出口处平、纵组合的处理。

在出口处，若是越过凸形竖曲线以下坡驶入匝道时，坡顶之后的平曲线不应突然出现在驾驶员眼前，应将凸形竖曲线加长以增大视距，使驾驶员能及早发现平曲线的起点和方向，并有足够的安全运行时间。在入口处，若由匝道上坡驶入道口时，应使连接道口的匝道（一般长度至少 60 m）纵断面与邻近正线基本一致，以保证通视三角区要求。

五、端部设计

端部是指匝道两端分别与正线连接的道口，它包括出入口、变速车道及辅助车道等。两端的道口和中间的匝道共同组成一条完整的匝道。从主线出入的道口都应是自由流畅式，而次线上的道口有时则是信号控制的。端部设计的一般原则是出入顺适、安全，线形与正线协调一致，出入口应视认方便，正线与匝道间应能相互通视。

（一）出口与入口设计

1. 主线出入口

一般情况下互通式立体交叉的出入口除高速匝道外，应设置在主线行车道的右侧。出口位置应易于识别，一般设在跨线构筑物之前。若在其后时，应与构造物保持 150 m 以上的距离。为便于车辆减速，出口最好位于上坡路段。入口应设在主线下坡路段，以利于重型车辆加速。在汇流鼻前，匝道与主线间应保持主线 100 m 和匝道 60 m 的三角形区域内通视无阻。

主线与匝道分流鼻处，为给误行车辆提供返回的余地，行车道边缘应设置偏置加宽，用圆弧连接主线和匝道的路面边缘，并用路面标线引导行驶方向。

2. 互通式立交的平面交叉口

互通式立交在次线或匝道上可设置平面交叉口。这种平交道口往往决定整个立交通行能力、服务水平和交通安全，设计时应予以充分重视。

在选定互通式立交形式时，应考虑所含平面交叉的必要性和合理性。设计中应将匝道布置在合适的象限内，使冲突点减至尽可能少的程度。对平面交叉应根据交通量、交通组成和行驶速度等做出合理布置，并设置必要的标志、标线、分隔带、交通岛、变速车道、转弯车道等。行人与非机动车道交通对平面交叉影响很大，必要时应采取专辟车道、渠化或立体交叉等措施，与机动车分离行驶。互通式立体交叉中的平面交叉设计应符合平面交叉的有关要求和规范。

（二）变速车道设计

在匝道与正线连接的路段，为适应车辆变速行驶的需要，而不致影响正线交通所设置的附加车道称为变速车道。变速车道包括减速车道和加速车道。车辆由正线驶入匝道时减速所需的附加车道称为减速车道；车辆从匝道驶入正线时加速所需的附加车道为加速车道。

1. 变速车道的形式

变速车道一般分为平行式与直接式两种。

（1）平行式

平行式是在正线外侧平行增设的一条附加车道。其特点是车道划分明确，行车容易辨认，但车辆行驶轨迹呈反向曲线对行车不利。原则上加速车道采用平行式，因加速车道较长，平行式容易布置。平行式变速车道端部应设渐变段与正线连接。

（2）直接式

不设平行路段，由正线斜向渐变加宽，形成一条与匝道连接的附加车道。其特点是线形平顺并与行车轨迹吻合，对行车有利，但起点不易识别。原则上减速车道应采用直接式。变速车道为双车道时，力口、减速车道均应采用直接式。

主线为左偏并接近圆曲线最小半径的一般值时，其右方的减速车道应为平行式，且应缩短渐变段（将缩短的长度补在平行段上）。减速车道接环形匝道时不宜采用平行式。

2. 变速车道的横断面

变速车道横断面的组成与单车道匝道基本相同，由左侧路缘带（与主线车道共用）、行车道、右路肩（含右侧路缘带、硬路肩、土路肩）组成。城市道路可不设右路肩，但应保留路缘带。

3. 变速车道的长度

变速车道的长度为加速或减速车道长度与渐变段长度之和。

符合下列情况者宜增长变速车道：

（1）主线设计速度小于或等于 100 km/h，且匝道的线形指标又不高时，宜采用高一个设计速度档次的变速车道长度。

（2）主线、匝道的预测交通量接近通行能力，或载重车和大型客车比例较高时。

渐变段长度是指渐变段车道宽度达到一个车道宽度的位置至正线之间的渐变长度。

城市道路变速车长度按《城规》规定值选用。

（三）辅助车道

在高速公路、一级公路和城市快速路的全长或较长路段内，必须保持一定基本车道数。同时在主线与匝道的分、汇流处必须保持车道数目的平衡，二者之间是通过辅助车道来协调的。

1. 基本车道数

基本车道数指一条道路或其某一区段内，根据交通量和通行能力的要求所必需的一定数量的车道数。基本车道数在相当长的路段内不应变动。高速公路相邻的两路段间，一个方向行车道上的基本车道数的变化不得大于 i。

2. 车道平衡原则

高速公路上，主线的车流量会因分、汇流的存在而发生变化，分流减少，汇流增大。为适应这种车流量的变化，保证车流畅通和工程经济，在分、汇流处的车道数应保持平衡。车道平衡的原则为：主线与匝道的分、汇流处正线上的车道数应不少于汇流前交会道路或分流后的分叉道路上所有车道数总和减 1。

分、汇流处应按车道数平衡式（4—11）进行计算，以检验车道数是否平衡。

$$N_C \geqslant N_F + N_E - 1 \tag{4-11}$$

式中：N_C——分流前或汇流后的正线车道数；

N_F——分流后或汇流前的正线车道数；

N_E——匝道车道数。

3. 辅助车道

在分、汇流处，既要保持车道数平衡，又要保持基本车道数，如果二者发生矛盾，可通过在分流点前与汇流点后的正线上增设辅助车道的办法来解决。高速公路保持基本车道连续的路段，当互通式立体交叉的匝道车道数、$N_E > 1$ 时，出入口应增设辅助车道。

当互通式立体交叉入口与下一个互通式立体交叉出口均设有或其中之一设有辅助车道时，若入口终点至出口起点的距离小于 1000 m，则应增长辅助车道而将两者贯通。当交通量大、交织运行比例较高，且增加车道的成本不高时，即使此间距达 2000 m，也宜采用贯通的辅助车道。

辅助车道的宽度与主线车道相同，且与主线车道间不设路缘带。辅助车道右侧的硬路肩，其宽度一般与正常路段的主线硬路肩相同；用地或其他条件受限制时可减窄，但不得小于 1.50 m。

第五章 公路选线与定线

第一节 公路选线

一、选线概述

选线是整个道路勘测设计的关键，是道路线形设计的重要环节，它对道路的使用性质和工程造价都有很大的影响。道路选线应包括确定路线的基本走向、路线走廊带、路线方案至选定线位的全过程。

选线是在道路规划路线起点、终点之间，选定一条技术上可行、经济上合理且符合使用要求的道路中心线的工作。它所面临的是十分复杂的自然环境和社会经济条件，需要综合考虑多方面因素。为达此目的，选线必须由粗到细、由轮廓到具体，逐步深入，分阶段、分步骤地加以分析比较，才能定出最合理的路线来。

本章内容主要适用于公路选线，城市道路路线则主要取决于城市干道网及红线规划。

(一) 自然条件对道路路线的影响

影响道路的自然因素主要有地形、气候、水文、水文地质、地质、土质及植物覆盖等。地形决定了选线条件，并在很大程度上影响道路的技术标准。

1. 地形

按道路布线范围内地形形态、相对高差、倾斜度及平整度对各类地形特征描述如下。

(1) 平原、微丘地形

平原地形指地形平坦，无明显起伏，地面自然坡度一般在 3°以内。

微丘地形指起伏不大的丘陵，地面自然坡度在 20°以下，相对高差在 100 m 以下。设线一般不受地形限制。

河湾顺适，地形开阔且有连续的宽缓台地的河谷地形，河床坡度大部分在 5°以下，地面自然坡度在 20°以下。沿河设线一般不受限制，路线纵坡平缓或略有起伏。

（2）山岭、重丘地形

山岭地形指山脊、陡峻山坡、悬崖、峭壁、峡谷、深沟等。地形变化复杂，地面自然坡度大部分在 20°以上。路线平、纵、横面大部分受地形限制。

重丘地形指连绵、起伏的山丘，具有深谷和较高的分水岭，地面自然坡度一般在 20°以上。路线平、纵面大部分受地形限制。

高原地带的深侵蚀沟，以及有明显分水线的绵延较长的高地，地面自然坡度多在 20°以上。路线平、纵、横面大部分受地形限制。

2. 气候

气候情况，直接或间接地影响着地面水的数量、地下水位高度、大气降水量及其强度和形态、路基水温状况、泥泞期、冬季积雪和冰冻延续期，并在一定程度上限制施工期限和条件。

3. 水文及水文地质

水文情况，决定排水结构物的数量和大小；水文地质情况，决定了含水层的厚度和位置、地基或路基岩层滑坍的可能性。

4. 地质

地质构造，决定了地基及路基附近岩层的稳定性，确定有无滑坍、碎落和崩坍的可能；同时也决定了土石方工程施工难易程度和筑路材料的质量。

5. 土质

土是路基与路面基层的材料，土质影响路基形状和尺寸的确定，也影响着路面形式和结构的确定。

6. 植被覆盖情况

地面的植物覆盖影响暴雨径流、水土流失程度，并在一定程度上影响路基土壤的水理和热理状况。

所有上述一些自然情况，它们都是密切地相互联系与相互制约着的，并且处于相互作用和不断变化的过程中。因此，道路选线时要细致调查、实地观察，充分考虑自然条件，并注意到今后的自然变化和道路建成后的影响，保证道路在复杂的自然条件下的坚固稳定与交通运输的畅通无阻。

（二）道路选线的一般原则

路线是道路的骨架，它的优劣关系到道路本身功能的发挥和在路网中是否能起到应有的作用。正如前文所述，路线设计除受自然条件影响外，尚受诸多社会因素的制约。选线要综合考虑多种因素，妥善处理好各方面的关系，其基本原则如下。

（1）在道路设计的各个阶段，应运用各种先进手段对路线方案做深入、细致的研究，在多方案论证、比选的基础上，选定最优路线方案。

（2）路线设计应在保证行车安全、舒适、迅速的前提下，做到工程量小、造价低、营运费用省、效益好，并有利于施工和养护。在工程量增加不大时，应尽量采用较高的技术指标。不要轻易采用极限指标，也不应不顾工程大小而片面追求高指标。

（3）选线应注意同农田基本建设相配合，做到少占田地，并应尽量不占高产田、经济作物田或穿过经济林园（如橡胶林、茶林、果园）等。

（4）通过名胜、风景区、古迹地区的道路，应注意保护原有自然状态，其人工构造物应与周围环境、景观相协调，处理好重要历史文物遗址。

（5）选线时应对工程地质和水文地质情况进行深入勘测调查，弄清它们对道路工程的影响。对严重不良地质路段，如滑坡、崩坍、泥石流、岩溶、泥沼等地段和沙漠、多年冻土等特殊地区，应慎重对待，一般情况下应设法绕避。当必须穿过时，应选择合适位置，缩小穿越范围，并采取必要的工程措施。

（6）选线应重视环境保护，注意由于道路修筑、汽车运营所产生的影响和污染。

（7）对于高速公路和一级公路，由于其路幅宽，可根据通过地区的地形、地物、自然环境等条件，利用其上下行车道分离的特点，本着因地制宜的原则，合理采用上下行车道分离的形式设线。

上述选线原则，对于各级道路都是适用的。但在掌握这些原则的基础上，不同等级的道路，应有不同的侧重。如高等级公路主要为起终点及中间重要控制点间快速直达交通服务的，该功能决定了它的基本方向不应偏离总方向过远，需要与沿线城镇连接时，宜用支线连接。对于等级较低的地方道路，则主要是为地方交通服务的，在合理的范围内，多联系一些城镇是适宜的。

（三）选线的步骤和方法

一条路线的起点、终点确定以后，它们之间有很多走法。选线的任务就是在这众多的方案中选出一条符合设计要求且经济合理的最优方案。因为影响选线的因素很多，这些因素有的互相矛盾，有的相互制约，各因素在不同场合的重要程度也不相同，不可能一次就找出理想方案来。最有效的做法是通过分阶段，由粗到细反复比选来求最佳解。选线一般按工作内容分三步进行。

1. 路线方案选择

路线方案选择主要是解决起点、终点间路线基本走向问题。此项工作通常是先在小比例尺（1：25 000～1：100 000）地形图上，从较大面积范围内找出各种可能的方案，搜集各种可能方案的有关资料，进行初步评选，确定数种有进一步比较价值的方案。然后进行现场勘察，通过多方案的比选得出一个最佳方案来。当没有地形图时，可采用调查或踏勘方法现场收集资料，进行方案评选。当地形复杂或地区范围较大时，可以通过航空视察，或用遥感与航摄资料进行选线。

2. 路线带选择

在路线基本方向选定的基础上，按地形、地质、水文等自然条件选出一些细部控制点，连接这些控制点，即构成路线带，也称路线布局。这些细部控制点的取舍，仍是通过比选的办法来确定的。路线布局一般应该在1：1000～1：5000比例尺的地形图上进行。只有在地形简单、方案明确的路段，才可以现场直接选定。

3. 具体定线

经过上述两步的工作，路线雏形已经明显勾画出来了。定线就是根据技术标准和路线方案，结合有关条件在有利的路线带内进行平、纵、横综合设计，具体定出道路中线的工作。

二、路线方案选择

（一）影响路线方案选择的主要因素

路线方案是路线设计中最根本的问题。方案是否合理，不但直接关系到公路本身的工程投资和运输效率，更重要的是影响到路线在公路网中是否起到应有的作用，即是否满足国家的政治、经济、国防的要求和长远利益。

一条路线的起点、终点及中间必须经过的重要城镇或地点，通常是由公路网规划所规定或领导机关根据社会主义建设需要指定的。这些指定的点称为"据点"，把据点连接成线，就是路线的总方向或称大走向。两个据点之间有许多不同的走法，有的可能沿某河、越某岭，也可能沿某几条河、翻某几个岭；可能走某河的这一岸，靠近某城镇；也可能走对岸，避开某城镇；等等。这些每一种可能的走法就是一个大的路线方案。作为选线工作的第一步，就是要在各种可能的方案中，在深入调查的基础上，综合考虑路线方案选择的主要因素，通过方案的比选，提出合理的路线方案。

选择路线方案应综合考虑以下四个主要因素：

（1）路线在政治、经济、国防上的意义，国家或地方建设对路线使用任务、性质的要求，改革开放、综合利用等重要方针的体现。

（2）路线在铁路、公路、航道、空运等交通网系中的作用，与沿线工矿、城镇等规划的关系，以及与沿线农田水利等建设的配合及用地情况。

（3）沿线地形、地质、水文、气象、地震等自然条件的影响；要求的路线技术等级与实际可能达到的技术标准，及其对路线使用任务、性质的影响；路线长度、筑路材料来源、施工条件及工程量、三材（钢筋、木材、水泥）用量、造价、工期、劳动力等情况及其对运营、施工、养护等方面的影响。

（4）其他如与沿线旅游景点、历史文物、风景名胜的联系等。

影响路线方案选择的因素是多方面的，各种因素又多是互相联系和互相影响的。路线应在满足使用任务和性质要求的前提下，综合考虑自然条件、技术标准和技术指标、工程投资、施工期限和施工设备等因素，通过多方案的比较，精心选择，提出合理的推荐方案。

（二）路线方案选择的方法和步骤

路线方案是通过许多方案的比较淘汰而确定的。指定的两个据点之间的自然情况越复杂、距离越长，可能的比较方案就越多，需要淘汰的方案也就越多。淘汰的方法，根据实际情况，不可能每条路线都通过实地踏勘进行，因而要尽可能收集已有资料，先在室内进行研究筛选，然后就最佳的而且优劣难辨的有限方案进行调查或踏勘。

路线方案选择的做法通常如下：

（1）搜集与路线方案有关的规划、计划、统计资料，各种比例尺的地形图、航测图，及水文、地质、气象等资料。

（2）根据确定了的路线总方向和公路等级，先在小比例尺（1：50 000 或 1：10 0000）的地形图上，结合搜集的资料，初步研究各种可能的路线走向。研究重点应放在地形、地质、地物复杂、外界干扰多、牵涉面大的段落。比如可能沿哪些溪沟，越哪些垭口，路线经城镇或工矿区时，是穿过、靠近还是避开，而与支线连接等。要进行多种方案的比选，提出哪些方案应进行实地踏勘。

（3）按室内初步研究提出的方案进行实地调查，连同野外调查中发现的新方案，都必须坚持跑到、看到、调查到，不遗漏一个可能的方案。

（4）分项整理汇总调查成果，编写工程可行性研究报告，为上级编制或补充修改设计任务书提供依据。

三、平原区选线

（一）平原区路线特点

平原区是地面高度变化微小的地区，有时有轻微的波状起伏和倾斜。平原地区除泥沼、盐渍土、河谷漫滩、草原、戈壁、沙漠等外，一般多为耕地，且分布有各种建筑设施，居民点较密；在天然河网湖区，还具有湖泊、水塘、河汊多等特点。虽然地势比较平坦，路线纵坡及曲线半径等几何要素比较容易达到较高的技术标准，但往往由于受当地自然条件和地物的影响，选线时应综合考虑多方面的因素。

平原区地形对路线的限制不大，路线的基本线形应是短捷顺直的。两控制点之间，如无地物、地质等障碍和应避开的风景、文物及居民点等，则与两点直接连线相吻合的路线是最理想的，但只有在戈壁滩里和大草原上才有这种可能。而在一般地区，农田密布，灌溉渠道网纵横交错，城镇、工业区较多，居民点也较稠密。由于这些原因按照公路的使用任务和性质，有的需要靠近，有的需要绕避，从而产生了路线的转折，虽增长了距离，但这是必要的。因此，平原区选线，先是把路线总方向内所规定的须经过的地点，如城镇、工厂、农场和公社及文物、风景地点作为大控制点；然后在大控制点之间进行实地勘察，了解农田优劣及地物分布情况，确定哪些可穿，哪些该绕及怎样绕避，从而建立起一系列中间控制点。路线一般应由一个控制点直达另一个控制点，不做任意的扭曲。为了增进路容的美观，需要把路线的平、纵面配合好。在坡度转折处设置适当的竖曲线也是必要的。

平原区路线要充分考虑近期和远期相结合，在线形上要尽量采用较高标准，以便将来提高公路等级时能充分利用原路基、桥涵等工程。

（二）平原区路线布设要点

平原区路线，因地形限制不大，布线应在基本符合路线走向的前提下，着重考虑政治、经济因素，正确处理对地物、地质的避让，找出一条理想的路线来。

综合平原地区的特点，布线应注意如下要点。

1. 正确处理道路与农业的关系

平原区农田成片，渠道纵横交错，布线应从支援农业着眼，处理好以下问题。

（1）平原区新建公路要占用一些农田，这是不可避免的，但要尽量做到少占或不占高产田。布线要从路线对国民经济的作用、对支农运输的效果、地形条件、工程数量、交通运输费用等方面全面分析比较，既不能片面求直占用大片良田，也不能片面强调不占某块田，使路线弯弯曲曲，造成行车条件恶化。

（2）路线应与农田水利建设相配合，有利于农田灌溉，尽可能少地和灌溉渠道相交，把路线布置在渠道上方非灌溉的一侧或渠道尾部。当路渠方向基本一致时，可沿渠（河）堤布线，堤路结合，桥闸结合，以减少占田和便于灌溉。路线必须跨水塘时，可考虑设在水塘的一侧，并拓宽水塘取土填筑路堤，使水塘面积不致缩小。

（3）当路线靠近河边低洼的村庄或田地时，应争取靠河岸布线，利用公路的防护措施，兼做保村保田之用。

2. 合理考虑路线与城镇的联系

平原区有较多的城镇村庄、工业及其他设施，布线应区分不同情况，正确处理穿越和绕避问题。

（1）国防公路和高等级公路，应尽量避免穿越城镇、工矿区及较密集的居民点，但又要考虑到便利支农运输，便利群众，便利与工矿的联系，路线不宜离开太远，必要时还可修建支线联系，做到"靠村不进村，利民不扰民"，既服务方便运输，又保证安全。

（2）一般沟通县、乡、村直接为农业运输服务的公路，经地方同意也可穿越城镇，但应有足够的路基宽和行车视距，以保证行人、行车的安全。

（3）路线应尽量避开重要的电力、电信设施。当必须靠近或穿越时，应保持足够

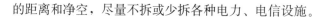

的距离和净空，尽量不拆或少拆各种电力、电信设施。

3. 处理好路线与桥位的关系

（1）大中桥桥位常常是路线的控制点，但原则上应服从路线总方向并满足桥头接线的要求，综合考虑桥路。一般情况下，桥位中线应尽可能与洪水的主流流向正交，桥梁和引道最好都在直线上。位于直线上的桥梁，如两端引道必须设置曲线时，则应在桥两端以外保持一定的直线段，并尽量采用较大平曲线半径。当条件受限制时，也可设置斜桥或曲线桥。要注意防止两种偏向。一种是单纯强调桥位，造成路线过多迁绕，或过分强调正交桥位，出现桥头急弯，影响行车安全；另一种只顾线形顺直，不顾桥位，造成桥位不合适或斜交过大，增加建桥困难。

在设计桥孔时，应少压缩水流，尽量避免桥前壅水而威胁河堤安全和淹没农田，尤其是当上游沿河有宽阔低洼田地时，虽壅水水位升高不多，但淹没范围往往却很大。

（2）小桥涵位置应服从路线走向，但遇到斜交过大（一般在桥轴线与洪水流向的夹角小于45°时）或河沟过于弯曲的情况，可采取改河措施或改移路线，调整桥轴线与水流向的夹角，以免过分增加施工困难和加大工程投资，选线时应全面比较后确定。

（3）路线跨河修建渡口时，应在路线走向基本确定后选择渡口位置。渡口要避开浅滩、暗礁等不良地段，两岸地形应适宜修建码头。

4. 注意土壤水文条件

平原地区的土壤水文条件较差，特别是河网湖区，地势低平，地下水位高，使路基稳定性差，因此，应尽可能沿接近分水岭的地势较高处布线。当路线遇到面积较大的湖塘、泥沼和洼地时，一般应绕避；如需要穿越时，应选择最窄最浅和基底坡面较平缓的地方通过，并采取有效措施，保证路基的稳定。

5. 正确处理新路、旧路的关系

平原地区通常有较宽的人行大路或等级不高的公路，当设计交通量很大，需要修建汽车专用公路时，应分情况处理好新路、旧路的关系。

（1）现有一般二级公路由于交通量很大须建汽车专用二级公路时，宜利用、改造原路，并另建辅道供非汽车交通行驶。

（2）现有公路等级低于一般二级路标准，宜新建汽车专用路，原有公路留作辅道。

6. 尽量靠近建筑材料产地

平原地区一般缺乏砂石建筑材料，路线应尽可能靠近建筑材料产地，以减少材料运输费用。

四、山岭区选线

山岭地区，山高谷深，坡陡流急，地形复杂；但山脉水系清晰，这就给山区选线指明了方向，不是顺山沿水就是横越山岭。顺山沿水的路线按行经地带的部位又可分为沿河（溪）、山腰、山脊等。由于各种线形所处的部位不同，地形特征、地质条件决定了选线过程中要解决的主要问题也不一样。下面只重点叙述沿河（溪）线、越岭线、山脊线三种路线的选线布局。至于山腰线，由于沿河（溪）的高线和越岭线、山脊线的大部分路线都处于山腰，已涉及山腰线的内容，为避免重复，不再单独论列。

（一）沿河（溪）线

沿河（溪）线是沿着河（溪）岸布置的路线。

山区河流，谷底一般不宽，两岸台地较窄，谷坡时缓时陡，间或为浅滩和悬崖峭壁。河流多具有弯曲的特点，凹岸较陡而凸岸较缓，如沿一侧而行，常常是陡岸缓岸相间出现。两岸均为陡崖处（峡谷），开阔处常有较宽台地，多是山区仅有的良好耕地。

河谷地质情况复杂，常有滑坍、岩堆、泥石流等病害存在。寒冷地区的峡谷因日照少，常有积雪、雪崩和涎流冰等现象。

山区河流，平时流量不大，但若遇暴雨，则山洪暴发，洪流常夹带泥沙、砾石、树木等急速下泄，冲刷河岸，毁坏田园，为害甚大。

上述自然条件会给选线工作造成一些困难，但和山区其他线形相比较，沿河（溪）线平、纵线形是最好的，而且便于为分布在溪河两岸的居民点及工农业生产服务，有丰富的砾石、石料及充足的水源，可供施工、养护使用。沿河设线，只要善于利用有利地形，克服不良的地质、水文等不利因素，在路线标准、工程造价等方面都有可能胜于其他线形。因此，山区选线，往往把沿河（溪）线作为优先考虑的方案。

1. 路线布局

沿河（溪）线的路线布局，主要的问题是路线选择走河流的哪一岸，线位放在什么高度和在什么地点跨河。这三个问题往往是互相联系和互相影响的，选线时要抓主要矛盾，结合路线性质、等级标准，因地制宜地去处理。

（1）河岸选择

由于河谷两岸情况各有利弊，选线时应比较两岸地形、地质、水文等条件及农田水利规划等因素，避难就易，充分利用有利的一岸。当建桥工程不复杂时，为了避开不利地形和不良地质地带，或为了争取缩短里程，提高线形标准，可考虑跨河换岸设线；但河流越大，建桥工程规模也越大，跨河换岸就越要慎重考虑。河岸的选择一般应结合下列主要因素经过技术经济比较后决定。

①地形、地质条件。路线应选在地形宽坦，有台地可利用，支沟较少、较小，水文及地质条件良好的一岸。这些有利的条件常交错出现在河流的两岸，选线时应深入调查，综合比较，全面权衡，再决定取舍。

②积雪和冰冻地区的选岸。积雪和冰冻地区的阳坡和阴坡，迎风面和背风面的气候差异很大，在不影响路线整体布局的前提下，尽可能选择阳坡和迎风的一岸，以减少积雪、涎流冰等病害。有时即使阳坡工程量大些，也应当从增长通车时间和保证行车安全着眼，选择阳坡方案。

③考虑城镇及居民点的分布。除国防公路外，一般路线应尽可能选择村镇较多、人口较密的一岸。其他如对革命史迹、历史文物、风景区等要创造便于连接的条件。

（2）路线高度

沿河（溪）线的线位高低，是根据两岸地形、地质条件及水流情况，结合路线等级标准，并考虑工程经济来选定的，当然最好是将路线设在地质、水文条件良好，不受洪水影响的平整台地上。但在谷坡陡峻的河谷中，往往缺乏这种有利地形，而必须傍山临河布线，因此，路线的高低必须慎重考虑。

低线一般是指高出设计水位（包括浪高加安全高度）不多，路基临水一侧边坡常受洪水威胁的路线。低线的优点是平、纵面线形比较顺直、平缓，易争取到较高标准，路基土石方工程也较省，边坡低，易稳定；路线活动范围较大，便于利用有利地形和避让不良的地形、地质；便于在沟口直跨支流，必须跨越主流时也较易处理。最大缺点是受洪水威胁，防护工程较多。

高线是指高出设计水位较多，基本不受洪水威胁的路线，一般多用在利用大段较高台地，或傍山临河低线易被积雪掩埋，以及为避让艰巨工程而提高线位等情况。它的优点是不受洪水侵袭，废方较易处理。但由于高线一般位于山坡上，路线必然随山势曲折弯曲，线形差，工程量大；遇缺口时，常须设置较高的挡土墙或其他构造物；此外，如避让不良地质和路线跨河方面，都较低线困难。

一般来讲，低线优点较多，在满足规定频率的设计水位的前提下，路线越低工程越经济，线形标准也越高。各地有不少采用低线的成功经验，但也有不少水毁的教训。因此采用低线方案时，要特别注意洪水调查，把路线放在安全高度上，同时要采取切实的防洪措施，以保证路基稳定和安全。

（3）桥位选择

按路线与河流的关系，有跨支流和跨主流（跨主河）两类桥位。跨支流的桥位选择，一般属于局部方案问题，而跨主河的桥位选择多属于路线布局的问题。跨主河的桥位往往是确定路线走向的控制点，它与河岸选择相互依存，互相影响。当路线基于地形、地质原因需要换岸布线时，如果桥位选择不好，勉强跨河，不是造成桥头线形差，就是增大桥梁工程量。因此，在选择河岸的同时，要研究处理好桥位及桥头路线的布设问题。

路线跨越主河，由于路线与河流接近平行，桥头布线一般比较困难。因此，在选择桥位时，除应考虑桥位本身水文、地质条件外，还要注意桥头路线的舒顺，处理好桥位与路线的关系。

2. 几种河谷地形条件下的选线

（1）开阔河谷

这种河谷谷底地形简单、平缓，河岸与山坡之间有较宽的台地，且多为农田，这类地形的路线有三种走法。

①沿河岸，坡度均匀平缓，线形好，临河一侧受洪水威胁，须做防护工程。

②靠山脚，路线略有增长，纵面会有起伏，但可不占或少占良田。

③直穿田间，线形标准高，但占田最多，在稻田地区，为使路基稳定，有时还须换土，一般不宜采用。

（2）河道弯曲、狭窄的河谷

这种河谷一般凹岸陡峭，而凸岸则多有一定宽度的浅滩，有时也有凸出的山嘴，间或出现迂回的深切河曲。河曲段主要有以下两种布线方式：

①沿河岸自然地形，绕山嘴、河弯布线。

②取直路线，遇河湾，则两次跨河或改移河道；遇山嘴，则采用隧道或深路堑通过。

究竟采用哪种方式，应通过技术经济比较决定。一般讲，技术等级高、交通量大的路线宜取直，等级低的道路则采用工程量较小的方案为宜。对于个别有宽浅河滩的大河湾，为了提高路线标准，可在河滩布线。只要处理得当，还可起护田、造田的作用，但要注意路基防护和加固，防止水流对路基的冲刷破坏。对于个别突出的山嘴，可用切嘴填弯的办法处理，设线时应注意纵向填挖平衡，不要使大量废方弃置于河中，以免堵塞河道。

（3）陡崖峭壁河段

山区河谷常有陡崖峭壁错综地交替出现，两岸都是陡崖峭壁的河段，即为峡谷。峡谷一般河床狭窄，水流湍急。路线通过这种地段不外乎绕避和穿过两种方案。应根据峡谷的水文、地质条件和路线性质、任务、路线标准、工程规模、施工条件等因素通过比较确定。

绕避的方法有以下两种：一是翻上峡谷陡崖顶部择有利地带通过；一是另找越岭路线。前者需要崖顶有可供布线的合适地形，后者需要附近有基本符合路线走向的低垭口。两种绕避方法的共同点是纵断面上而复下，都需要适合布设过渡段的地段。过渡段的纵坡应缓于该路等级所允许的最大纵坡，这就往往需要一个相当长的过渡段，上下线位高差越大，过渡段就越长，而且过渡段的工程一般又多比较集中。因此，崖顶过高，就不宜翻崖顶绕避；峡谷不长，只要不是无法通过，两种绕避方法（翻越崖顶和越岭绕避）均不宜采用。但当峡谷较长，且地形困难、工程艰巨，有条件绕避时，则应予以考虑。直穿陡崖峭壁河段和峡谷的路线，其平、纵面受岸壁形状和洪水位限制，活动余地不大，路线的线位主要决定于根据河床宣泄洪水情况而拟定的合理的横断面。路线一般以低线为宜，如洪水位过高或有严重积雪的情况，则不宜采用这种方案。直穿峡谷的路线，可根据河床宽窄、水文状况、岸壁陡缓等不同因素采用以下方法通过。

①与河争路，侵占部分河床。当河床较宽，水流不深，压缩部分河床不致引起洪水位抬高过多时，路线可在崖脚下按低线设计通过。根据河床可能压缩的程度，有以

下两种情况。

a. 河床宽阔，压缩后洪水位抬高不多，路基可全部或大部分设在紧靠崖脚的水中或滩地上，借石或开小部分石崖填筑，路基临水一侧应做防护工程。

b. 河床狭窄，压缩后，将使洪水位有较大的抬高时，采取筑路与沿河相结合的办法，路基也可部分占用河床，"开""砌"结合，以"砌"为主。"开"的是本岸凸出的山嘴，"砌"的材料主要取自清理河床的漂石及削除对岸突出山嘴产生的石料。这样就能使路基占用河床的泄水面积从清理河床中得到补偿。

②硬开石壁。当两岸峭壁逼近，河床很窄，不能容纳并行的河与路时，可硬开石壁通过，具体措施如下。

a. 在石壁上硬开路基造成的大量废方必须妥善处理，尽可能将大部分废方利用到附近路段，同时要考虑散失在河中的废方对水位的影响，适当提高线位。

b. 岸壁石质良好，可开凿半隧道，以减少石方和废方。

c. 硬开石壁的路基，对于个别缺口或短段不够宽的路段，可用半边桥或悬出路台处理。

d. 当两岸石壁十分逼近（有时仅几米宽），不宜硬开路基时，可建顺水桥通过。

（4）河床纵坡陡峻的河段

①急流、跌水河段。河床纵断面在短距离内突然下落几米以至几十米，形成急流或跌水。路线由急流、跌水的上游延伸到其下游时，线位就高出谷底很多。为了尽快降低线位，避免继续走陡峻的山腰线，可利用急流、跌水下游支沟或平缓的山坡展线下降。

②河床纵坡连续陡峻的河段。这类河段多出现在山区河流的上游，是沿溪线和越岭线之间的过渡段。河床纵坡是越上溯越陡，当陡到路线技术标准不允许的程度时，就需要进行展线，选线要点详见"越岭线"。

（二）越岭线

沿分水岭一侧山坡爬上山脊，在适当地点穿过垭口，再沿另一侧山坡下降的路线，称为越岭线。它的特点是路线需要克服很大的高差问题，路线的长度和平面位置主要取决于路线纵坡的安排，因此，在越岭线的选线中，须以路线纵断面为主导。

越岭线布局主要应解决的问题是：垭口的选择、过岭标高选择和垭口两侧路线展线的拟定。它们是相互联系、相互影响的。布局时应综合考虑，处理好三者的关系。

1. 垭口的选择

垭口是体现越岭线方案的重要控制点，应在基本符合路线走向的较大范围内选择，要全面考虑垭口的位置、标高、地形条件、地质情况和展线条件。

（1）垭口位置

垭口位置在基本符合路线走向的前提下，应与两侧山坡展线方案结合起来考虑。首先考虑高差较小，而且展线降坡后能与山下控制点直接衔接，不需要无效延长路线的垭口；其次再考虑稍微偏离路线方向，但接线较顺，且不致过于增长里程的其他垭口。

（2）垭口标高

垭口海拔高低及其与山下控制点的高差，对路线长短、工程量大小和运营条件有直接的影响，一般应选择标高较低的垭口。在高寒地区，特别是积雪、结冰地区，海拔高的路线对行车很不利。因此，有时为了走低垭口，即使方向有些偏离，距离有些绕远，也应予以考虑。但如积雪、结冰不是太严重，对于基本符合路线走向、展线条件较好、接线方向较顺、地质条件较好的垭口，即使稍高，也不应轻易放弃。

（3）垭口展线条件

山坡线是越岭线的主要组成部分，而山坡坡面的曲折程度、横坡陡缓、地质好坏等情况，与线形标准和工程量大小有直接关系。因此，选择垭口必须结合山坡展线条件一起考虑。如有地质较好、地形平缓、利于展线降坡的山坡，即使垭口位置略偏或较高，也应予以考虑，不要轻易放弃。

（4）垭口的地质条件

垭口一般地质构造薄弱，常有不良地质存在，应深入调查研究其地层构造，摸清其性质和对公路的影响。对软弱层型、构造型和松软土侵蚀型垭口，只要注意到岩层产状及水的影响，路线通过一段这类型垭口问题不大。对断层破碎带型及断层陷落型垭口，一般应尽量避开；必须通过时，应查清破碎带的大小及程度，选择有利部位通过，并采取可靠工程措施（如设置挡土墙、明峒）以保证路基稳定。对地质条件恶劣的垭口，局部移动路线或采取工程措施亦不能解决问题时，应予以放弃。

2. 过岭标高的选择

路线过岭，不外乎采用路堑和隧道两种方案。过岭标高越低，路线就越短，但路堑或隧道就越深、越长，工程量也越大。因此，过岭标高应结合路线等级、越岭地段的地形、地质及两侧展线方案、过岭方式等因素，经过技术经济比较来选定。这些因素是互相影响的，必须全面分析研究各种可能的比较方案，做出合理的选择。过岭方式主要有如下三种。

（1）浅挖低填

遇到过岭地段山坡平缓，垭口宽而厚（有的达到 1～2 km，有时还有沼泽出现）的地形，展线容易，只宜采用浅挖低填的方式过岭，过岭标高基本上就是垭口标高。

（2）深挖垭口

当垭口比较瘦削时，常用深挖的方式过岭。深挖垭口，虽土石方工程较集中，但由于降低了过岭标高，相应地缩短了展线长度，总工程量并不一定增加。即使有所增加，也可从改善行车条件、节约运营费中得到补偿。至于深挖程度，应视地形、地质、气象条件及展线对垭口标高的要求等因素而定。现有资料，一般挖深在 20 m 以内，地质情况良好时，还可深些。垭口越瘦，越宜深挖。但垭口通常地质条件较差，挖深应以不致危及路基稳定为度；否则应采取有效措施，以防止遗留病害。有条件时，可采用隧道通过。

深挖垭口，工程量集中，往往要处理大量废方，施工条件差，影响施工期限，这些都应在选定过岭标高时予以充分考虑。

（3）隧道穿越

当垭口挖深在 20～25 m 以上，采用隧道往往比路堑经济。特别是垭口瘦薄时，采用不长的隧道就能大大降低路线爬升高度，缩短里程，提高路线线形指标，在经济上非常合算。另外，为了避让严重不良地质及减轻或消除高山严重积雪、结冰对公路的不良影响，也应结合施工条件及施工期限，考虑采用隧道通过的方案。

一般情况，隧道标高越低，路线越短，技术指标也越易提高，对运营也越有利。但标高低，隧道就长，造价就高，工期也长。因此，隧道标高的选定通常根据越岭地段的地质条件，并以临界标高作为研究的基础。临界标高就是使隧道造价和路线造价总和最小的过岭标高。设计标高如高于临界标高，则路线加长费用将高于隧道缩短的费用；设计标高如低于临界标高，则隧道加长费用将高于路线缩短费用。如设计标高降低，可节约运营费用，这对交通流量大的路线意义尤大，也应作为比选时考虑的因素。隧道标高的选定不能单纯着眼于经济一方面，还应考虑以下因素。

①地质和水文地质条件是选择标高时具有决定性意义的因素，要尽可能把隧道设置在较好的地层中。

②隧道标高应设在常年冰冻线和常年积雪线以下，以保证施工和行车安全。

③隧道长度要考虑施工期限和施工技术条件等。

④在不过多增加工程造价的情况下，要适当考虑长远的发展，尽可能把隧道标高降低一些。

3. 垭口两侧路线展线的拟定

（1）展线布局

越岭线的高差主要是通过垭口两侧山坡上的展线来克服的。虽然山坡地形千差万别，线形多种多样，但路线的布局首先要以纵坡为指引，即平、纵、横三个面的结合要以纵断面为主导。越岭线利用有利地形、地质，避让不良地形、地质，是通过合理调整坡度和设置必要的回头线来实现的，而回头线的布置，也要根据纵坡来选定。只有符合纵坡标准的路线方案，才能成立。因此，展线布局必须从纵坡的安排开始，其工作步骤如下：

①拟定路线大致走法。在调查或踏勘阶段确定的主要控制点间进行广泛勘察，调查周围地形及地质情况，以带角手水准粗略勘定坡度作为指引，注意利用有利地形、地质，拟定路线可能的大致走法。

②试坡布线。试坡的目的是进一步落实初步拟定的路线走法的可能性；发现和加密中间控制点，发现局部比较方案，拟定路线布局。

试坡由已定的控制点开始。越岭线通常先固定垭口，由上而下，视野开阔，便于争取有利地形。因此，一般多由垭口向下试坡。试坡选用的平均坡度，应符合相关标准的规定。地形曲折，小半径曲线多的地段，可略低于规定值。在试坡过程中，遇到必须避让的地物、艰巨工程及地质不良地段，以及拟用作回头的地点，要把路线最适宜通过的位置暂时作为一个中间控制点。如果它和试坡线接近，并与前面一个暂定控制点之间的坡度不致超过最大坡度或过于平缓，就把这个点大致的里程、高程及可活动的范围记录下来，供以后调整落实参考。如果这个点和试坡线的高差较大，则应返回重新试坡，或修改前面的暂定控制点，认为合适后再向前试坡。如经过修改后的路线纵断面或路线行经地带不够理想，应另寻比较线。这就是通过试坡发现控制点和局部比较线的大致过程。当一系列中间控制点暂定下来后，路线布局大体就有个轮廓了。主要控制点间可能有几个方案，要经过比选，剩下 $1\sim2$ 个较好的方案，据以开展下一步工作。

③分析、落实控制点，决定布局方案。控制点有固定和活动之分。一种是位置和高程都不能改变，如工程特别艰巨的地点的路线和某些受限制很严的回头地点，必须利用的桥梁、必须通过的街道等；另一种是位置固定，高程可以活动，如垭口、重要桥位等；第三种是位置、高程都有活动余地的，如侧沟展线的跨沟地点、宽阔平缓山坡的回头地点等。第一种情况较少，第二、三种情况居多。也就是说控制点大多是有活动余地的，但活动范围有大有小。对于活动范围小的控制点，可视为固定控制点，把位置、高程确定下来。然后再去研究固定控制点之间活动范围较大的那些控制点，以便通过适当调整达到既不增加工程量而又能使线形更加合理的目的。

活动控制点的调整落实，有下面两种情况和做法：

a. 活动性较大的回头地点，可从前、后两个固定控制点以适当的坡度分头放坡交会得出。

b. 两固定控制点间的非回头活动控制点，应在其可活动的范围内调整，以使固定控制点间的坡度尽量均匀些。

（2）展线方式

越岭线的展线方式主要有自然展线、回头展线、螺旋展线三种。

①自然展线。自然展线是以适当的坡度，顺着自然地形，绕山嘴、侧沟来延展距离，以克服高差。自然展线的优点是走向符合路线基本方向，行程与升降统一，路线最短。与回头展线相比，线形简单，技术指标一般也较高，特别是路线不重叠，对行车、施工、养护均有利。如路线所经地带地质稳定，无割裂地形阻碍，布线应尽可能采用这种方案。缺点是避让艰巨工程或不良地质的自由度不大，只有调整坡度这一途径。如遇到高崖、深谷或大面积地质病害很难避开，而不得不采取其他展线方式。

②回头展线。当控制点间的高差大，靠自然展线无法取得需要的距离以克服高差，或因地形、地质条件限制，不宜采用自然展线时，可利用有利地形设置回头曲线进行展线。回头展线的优点是便于利用有利地形，避让不良地形、地质和难点工程；其缺点是在同一坡面上、下线重叠，尤其是靠近回头曲线前后的上、下线相距很近，对于行车、施工、养护都不利。

回头地点对于回头曲线工程量大小和使用质量关系很大，应慎重选择。回头展线的形状取决于回头地点的地形，一般利用以下三种地形进行设置。

a. 直径较大、横坡较缓、相邻有较低鞍部的山包或平坦的山脊。

b. 地质、水文地质良好的平缓山坡。

c. 地形开阔、横坡较缓的山沟或山坳。

为了尽可能消除或减轻回头展线对于行车、施工、养护不利的影响，要尽量把回头曲线间的距离拉长，以分散回头曲线、减少回头个数。回头展线对不良地形、地质的避让有较大的自由度，但不要遇见难点工程，不分困难大小和能否克服就轻易回头，致使路线在小范围内重叠盘绕。对障碍要进行具体分析，当突破一点而有利于全局时，就要采取措施突破它。

③螺旋展线。当路线受到限制，需要在某处集中地提高或降低某一高度才能充分利用前后有利地形时，可考虑采用螺旋展线。螺旋展线一般多在山脊利用山包盘旋，以旱桥或隧道跨线；也有的在峡谷内，路线就地迂回，利用建桥跨沟跨线。螺旋展线目前在公路选线上还未被作为重要的展线方式，而仅视为回头展线的一种变革，在某种地形条件下用以代替一组回头线。相比回头展线，螺旋展线具有线形较好、可避免路线重叠的优点，但因须建隧道或高桥、长桥，造价很高，因而较少采用。必须采用时，应根据路线性质和任务，与回头展线的方案做详细比较。

（三）山脊线

1. 山脊线的特点及选择条件

大体上沿分水岭布设的路线，称为山脊线。分水线顺直平缓，起伏不大，岭脊肥厚的分水岭是布设山脊线的理想地形，路线可大部分或全部设在分水岭上。但高山地区的分水岭常常是峰峦、垭口相间排列，有时相对高差很大，这种地形的山脊线，则为一些较低垭口所控制，路线须沿分水岭的侧坡在垭口之间穿行，线位大部分设在山腰上。山脊线，一般线形大多起伏、曲折，其起伏和曲折程度则视分水岭的形状、控制垭口间的高差和具体地形而异。

山脊线一般具有土石方工程量小、水文和地质情况好、桥涵构造物较少等优点。但是否采用山脊线方案主要应考虑以下条件决定取舍：

（1）分水岭的方向不能偏离路线总方向过远；

（2）分水岭平面不能过于迂回曲折，纵面上各垭口间的高差不宜过于悬殊；

（3）控制垭口间山坡的地质情况较好，地形不过于陡峻零乱；

（4）上下山脊的引线要有合适的地形可以利用，这是能否采用山脊线的主要条件之一，往往会出现山脊本身条件很好，但上下引线条件差而不得不放弃的情况。

由于完全具备上述条件的分水岭不多，所以很长的山脊线比较少见。而往往是作为沿河线或山腰线的局部比较线及越岭线两侧路线的连接段而出现。

山脊线线位较高，一般远离居民点，不便于为沿线工农业生产服务；有时筑路材料及水源缺乏，增加施工困难；另外，地势较高，空气稀薄，有云雾、积雪、结冰等，对行车和养护不利。这些都应在与其他路线方案做比较时予以充分考虑。

当决定采用山脊线方案以后，剩下要解决的就是山脊线的布设问题。由于山脊线基本沿分水岭而行，大致的走向已经明确，布线主要解决以下三个问题：选定控制垭口；在控制垭口间，决定路线走分水岭的哪一侧；决定路线的具体布设（包括选择中间控制点）。三者是互相依存，互为条件，紧密联系的。

2. 控制垭口的选择

每一组控制垭口都代表一个山脊线的方案，因此，选择控制垭口是山脊线选线的关键。当分水岭方向顺直、起伏不大时，几乎每个垭口都可暂定为控制点。如地形复杂，起伏较大且较频繁，各垭口高低悬殊，则高垭口之间的低垭口一般即为路线的控制点，突出的高垭口可舍去；在有支脉横隔的情况下，相距不远的、并排的几个垭口，则只选择其中一个与前后联系条件较好的垭口。

控制垭口的选择还必须联系分水岭两侧山坡的布线条件综合考虑，而在侧坡选择和试坡布线的过程中，则对初步选定的控制点加以取舍、修正，最后落实。

3. 侧坡的选择

分水岭的侧坡是山脊线的主要布线地带。要选择布线条件较好的那一侧，以取得平、纵线形好，工程量小和路基稳定的效果。坡面整齐、横坡平缓、地质情况好、无支脉横隔的向阳山坡较为理想。除两个侧坡优劣十分明显的情况外，两侧都要做比较以定取舍。同一侧坡也还可能有不同的路线方案，可通过试坡布线决定。多数初选的控制垭口，在侧坡选择过程中即可决定取舍，少数则须在试坡布线中落实。

4. 试坡布线

在两固定控制点间布线，应力求距离短捷，坡度和缓。山脊线有时因控制点间高差很大，需要展线，也有时为避免路线过于迂绕，要采用起伏坡，以缩短距离。从总体看，山脊线难免有曲折、起伏，但不可使其过于急促、频繁，平、竖曲线和视距等指标也要掌握得高些，以利于行车。

山脊布线常见的有以下三种情况：

（1）控制垭口间平均坡度不超过规定值

如两控制垭口之间，地形、地质方面没有太大障碍，应以均匀坡度沿侧坡布线。如控制垭口之间平均坡度较缓，而其间遇有障碍或难点工程时，可加设中间控制点，调整坡度来避让，中间控制点和各垭口之间仍应以均匀坡度布线。

（2）控制垭口间有支脉横隔

路线穿过支脉，要在支脉上选择合适垭口作为中间控制点。该垭口应不致使路线过于迂绕，合理深挖后两翼路线坡度都不超过规定值，并使路线能在较好的地形、地质地带通过。有时在支脉上选择的控制垭口虽能满足纵坡要求，但线形过于迂绕，为了缩短距离，控制点就不一定恰好设在垭口上。

（3）控制垭口间平均坡度超过规定值

根据具体地形、地质条件，采用填挖、旱桥、隧道等工程措施来提高低垭口，降低高垭口，也可利用侧坡、山脊等有利地形设置回头展线或螺旋展线。

五、丘陵区选线

与山岭区相比，丘陵区的地貌特点是：山丘连绵，岗坳交错，此起彼伏，山形迂回曲折，岭低脊宽，山坡较缓，丘谷相对高差不大，重丘区与山区不易画出明确界线，就如同一般山区与重山区不易画出明确界线一样；微丘区与平原也同样难于区别，可见丘陵区包括了缓峻颇为悬殊的地形。

丘陵区的地形决定了通过丘陵区的路线特点是：局部方案多，且为了充分适应地形，路线纵断面将会有起伏，路线平面也必将是以曲线为主。丘陵区地形形态复杂，应随路线行经地带的具体地形而采用不同的布线方式。

（一）路线布设方式

根据选线实践经验，可概括为如下三类地形地带和相应的三种布线方式：

1. 平坦地带——走直线

两个已知控制点间，地势平坦，应按平原区以方向为主导的原则处理。如其间无地物、地质障碍，或应避让的风景区、文物及居民点，路线应走直线；如有障碍，或应避让的地点，则加设中间控制点，相邻控制点间仍以直线相连，路线转折处设长而缓的曲线。这样的路线是平坦地形上平、纵、横三面最好的统一体，如果无故拐弯，就成为不合理的了。

2. 具有较陡横坡的地带——沿匀坡线布线

"匀坡线"是两点之间顺自然地形以均匀坡度定的地面点的连线。这种坡线常须多次试放才能求得。

在具有较陡横坡的地带，两个已定控制点间，如无地物、地形、地质上的障碍，路线应沿匀坡线布线；如有障碍，则在障碍处加设控制点，相邻控制点间仍沿匀坡线布线。

上述两类地带的布线方式，与前文已论述的平原和山岭区并无明显区别，在此仅加以概括，不再详述。唯有起伏地带是丘陵区所特有，下面对其布线原则和方法做重点讨论。

3. 起伏地带——走直连线和匀坡线之间

起伏地带也属于具有横坡的地带，特点是地面横坡较缓，匀坡线很迂回。其布线原则和方法按起伏多少分述如下。

(1) 两已定控制点间包括一组起伏时，就是说路线要交替跨越丘梁和坳谷，在两个相邻的梁顶（或谷底）之间，即出现一组起伏。在这种地形上布设路线，如沿直连线走，路线最短，但起伏很大，为了减缓起伏，势将出现高填深挖，增大工程量；如沿匀坡线走，坡度最好，但路线绕长太多，工程量一般也不会省。这种"硬拉直线"和"弯曲求平"的做法，都是不正确的。如果路线走在直连线和匀坡线之间，比直连线的起伏小，比匀坡线的距离短，可节省工程量。总的来说，使用质量有所提高，工程造价有所降低，故在起伏地带应在直连线与匀坡线之间寻找最合理的路线方案。至于路线在平面上的具体位置，应根据路线等级结合地形做具体分析，做到路线平、纵、横三面最恰当的结合。

对于较小的起伏，首先要坡度和缓，在这个前提下，再考虑平面与横断面之间的关系。大体说，低等级路工程宜小，平面上稍多迂回适当增长距离是可以的，即路线可离直连线远些；高级路则宁可多做些工程，尽可能减短距离，把路线定得离直连线近些。

较大的起伏，两侧的高差常不相同，高差大的一侧的坡度常常成为决定因素，要根据应采用的合理坡度并结合梁顶的挖深和谷底的填高来确定路线的平面位置。关于纵坡度"标准"有所规定，但当距离增长不多或切梁填谷增加工程量不大，但能显著改善纵坡时，宜用得缓和些。

直连线和匀坡线给起伏地带指出一个布线范围，但无须实放出。因为确知梁顶处匀坡线是在直连线下方，谷底处匀坡线则在直连线上方；而且在梁顶应是暗弯和凸曲线，在谷底应是明弯和凹曲线；否则，路线就是越出了直连线和匀坡线的范围，成为明显不合理的了。

（2）两已定控制点间有多组起伏时，需要在每个梁顶（或每个谷底）都定出控制点，然后按上述方法处理各组起伏。如何选定这些控制点要考虑许多因素，上述起伏地带路线"走直连线和匀坡线之间"的原则，可以为寻找这些控制点提供一个线索。

已定控制点间包括的起伏组数越多，直连线和匀坡线所包含范围越大，路线的方案也越多。布线可分头从两个已定控制点向中间进行，逐步减少所包括的起伏组数，因而也缩小了直连线和匀坡线所包含的范围，直到最后合拢。具体做法参见下一小节选线的步骤和示例中加密控制点的解说。

两个已定控制点间，有时因地形、地质、地物上的障碍，路线会突破直连线与匀坡线的范围。这种为避让障碍所定的中间控制点，应视为又增加一个已定控制点，即这一控制点定下来后，实际上是把原来两定点间的路线分割成两段，上述"走直连线和匀坡线之间"的原则分别适用于两段内。

（二）选线的步骤

丘陵区选线，先要充分利用现有的有关资料（最重要的是地形图），弄清较大范围内的地形、地质和地物的分布情况，掌握地形变化规律，然后选出几条路线方案进行实地踏勘。踏勘时，一定要多跑、多看、多问，注意发现更好的路线方案。路线比选要广泛征求有关部门的意见，使路线更好地和其他设施相配合，更多地为当地人民服务。

选线的具体内容，主要是选择决定路线走向的控制点和加密中间控制点。

（三）平、纵线形及其配合

丘陵区具体定线时还应注意平、纵线形及其配合。总结丘陵区选线的实践经验，应注意以下三点。

1. 平面

平面上不强行拉长直线，而要尽量利用与地形协调的长缓平曲线，路线转折不要过于零碎频繁、相距不远的同向曲线尽可能合并为一个单曲线或复曲线，反向曲线间应有一定长度的直线段，否则，可设计成"S"形。

2. 纵断面

起伏地区路线采用起伏坡是缩短里程或减少工程量的有效方法。但起伏切忌太频繁，太急剧，坡长要放长些，坡度要用得缓些，避免形成锯齿坡形和短距离的"驼峰"和"陷洼"；陡而长的坡道中间要利用地形插设缓坡段。竖曲线也应像平曲线那样，要长而缓，相距不远的同向曲线尽量连接起来，反向曲线间最好有一段匀坡。

3. 平、纵面的配合

长陡下坡尽头避免设小半径平曲线。平、竖曲线的位置，在两者半径很大的情况下，各设在什么地方对行车并无太大影响；但在起伏地形，如梁顶、沟底等处，应使暗弯与凸竖曲线，明弯与凹竖曲线结合起来，有助于增进行车安全感和路容的美观。但要注意两者的半径都应尽可能大些，特别是明弯与凹曲线重合处，因为这种地点车速一般都比较高，半径太小增加驾驶难度。最不好的情况是凸竖曲线与一个小半径平曲线相隔很近，因为凸竖曲线阻碍视线，驾驶者不能预先看到前方的平曲线以早做转弯准备，可能措手不及导致发生事故。为避免这种情况，要把平、竖曲线重合起来，即使增加工程量也是合理的。

第二节　公路定线

一、定线概述

定线就是按照已定的技术标准，在选线布局阶段选定的路线带范围内，结合地形、地质条件，综合考虑平、纵、横三方面的合理安排，具体确定出道路中线的确切位置。要求在平面上定出路线的交点、转点和平曲线半径；在纵断面上定出变坡点及设计坡度；在横断面上定出中心填挖尺寸及边坡坡度。

定线是公路设计过程中关键的一步。它不仅要解决工程、经济方面的问题，而且对于如何使道路与周围环境相协调，以及道路本身线形的美观等问题都要在定线过程中予以充分考虑。道路定线除受地形、地质及地物等制约外，还受技术标准、国家政策、社会影响、美学及其他因素的制约，这就要求设计人员必须具有广博的知识和熟练的定线技巧。一个好的路线方案要经过反复比选、反复试线，在众多相互制约的因素中定出来。

道路定线根据道路等级、要求和条件，一般有纸上定线、实地定线、航测定线三种方法。对技术等级高，地形、地质、地物等条件复杂的路线，必须先进行纸上定线，然后把纸上所定的路线敷设到实地上；实地定线就是省略了纸上定线这一步，直接在现场实地定线，一般适用于道路等级较低和地形条件简单的路线；航测定线是利用航摄像片、影像地图等资料，借助航测仪器建立与实地完全相似的光学模型，在模型上直接定线。本节重点介绍纸上定线方法和实地定线方法。

二、纸上定线

纸上定线是在大比例尺地形图（一般以 1∶500～1∶2000 为宜）上具体确定道路中线的位置。对定线来讲，不同的地形有不同的方法，比如平原、微丘地区，地形起伏不大，路线一般不受高程限制，定线主要是正确绕避平面上的障碍，力争控制点间路线顺直、短捷。山岭、重丘地区，地形复杂，横坡陡峻，定线时应利用有利地形，避让艰巨工程、不良地质地段或地物，都涉及调整纵坡问题，而山岭区纵坡的限制又是较严的，因此，在山岭区和重丘区处理好纵坡就成为首要问题了。这些因地形而异的指导原则，并不因采用的定线方法不同而改变，但定线条件不一样，工作重点会有所不同。现就路线平面、纵断面、横断面均受严格限制的越岭线纸上定线的工作步骤阐述如下。

（一）定导向线

1. 拟订路线方案

在大比例尺地形图上研究路线布局，拟订路线可能方案，并详细比较后选定合适方案。

2. 纸上放坡

根据等高线间距 h 及选用的平均纵坡 i_p（5%～5.5%，视相对高差而定），按 $a = h/i_p$ 算出克服两等高线的高差所需要的平距，使两脚规的张开度等于 a（按地形图比例尺），从某一固定点开始，沿拟定的走法转动两脚规依次在等高线上截取 1，2，3 等点进行纸上放线。

3. 定导向线

分析研究匀坡线上各点，检查其利用地形和避让障碍的情况，进一步移动线位确定中间的控制点。

（二）修正导向线

初步绘制的导向线仍是条折线，还应根据技术标准的要求，结合横坡变化情况，确定必须通过的点作修正导向线，然后用"以点连线，以线交点"的办法定出平面试线，反复试线，最后确定出交点。

1. 试定平面和纵断面

参照导向线定出直线和平曲线即平面试线，在平面试线的基础上确定地形变化特征点桩号及地面标高，点绘出纵断面地面线，进行初步纵坡设计，量出或读取各桩的概略设计标高。

2. 纵断面修正导向线

根据纵断面设计的填挖情况，对纵断面地面高程进行修正（挖方过大，则降低地面高程；填方过大，则升高地面高程），在平面试线时，对对应路段进行平面线位调整，称为一次修正导向线。当纵断面上填挖过大时，应进行修改。

3. 横断面修正导向线

在修正导向线各点的横断面图上，用路基模板逐点找出最经济的或起控制作用的最佳路基中线位置及其可以活动的范围。

横断面校核。根据初步纵坡设计，计算出路基填挖高度，绘出工程施工困难地段（如地面横坡陡或工程地质不良地段等）的路基横断面图，根据路基横断面图的情况修正平面线形。

（三）定线

经过两次修正导向线后，最终确定出满足技术标准、平纵线形都比较合理的路线

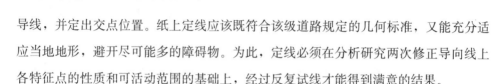

导线，并定出交点位置。纸上定线应该既符合该级道路规定的几何标准，又能充分适应当地地形，避开尽可能多的障碍物。为此，定线必须在分析研究两次修正导向线上各特征点的性质和可活动范围的基础上，经过反复试线才能得到满意的结果。

（四）纸上定线常用的方法

纸上定线的具体操作有以下两种做法。

1. 直线形法（传统法）

利用导向线上各点的可活动性，按照"照顾多数，注意重点"的原则，掌握与该道路等级相应的几何标准，先用直线尺试穿出与较大地形范围相适应的一系列直线，然后用适当的曲线把相邻直线连接起来。地形复杂转折较多或转弯处控制较严时，也可先定曲线，后用直线把曲线顺滑地连接起来。

2. 曲线形法

根据导向线上各点控制性严宽的程度，参照设计道路标准的要求，先用一系列圆弧去拟合控制较严的地段或部位，然后把这些圆弧用适当的缓和曲线连接起来。

上述两种方法并无本质上的区别，但手法不同，计算过程及成果表示方式也不相同，由于适用性的差异，有的甚至能从线形设计质量上有所反映。一般说来，前者适用于地形简易的平原、微丘地区，后者适用于地形、地物复杂的丘陵、山岭地区。

三、实地放线

根据纸上确定的路中线与导线（或地物特征点）的关系，即可将路线位置钉设到实地，以供详测和施工之用。实地放线方法很多，常用的有穿线交点法、拨角法、直接定交点法和坐标法。

（一）穿线交点法

穿线交点法是根据平面图上路线与导线的关系，将纸上路线的各条边独立地放到实地，然后延长直线即可在实地放出交点，具体做法又有以下两种。

1. 支距法

通常所指穿线交点定线，多用此法，简便易行，多适用于地形不太复杂、地物障碍少、路线与导线相离不远的情况。

2. 解析法

解析法是用坐标计算纸上路线与导线之间的关系，再按极坐标原理在实地放出各路线点的方法。

（二）拨角法

拨角法是根据纸上路线在平面图上的位置与导线的关系，用坐标计算每一条线的距离、方向、转角和各控制桩的里程，按此资料直接拨角量距定出交点，不必再穿线定点。

拨角法计算较烦琐，但外业工作无须穿线，速度较快，其放线精度受原始资料的可靠程度和放线累计误差影响大。为了减少累计误差，可与穿线点法配合使用。

（三）直接定交点法

在地形平坦、视线开阔、路线受限不是很严时，路线位置可直接根据地物明显目标确定。

（四）坐标法

通过坐标计算，可编制成逐桩坐标表，根据实地的控制导线就可以将路线敷设在地面上。按各级公路对放线精度的要求和测设仪具条件选用不同的放线方法。一般说来，坐标放线法使用常规测设仪具（指普通经纬仪、钢卷尺等）十分困难，且效率低、质量差，难以达到精度要求。

坐标法放线数据全部来自精确计算，放线精度高，可用于直线或曲线的标定。因此，坐标法适用于直线形定线法和曲线形定线法。

四、实地定线

实地放线，也称为直接放线，是设计人员直接在现场定线的过程。实地定线的指导原则与纸上定线相同。按地形条件难易与复杂程度不同，路线大体可分为自由坡度地段和紧束坡度地段两种类型定线。

所谓自由坡度地段，是指地形比较平坦、无集中高程障碍的平原和微丘地区，地面最大的自然纵坡缓于最大设计纵坡的平缓地形。在这类地形条件下的公路，其定线以平面线形为主导，在相邻控制点间，一般多按短直方向定线。只有中间存在不易穿越的障碍时，才选择适当地点设置转角予以绕避，但应尽量采用较小的偏角，提前拨角绕避，避免路线接近障碍时才开始转向绕行。

所谓紧束坡度地段，是指丘谷显著、地形陡峻、起伏大、地质条件复杂、地面自然纵坡陡的山岭重丘地区。在这类地形条件下，定线受地形制约较严，必须综合考虑平、纵、横三者的协调关系来合理选定路线。对于一条具体的路线，平、纵、横究竟哪一方面是主要矛盾，要根据公路等级结合地形条件来判断，明确主次关系，抓住主要矛盾。一般来说，山区公路定线以高差和纵坡为主要矛盾，但这也不是绝对的，主要应根据平、横两方面进行安排。由此可见，对于平、纵、横要针对具体条件具体分析，抓住主要矛盾，辩证地去布设路线，一定要防止片面盲目性。合理的路线选定要求是平面线形顺适、纵坡配合适当、横面稳定、填挖经济。

（一）一般情况下（自由坡度地段）的定线

当路线不受纵坡限制时，定线以平面和横断面为主确定路线。其要点是以点定线，以线交点。以点定线，就是在全面布局的基础上，在逐段安排确定的控制点间，结合各方面因素进一步确定影响公路中线位置的小控制点，然后根据这些小控制点大致穿出公路直线的方法。以线交点，就是在已定小控制点的基础上，结合路线标准和前后路线条件穿出直线，并延长交出交点。

1. 控制点的加密

两控制点之间，一般不可能作直线（特别是地形困难、等级较低的公路），常常需要设置交点，使路线转弯，从而避开障碍物，利用有利地形，以达到技术经济的目的。加密控制点，就是在实地寻找控制和影响公路中线位置的具体点位。一般小控制点有经济性和控制性两种。

（1）经济性控制点。主要在路线穿过斜坡地带，考虑横向填挖平衡或横向施工经济（有挡土墙及其他加固边坡时）因素而确定的小控制点。由于这类点仅从横向施工经济出发控制线位，故其只能作为穿线定点的参考位置。

（2）控制性控制点。是受艰巨工程、不良地质、地物障碍、路基边坡稳定等因素限制所确定的公路中线位置。控制点的位置还与路基的形状尺寸、加固方式、通过不良地质地段的工程控制、地表形状、路基设计标高等因素有关。定线时应综合考虑这

些因素，合理确定小控制点的位置。

2. 穿线定点

一方面，受各种因素限制的平面位置控制点比较多，而且这些点在平面上的分布又没有一定的规律；另一方面，路线受技术标准和平面线形组合的限制，不可能照顾到每一个控制点。因此，穿线定点，就是根据技术标准和线形组合的要求，满足控制性控制点和照顾多数经济性控制点，综合考虑，用穿线的办法延长直线，交出转角点。

（二）地面较陡的路段定线

1. 分段安排

在选线布局下的主要控制点之间，沿拟定方向用试坡方法粗略定出沿线应穿或应避的一系列中间控制点，拟订路线轮廓方案。

2. 放坡、定导向线

放坡主要是解决越岭线中纵坡合理分配的问题，实质上就是对路线设计的限制因素，如最大纵坡、最大与最小坡长及平均纵坡等进行合理的处理。放坡是越岭线定线的一个重要的环节，对处理好平、纵、横之间的关系起着重要作用。放坡时可采用平均坡度和设计坡度两种放坡方式。

（1）按平均坡度放坡。视具体地形确定适当的纵坡度，然后实地放坡。按平均坡度放坡只起到一定长度范围内控制高差和水平距离的作用，优点是放坡速度快，但没有反映公路等级对平均纵坡的不同要求以及地形、地质变化的情况。

（2）按设计坡度放坡。结合地形、地质、水文等具体情况分段、合理地拟定纵坡，使放出的坡度基本上就是以后纵断面的设计纵坡。采用此法放坡时工作量大，但能使实地定线的准确性提高，一般的越岭线常用此法放坡。

放坡一般从最高控制点（如垭口）开始，一人用带角手水准仪，对好与选用纵坡相应的倾斜角度，立于控制点处，指挥另一持花杆的人在山嘴或山坳等地形变化处、计划变坡处及顺直山坡每隔一定距离处上、下横向移动，找到二人距地面同高点后定点，插上坡度旗或在地面做标记，以该点为固定点继续向前放坡。如果一边放坡一边进行后续工作，应先放完一定长度（一般不应小于 4～5 条导线边长）的坡度点后，定线人员利用返程进行下一步操作。通过放坡定出的这些坡度点连线，相当于纸上定线的一次修正导向线，起到指引路线方向的作用，故称其为导向线。

放坡时要估计平曲线的大概位置和半径，以便考虑坡度折减。对计划要跨越的山沟和要穿过的山嘴或山脊，放坡时应"跳"过去，计划绕行时，坡度要放缓，距离要折减。

3. 修正导向线

放坡后的坡度点就是概略的路基设计标高位置，而实地路中线的位置对于路基的稳定和填挖工程量影响很大。如果中线在坡度点的下方，则横断面以路堤形式为主；若中线正好通过坡度点，则横断面为半填半挖形式；若中线在坡度点上方，则横断面以路堑形式为主。因此，根据坡度线，结合地面横坡考虑路基稳定和工程经济，即可确定出合适的中线位置，并插上花杆（或标志）。根据经验，一般情况当地面横坡在 1：5 以下时，中线在坡度点上方或下方对路基稳定和工程经济影响不大；当为 1：5～1：2 时，以中线与坡度点重合为宜；当横坡大于 1：2 时，中线宜在坡度点上方，以形成全挖的台口式断面为好。

4. 穿线交点

修正导向线是具有合理纵坡，横断面上位置最佳的一条折线，但它不能满足平面线形标准的要求，这就要根据标准要求尽可能靠近或穿过导向线上的点，裁弯取直，使平、纵、横三方面合理结合，穿出与地形相适应并符合标准的若干直线，各相邻直线相交即可确定交点。选线时要反复插试，逐步修改，这样才可能定出合理的线位。

（三）曲线插设方法

经过穿线交点确定了路线的交点位置，在交点处还需要根据标准结合地形、地物及其他因素选择适宜的平曲线半径，控制曲线线位。平曲线半径应与设计行车速度相适应，并应尽可能选用较大的平曲线半径。一般情况下，当布线不受地形地物约束时，宜选用大于技术标准所规定的不设超高的平曲线半径；当受到地形、地物或其他条件限制时，可采用半径小一些的设超高的平曲线，不要轻易采用技术标准中的极限最小半径平曲线。

有条件限制时，平曲线半径的选定，除要与弯道本身所在位置的地形、地物相适应，使曲线沿理想的位置通过外，还要考虑与弯道前后的线形标准相协调。如在长而陡的坡道下端和长直线中间不宜插设小半径平曲线，以及在陡坡上设小半径平曲线要考虑纵坡折减的影响等。

（四）纵断面设计

在现场确定路线平面位置后，经过量距定桩和测得各桩地面标高，即可绘制路线纵断面图，并进行纵断面设计，再检查平面、纵面线形配合是否适宜。如果纵坡不理想，可调整后再设竖曲线；如调整纵坡无法满足要求时，应调整平面线形。当平面线形改动不大，可根据所测的路线导线和横断面资料绘制带状平面图，并进行移线。当平、纵面之间的矛盾突出且工程量大，即平面线形须做重大改动时，则应进行现场改线，重新定出修改路线。

第六章　公路沿线设施与景观设计

第一节　交通工程及沿线设施设计

一、交通安全设施

交通安全设施包括护栏、交通标志、交通标线、隔离栅、桥梁护网、防眩设施、轮廓标和活动护栏等。交通安全设施设计应结合路网与道路条件、交通条件、环境条件进行总体设计，交通安全设施之间、交通安全设施与道路主体工程和其他设施之间应互相协调、配合使用。交通安全设施设计应坚持"安全、环保、舒适、和谐"的理念，体现"以人为本，安全至上"的指导思想。

（一）护栏的设置

护栏是一种纵向吸能结构，通过自体变形或车辆爬高来吸收碰撞能量，从而改变车辆行驶方向、阻止车辆越出路外或进入对向车道、最大限度地减少对乘员的伤害。

1. 护栏的分类

护栏按在公路中的纵向设置位置，可分为路基护栏和桥梁护栏；按其在公路中的横向设置位置，可分为路侧护栏和中央分隔带护栏；根据碰撞后的变形程度，可分为刚性护栏、半刚性护栏和柔性护栏。

刚性护栏是一种基本不变形的护栏结构。混凝土护栏是其主要代表形式，由一定形状的混凝土块相互连接而组成的墙式结构，通过失控车辆碰撞后爬高并转向来吸收碰撞能量。

半刚性护栏是一种连续的梁柱式护栏结构，具有一定的强度和刚度。波形梁护栏是其主要代表形式，由相互拼接的波纹状钢板和立柱构成连续梁柱结构，利用土基、立柱、波纹状钢板的变形来吸收碰撞能量，并迫使失控车辆改变方向。

柔性护栏是一种具有较大缓冲能力的韧性护栏结构。缆索护栏是其主要代表形式，由数根施加初拉力的缆索固定于端柱上而组成钢缆结构，主要依靠缆索的拉应力来抵抗车辆的碰撞荷载、吸收碰撞能量。

2. 路基护栏

公路路侧安全净区的宽度得不到满足时，应按护栏设置原则进行安全处理。路侧护栏应位于公路土路肩内，中央分隔带护栏宜以公路中心线为轴对称设置。护栏的任何部分不得侵入公路建筑限界。

（1）路侧护栏的设置原则

①车辆驶出路外有可能造成二次特大事故的路段必须设置路侧护栏。

②凡符合下列情况之一，车辆驶出路外有可能造成单车特大事故或二次重大事故的路段必须设置路侧护栏。

a. 二级及以上等级公路边坡坡度和路堤高度在图 6－1 的I区方格阴影范围之内的路段；

b. 路侧有江、河、湖、海、沼泽、航道等水域的路段。

③凡符合下列情况之一，车辆驶出路外有可能造成重大事故的路段，应设置路侧护栏。

a. 二级及以上等级公路边坡坡度和路堤高度在图 6－1 的II区斜线阴影范围以内的路段，应设置护栏。

b. 高速公路、一级公路路侧安全净区内设有车辆不能安全穿越的照明灯、摄像机、可变信息标志、交通标志、路堑支撑壁、声屏障、上跨桥梁的桥墩或桥台等设施的路段；

c. 二级及以上等级公路路侧边沟无盖板、车辆无法安全穿越的挖方路段；

d. 三级、四级公路路侧有悬崖、深谷、深沟等的路段。

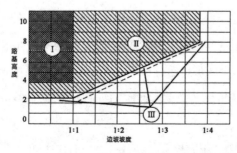

图 6－1　边坡坡度、路堤高度与设置护栏的关系

④凡符合下列情况之一，经论证车辆驶出路外有可能造成一般或重大事故的路段宜设置路侧护栏。

a. 二级及以上等级公路边坡坡度和路堤高度在图6－1的Ⅲ区内的路段，三级、四级公路边坡坡度和路堤高度在图6－1中Ⅰ区内的路段；

b. 二级及以上等级公路纵坡大于或等于《公路工程技术标准》(JTG B01—2014)规定的最大纵坡值的下坡路段和连续长下坡路段；

c. 二级及以上等级公路平曲线半径小于《公路工程技术标准》(JTG B01—2014)规定的一般最小半径的路段外侧；

d. 在高速公路、一级公路用地范围内存在粗糙的石方开挖断面、高出路面30 cm以上的混凝土基础、挡土墙或大孤石等障碍物时；

e. 高速公路、一级公路互通式立体交叉出口匝道的三角地带及匝道小半径圆曲线外侧。

⑤根据车辆驶出路外有可能造成的交通事故等级，应按规定选取路侧护栏的防护等级。因公路线形、运行速度、填土高度、交通量和车辆构成等因素易造成更严重碰撞后果的路段，应在规定的基础上提高护栏的防护等级。

⑥路侧护栏最小设置长度应符合相关的规定，相邻两段路侧护栏的间距小于规定的最小长度时宜连续设置。

(2) 中央分隔带护栏设置原则

①当整体式断面中间带宽度小于或等于12 m时，必须设置中央分隔带护栏；大于12 m时，应分路段确定是否设置中央分隔带护栏。

②公路采用分离式断面时，行车方向左侧应按路侧护栏设置；上、下行路基高差大于2 m时，可只在路基较高的一侧按路侧护栏设置。

③高速公路和禁止车辆掉头的一级公路中央分隔带开口处，必须设置活动护栏。

④根据车辆驶入对向车道有可能造成的交通事故等级，应按规定选取中央分隔带护栏的防撞等级。因公路线形、运行速度、填土高度、交通量和车辆构成等因素易造成更严重碰撞后果的路段，应在规定基础上提高护栏的防撞等级。

3. 桥梁护栏

桥梁护栏应按以下原则设置：

(1) 高速公路桥梁的外侧和中央分隔带必须设置桥梁护栏。

（2）作为干线公路的一级、二级公路桥梁必须设置路侧护栏，作为干线公路的一级公路桥梁必须设置中央分隔带护栏。

（3）作为集散公路的一级、二级公路桥梁应设置路侧护栏，作为集散公路的一级公路桥梁宜设置中央分隔带护栏。

（4）跨越深谷、深沟、江河湖泊的三级、四级公路桥梁应设置路侧护栏，位于其他路段经综合论证可不设置护栏的桥梁应设置视线诱导设施或人行栏杆。

（5）根据车辆驶出桥外或进入对向车行道有可能造成的交通事故等级，按相关规定选取桥梁护栏的防撞等级。因桥梁线形、运行速度、桥梁高度、交通量和车辆构成等因素易造成更严重碰撞后果的路段，应在规定基础上提高护栏的防撞等级。

（二）交通标志

交通标志是以颜色、形状、字符、图形等向道路使用者传递信息，用于管理交通的设施。交通标志应结合道路及交通情况设置。通过交通标志提供准确及时的信息和引导，使道路使用者顺利快捷地抵达目的地，促进交通畅通和行车安全。

1. 交通标志的分类

（1）交通标志按作用，分为主标志和辅助标志。

a. 主标志。包括警告标志、禁令标志、指示标志、指路标志、旅游区标志、道路施工安全标志和限速标志。

b. 辅助标志。附设在主标志下，起辅助说明作用的标志。

（2）交通标志按显示位置，分为路侧和车行道上方两种，对应的支撑结构形式为柱式、路侧附着式、悬臂式、门架式、车行道上方附着式。

（3）交通标志按光学特性，分为逆反射式、照明式和发光式三种，其中照明式又分为内部照明式和外部照明式。

（4）交通标志按版面内容显示方式，分为静态标志和可变信息标志。

（5）交通标志按设置的时效，分为永久性标志和临时性标志。

（6）交通标志按标志传递信息的强制性程度，分为必须遵守标志和非必须遵守标志。禁令标志和指示标志具有同等的效力，道路使用者应遵守；其他标志仅提供信息，如指路标志、旅游区标志；禁令、指示标志套用于无边框的白色底板上，为必须遵守标志；禁令、指示标志套用于指路标志上，仅表示提供相关禁止、限制和遵行信息，只能作为补充说明或预告方式，不应取代相应的禁令、指示标志。

2. 交通标志设置的基本要求

（1）交通标志的设置应综合考虑、布局合理，防止出现信息不足或过载的现象。信息应连续，重要的信息宜重复显示。

（2）交通标志一般情况下应设置在道路行进方向右侧或车行道上方；也可以根据具体情况设置在左侧，或在左、右两侧同时设置。

（3）为保证视认性，同一地点需要设置两个以上标志时，可安装在一个支撑结构（支撑）上，但最多不应超过四个；分开设置的标志，应满足禁令、指示和警告标志的设置空间。

（4）原则上要避免不同种类的标志并设。解除限制速度标志、解除禁止超车标志、路口优先通行标志、会车先行标志、停车让行标志、减速让行标志应单独设置；如条件受限制无法单独设置时，一个支撑结构（支撑）上最多不应超过两种标志。标志板在一个支撑结构（支撑）并设时，应按禁令、指示、警告的顺序，先上后下，先左后右的排列。

（5）警告标志不宜多设。同一地点需要设置两个以上警告标志时，原则上只设置其中最需要的一个。

3. 交通标志的基本要素

（1）交通标志的颜色

交通标志颜色的基本含义如下。

①红色。表示禁止、停止、危险，用于禁令标志的边框、底色、斜杠，也用于叉形符号和斜杠符号、警告性线形诱导标的底色等。

②黄色或荧光黄色。表示警告，用于警告标志的底色。

③蓝色。表示指令、遵循，用于指示标志的底色；表示地名、路线、方向等的行车信息，用于一般道路指路标志的底色。

④绿色。表示地名、路线、方向等的行车信息，用于高速公路和城市快速路指路标志的底色。

⑤棕色。表示旅游区及景点项目的指示，用于旅游区标志的底色。

⑥黑色。用于标志的文字、图形符号和部分标志的边框。

⑦白色。用于标志的底色、文字和图形符号及部分标志的边框。

⑧橙色或荧光橙色。用于道路作业区的警告、指路标志。

⑨荧光黄绿色。表示警告，用于注意行人、注意儿童的警告标志。

（2）交通标志的形状

交通标志形状的一般使用规则如下。

①正等边三角形：用于警告标志。

②圆形：用于禁令和指示标志。

③倒等边三角形：用于"减速让行"禁令标志。

④八角形：用于"停车让行"禁令标志。

⑤叉形：用于警告标志"铁路平交道口叉形"标志。

⑥方形：用于辅助标志，指路标志，指示标志，文字性警告、禁令和指示标志，告示标志等。

（3）边框和衬边

①标志边框的颜色应与标志的图形或字符的颜色一致，标志衬边的颜色应与标志底色一致，个别标志除外。各类标志的边框和衬边参见《道路交通标志和标线 第2部分：道路交通标志》（GB 5768.2—2022）。

②相同底色标志套用时，应使用边框；不同底色标志套用时，套色的禁令标志一般不使用衬边，套色的指路标志一般不使用边框，道路编号标志套用于指路标志上，也可使用边框。

（4）字符

（1）道路交通标志的字符应规范、正确、工整，按从左至右、从上至下的顺序排列。一般一个地名不写成两行或两列。根据需要，可并用汉字和其他文字。标志上的汉字应使用规范汉字，如果标志上同时使用汉字和其他文字，除有特殊规定之外，汉字应排在其他文字上方。如果标志上使用英文，地名用汉语拼音，相关规定按照《地名 标志》（GB 17733—2008），第一个字母大写，其余小写；专用名词用英文，第一个字母大写，其余小写，根据需要也可全部大写。

（2）除特殊规定外，指路标志汉字高度应符合规定。汉字字宽和字高相等。字高可根据设置路段的运行速度进行调整。

（3）指路标志中的阿拉伯数字和其他文字的高度应根据汉字高度确定，其与汉字高度的关系应符合规定。在特殊情况下，基于具体原因不能满足要求时，经论证字符高度最小不应低于规定值的 0.8 倍。

（4）道路编号标志中的字符、指路标志的汉字或其他文字的间隔和行距、文字性警告、禁令标志、辅助标志、告示标志的字高均应满足相关规定的要求。

（5）标志的汉字、拼音字母、拉丁字母、数字等采用道路交通标志字体（简体）。

（5）尺寸

警告、禁令、指示标志各部分尺寸的一般值应根据设计速度选取。可根据设置路段的运行速度（V_{85}）进行调整。设置在胡同、隔离带的警告标志，设置空间受限制时，如果采用柱式标志可采用最小值。其他标志的尺寸参考有关规定。

（6）图形

交通标志应使用《道路交通标志和标线 第 2 部分：道路交通标志》（GB 5768.2—2022）及《道路交通标志和标线 第 1 部分：总则）（GB 5768.1—2022）规定的图形。除另有规定外，图形可以单独、组合使用于不同的标志中。交通标志如使用《道路交通标志和标线 第 2 部分：道路交通标志》（GB 5768.2—2022）规定以外的图形或标志，应按《道路交通标志和标线 第 1 部分：总则》（GB 5768.1—2022）附录 A 规定程序执行，并应附加辅助标志的方式说明标志的含义。

4. 交通标志的设置位置

（1）警告标志前置距离一般根据道路的设计速度选取。也可考虑所处路段的最高限制速度或运行速度进行适当的调整。

（2）禁令、指示标志应设置在禁止、限制或遵循路段开始的位置。部分禁令、指示标志开始路段的路口前适当位置应设置相应的指路标志提示，使被限制车辆能够提前绕道行驶。

（3）指路标志设置位置应符合每一具体标志的规定。

（4）除另有规定外，标志安装应使其板面垂直于行车方向，视实际情况调整其水平或俯仰角度。

①路侧式标志应尽量减少标志板面对驾驶员的眩光。

②标志安装角度宜根据设置地点道路的平、竖曲线线形进行调整。

③路侧标志应尽可能与道路中线垂直或成一定角度。其中，禁令和指示标志为 0°～45°，指路和警告标志为 0°～10°。

④门架、悬臂、顶上附着式标志的板面应垂直于道路行车方向，并且板面宜倾斜

$0°\sim15°$。

5. 交通标志的支撑方式

（1）柱式

柱式一般有单柱式、多柱式。柱式标志内边缘不应侵入道路建筑限界，一般距车行道或人行道的外侧边缘或土路肩不小于 25 cm。标志板下缘距路面的高度为 $150\sim250$ cm。当设置在小型车比例较大的城市道路时，下缘距地面的高度可根据实际情况减小，但不宜小于 120 cm。当设置在有行人、非机动车的路侧时，设置高度应大于 180 cm。

单柱式是标志板安装在一根立柱上，适用于中小型尺寸的警告、禁令、指示等标志。多柱式是标志板安装在两根及两根以上立柱上，适用于长方形的指示或指路标志。

（2）悬臂式

悬臂式是标志板安装在悬臂上。标志下缘离地面的高度应大于该道路规定的净空高度。悬臂式适用于以下情况：

①柱式安装有困难。

②道路较宽、交通量较大、外侧车道大型车辆阻挡内侧车道小型车辆视线。

③视距或视线受限制。

④景观上有要求。

（3）门架式

门架式是标志安装在门架上。标志下缘离地面的高度应大于该道路规定的净空高度。

门架式标志适用于以下情况。

①多车道道路（同向三车道以上）需要分别指示各车道去向。

②交通量较大、外侧车道大型车辆阻挡内侧车道小型车辆视线。

③交通流在较高运行速度下发生交织、分流和合流的路段，如互通式立体交叉间隔距离较近标志设置较密处、高速公路与高速公路相交的互通立体交叉主线区域等。

④受空间限制，柱式、悬臂式安装有困难。

⑤出口匝道在行车方向的左侧。

⑥景观上有要求。

（4）附着式

标志附着安装在上跨桥和附近构造物上，按附着板面所处位置不同分顶上附着式、路侧附着式两种。

附着式标志的安装高度应符合规定。如果标志支撑结构位于路侧净区内应确保其不对驶离道路的车辆构成危害，否则宜采用解体消能结构或设置相应的防护、警告设施。

（三）交通标线

交通标线是由施划或安装于道路上的各种线条、箭头、文字、图案及立面标记、实体标记、凸起路标和轮廓标等所构成的交通设施，它的作用是向道路使用者传递有关道路交通的规则、警告、指引等信息，可以与标志配合使用，也可以单独使用。

1. 交通标线的分类

（1）按功能划分

①指示标线：指示车行道、行车方向、路面边缘、人行道、停车位、停靠站及减速丘等的标线。

②禁止标线：告示道路交通的遵行、禁止、限制等特殊规定的标线。

③警告标线：促使道路使用者了解道路上的特殊情况，提高警觉，准备防范应变措施的标线。

（2）按设置方式划分

①纵向标线：沿道路行车方向设置的标线。

②横向标线：与道路行车方向交叉设置的标线。

③其他标线：字符标记或其他形式的标线。

（3）按形态划分

①线条：施划于路面、缘石或立面上的实线或虚线。

②字符：施划于路面上的文字、数字及各种图形、符号。

③凸起路标：安装于路面上用于标示车道分界、边缘、分合流、弯道、危险路段、路宽变化、路面障碍物位置等的反光或不反光体。

④轮廓标：安装于道路两侧，用以指示道路的方向、车行道边界轮廓的反光柱（或片）。

2. 交通标线的形式、颜色

交通标线的颜色为白色、黄色、蓝色或橙色，路面图形标记中可出现红色或黑色的图案或文字。

（四）隔离设施

隔离设施按构造形式可分为金属网、钢板网、刺铁丝网和常青绿篱四大类，金属网又可分为编织网、焊接网、拧花网等多种。

1. 金属网型和钢板网型

金属网型和钢板网型隔离设施是一种结构合理、美观大方的结构形式，但单位造价较高，主要适用于以下路段。

（1）靠近城镇人口稠密地区和担心有人、畜等进入的路段。

（2）配合道路景观，要求选择美观大方的隔离形式的风景区、旅游区、著名地点等路段。

（3）简单立交、通道的两侧。

另外，金属网型比较适合于地形起伏不平的路段，钢板网型则比较适合于地形平坦地段。

2. 刺铁丝网型

刺铁丝网型隔离设施是一种比较经济适用的结构形式，但美观性较差，一般适用于以下地点。

（1）人烟稀少的地带，山岭地区。

（2）郊外地区的道路保留地。

（3）郊外地区高架构造物的下面。

（4）跨越沟渠而须封闭的地方。

3. 其他

在互通式立体交叉范围内，以及服务区、停车区、收费站、管理所等处，隔离设施可考虑与绿化相配合，宜选择合适的小乔木或灌木，在管辖地界范围内与刺铁丝配合形成绿篱，可有效地增强该区域的景观。

隔离设施的形式选择必须考虑各种类型隔离设施的性能、经济性、美观，与道路周围环境的协调，以及施工条件、养护维修条件等因素。

(五) 防眩设施

防眩设施是在夜间行车时，为防止驾驶员受到对面来车前照灯炫目而采用的设施。设置在区分上下行车道的中央分隔带上，多用于有四条以上车道的高速公路、一级公路和城市快速路。设置路段多为高架桥、填方路段，此外也结合道路的设计速度、线形等的需要而采用。在中央带较宽（日本经验为超过 7 m）、上下行车道中心线的高度差大于 2 m 及有连续照明的路段均不需要设置防眩设施。

防眩设施既要有效地遮挡对向车辆前照灯的眩光，又要满足横向通视好、能看到斜前方，并对驾驶员心理影响小的要求。如采用完全遮光，反而缩小了驾驶员的视野，且对驾驶产生压迫感。同时，无论白天或黑夜，对向车道的交通情况是行车的重要参照系，其中很重要的一点是驾驶员在夜间能通过对向车辆前照灯的光线判断两车的纵向距离，使其注意调整行驶状态。另外，防眩设施不需要很大的遮光角，即可获得良好的遮光效果。所以防眩设施不一定要把对向车灯的光线全部遮挡，而采用部分遮光，即允许部分车灯光穿过防眩设施。

道路上设置的防眩设施形式多种多样，总的来说，有网格状或栅栏式的防眩网、扇面式的防眩栅、板条式的防眩板及植树防眩等。

二、收费站场的布设

收费站场是指为收取车辆通行费而建设的交通设施，通常包括收费门（包括收费岛、收费亭、收费车道、遮阳篷、收费机械）、收费广场和收费所。

(一) 收费站场设置的一般条件

(1) 收费站场宜设置在地形平坦且路线为直线的路段上。

(2) 站场处应具有较好的水文、气象和地质条件。

(3) 站场位置应利于交通管理和生活配套设施布置，使用方便。

(4) 收费站中心布置在收费岛、遮阳篷的一定范围内，纵向、横向不宜位于路基填、挖交界处。

(二) 收费站场的主要几何技术指标

(1) 主线收费站广场。平曲线指标应符合互通式立体交叉主线线形指标的规定，

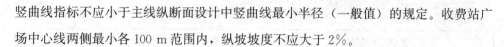

竖曲线指标不应小于主线纵断面设计中竖曲线最小半径（一般值）的规定。收费站广场中心线两侧最小各 100 m 范围内，纵坡坡度不应大于 2%。

（2）匝道收费站广场：平曲线半径不得小于 200 m，竖曲线半径不得小于 800 m。收费站广场中心线两侧水泥混凝土路面范围内，纵坡坡度不宜大于 2%，条件受限时不应大于 3%。

（3）收费站广场的横坡宜为 1.5%，排水需要时可为 2.0%。

（4）公路收费站广场应避免设置在凹形竖曲线底部。

（三）收费站广场的设计要点

（1）收费岛前后的路面应为水泥混凝土路面，收费岛前后水泥混凝土路面的长度 L_0 应满足表 6—1 的规定。

表 6—1 收费岛前后水泥混凝土路面的最小长度（m）

收费广场位置		匝道上	主线上
收费方式	单向	30	50
	双向	25	40

（2）收费广场与两端标准行车道宽度的过渡如图 6—2 所示。图中各要素的规定如表 6—2 所示。过渡应注意路容美观和不造成车辆行驶过于仓促。

（3）匝道收费站位于半径较小的平曲线上时，应放缓曲线内侧的渐变率，增长过渡长度，增大边线转折点圆滑曲线半径，如图 6—2 所示。

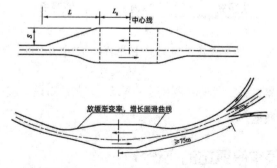

图 6—2 收费广场与两端行车道的过渡

表6-2　收费广场两端行车道的过渡渐变率

收费广场位置	匝道上	主线上
广场收敛渐变率（L/S）	≥3	6～8

（4）匝道收费站广场中心线至匝道分岔点的距离不宜小于100 m，且不应小于75 m；至被交道路平交点的距离不宜小于150 m，不能满足时，应增加设置等待车道。

邻近被交道路一侧的收费广场，根据需要，可考虑计重收费和劝返车道的布置。

（5）收费站广场的宽度由收费车道、收费岛、路肩（或路缘带）的宽度相加而成。收费岛间的车道宽度宜为3.2 m，ETC车道的宽度应为3.5 m，超宽车道的宽度宜为4.5 m。收费岛的宽度宜为2.20 m。硬路肩的宽度应不小于0.5 m。

（6）收费车道数按预测的第15年交通量确定。收费广场用地规模按设计远景年预测交通量确定。

（7）收费岛间的车道，其建筑限界规定如图6-3所示。

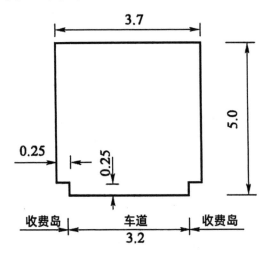

图6-3　收费车道的建筑限界（尺寸单位：m）

（8）交通特别繁忙、收费车道多（达8条以上）的收费站，应设置供收费工作人员通行的专用地下通道。

三、客运汽车停靠站的布设

中长途公共汽车客运已是人们出行的主要方式之一，规划和设计高速公路时应考虑沿线设置客运汽车停靠站，以满足乘客上下车的需要。客运汽车停靠站应根据沿线城镇分布、出行需求，并结合服务区或互通式立体交叉设置。

（一）布设形式

（1）在收费立体交叉的连接线上布设。这种布设形式适用于公共汽车离开或进入一条高速公路时采用。当高速公路与次要公路相交而在次要公路上采用平面交叉时，公共汽车停靠站布设在平面交叉与收费站之间连接线的两侧；当高速公路与高速公路相交时，公共汽车停靠站布设在收费站之前或之后连接线的两侧。这种布设应注意上下车的乘客横穿连接线而影响交通和安全问题，必要时可在连接线上设置人行天桥或人行地道。

（2）一级公路客运汽车停靠站，考虑到主线为供汽车分方向、分车道行驶的四车道以上公路，汽车运行速度较高。为不影响主线的道路功能，保障主线和客运汽车停靠站的车辆、行人安全，要求其停靠区与主线右侧硬路肩之间必须用侧分隔带或护栏物理隔离，并且在主线行车道之外设置有足够长的加、减速车道和停留车道。

（3）二级及二级以下公路客运汽车停靠站，因为公路主线基本上为双车道公路，停靠站经常受公路两侧用地限制，有时上下乘客并不频繁。因此，要求客运汽车停靠站的停靠区不得占用主线行车道，停靠区与主线行车道之间用路面标线区分，并且根据出入车道边缘线的渐变率要求，设置满足规定长度的加、减速区段和停留车道。停留车道长度规定为 15 m，当上下乘客较为繁忙时，可采用 20 m。

（4）在收费立体交叉内的高速公路上布设。这种布设形式适用于公共汽车在高速公路上途经该立体交叉时采用。在立体交叉的三角地带（一般为绿化区），平行于高速公路增设公共汽车停车车道。为不影响高速公路正线车辆的正常行驶，应在正线与停车车道之间设置隔离带或用栅栏分隔，停车车道两端与出入口附近的匝道连接，形成港湾式停靠站。利用通道、梯道、盘道等组合设施，组织乘客进出立体交叉。这种公共汽车停靠站与互通式立体交叉配合布设的形式，充分利用立体交叉匝道的变速车道作为公共汽车进出正线时变速行驶车道，与公共汽车停靠站布设在立体范围以外的路段上相比，减少了设置长度，节省用地和投资；但须设置专用人行设施组织乘客进入或离开立体交叉范围的公共汽车停靠站，又使投资有所增加。

（二）平面布设

一级公路主线侧客运汽车停靠站布置应包括渐变段、加（减）速车道、停留车道等，并应符合下列规定。

（1）停靠区与主线硬路肩之间必须用侧分隔带或护栏隔开。

（2）变速车道及其渐变段长度，停留车道长度应不小于《规范》的规定。

（3）侧分隔带宽不小于 2.0 m，变速车道右侧硬路肩 1.5 m，停留车道宽应不小于 5.5 m，站台宽 3.0 m。

二级及二级以下公路主线侧客运汽车停靠站的布置应包括加（减）速区段、停留车道等，并应符合下列规定。

（1）停靠区与道路行车道之间用路面标线区分。

（2）站台前停靠区两侧设置长度相等的加、减速区段，其长度应符合《规范》的规定。

（3）停留车道长度为 15 m。

（4）相邻行车道边缘线的分隔带（标线）、停留车道。

四、停车区的布设

高速公路应根据规划在互通式立体交叉范围内或沿线布设停车区，以满足车辆停车、休息等需要。高速公路停车区一般对称布置在主线两侧，比服务区规模小，区内主要提供停车、厕所、小型休息桌椅等，也有设置加油站的。

高速公路停车区可与互通式立体交叉合并设置，布设在互通式立体交叉范围内。根据立体交叉的形式、用地条件，考虑交通便利及出入方便等因素，合理确定停车区的位置，不影响互通式立体交叉的交通流量、交通安全和行车速度。互通式立体交叉与停车区结合的布设方式有以下四种：

（1）在连接线一侧布设停车区。因另一侧车辆进出停车区须横穿车道，仅适用高速公路与次要道路相交，连接线上交通量较小的情况。

（2）在连接线两侧布设停车区。连接线双向须停车的车辆互不干扰，可用于不同等级、不同交通量的情况。但停车后须在连接线上改变行驶方向的车辆，须横穿车道行驶。

（3）在连接线中间布设停车区。在收费立体交叉连接线双向行车之间布设停车区，车辆在停车区内可改变行驶方向，不存在横穿车道问题。主要适用于收费立体交叉连接线双向行车之间有足够间距，出口和入口收费站分别布设的情况。

(4) 在跨线桥下布设停车区。在不收费互通式立体交叉范围内布设停车区，不收费立体交叉为连续交通流，为使互通式立体交叉范围内封闭区域的车辆进出不阻碍正线和匝道车辆的正常行驶，停车区的出入口不宜设在主要行驶方向的匝道上。当互通式立体交叉采用上跨式或多层式时，引道较长且多用跨线桥，桥下空间可用于设置停车区。

五、服务区的布设

高速公路的服务区是为驾乘人员提供中途休息、进餐等服务，以及为车辆停车、加油、维修等必要服务提供的场所。服务区应包括停车场、公共厕所、休息室、加油站、维修站、餐厅、商店、绿地等具有各自服务功能的设施。

(一) 布设原则

(1) 服务区应尽可能与互通式立体交叉配合设置，利用互通式立体交叉的用地范围及用地条件等合理布设。服务区各种设施应功能齐全，各组成部分之间位置应合理。

(2) 在保证互通式立体交叉的交通功能和线形布设不受影响的前提下，合理确定服务区的用地规模。服务区的用地规模应根据停车的车位数确定。

(3) 服务区的布设，应根据互通式立体交叉进出交通量的大小、服务区规模、地形情况，合理确定其布置形式。

(二) 布置形式

服务区一般对称布置在主线两侧。

建设条件紧张时，服务区也可与互通立交合并设置，几种合并设置方式如下。

1. 正线一侧布置一个服务区

在互通式立体交叉范围内正线一侧布置一个服务区，供所有出入立体交叉需要服务的车辆使用。当出入互通式立交需要服务的交通量较小时，采用这种布置形式。其特点是占地较小，出入服务区的车辆只有分流与合流运行，不存在平面交叉，须建三座跨线构造物，正线另一侧直行车辆使用服务区不便。

2. 正线一侧布置两个服务区

在互通式立体交叉范围内正线一侧布置两个服务区，分别供由收费站驶出和驶入两个方向需服务的车辆使用。适用于出入互通式立体交叉需要服务的交通量较大，且正线一侧用地限制不严的情况。其特点是驶出和驶入的服务车辆分别使用各自的服务区，只有分流与合流运行，不存在平面交叉，只须建两座跨线构造物，但占地面积较大，主线另一侧直行车辆使用服务区不便。

3. 正线两侧各布置一个服务区

在互通式立体交叉范围内正线两侧各布置一个服务区，分别供两侧驶出和驶入需服务的车辆使用。适用于出入互通式立体交叉需服务的交通量较大，正线两侧用地限制不严的情况。其特点是两侧须服务的出入车辆使用各自的服务区，可分散交通，适用服务的交通量大，只须建两座跨线构造物，正线直行交通需要服务的车辆可方便使用服务区，由收费站驶入的左转车辆可采用定向匝道或平面交叉进入服务区，立体交叉占地面积较大。

六、U形转弯设施的布设

（一）高速公路U形转弯设施布设要点

（1）高速公路上互通式立体交叉间距大于 30 km，或人烟稀少的西部荒漠戈壁、草原等地区大于 40 km 时，应在适当位置设置 U 形转弯设施。特长隧道或特大桥两端，考虑管理、养护、救援等需要，必要时可设立体的 U 形转弯设施。

（2）两互通式立体交叉之间的 U 形转弯设施应双向成对设置。其他情况的 U 形转弯设施根据用途和需要，可成对或单向设置。

（3）U 形转弯设施应根据地形、主线上的构造物分布等条件，充分利用已有桥梁或通道的净空进行布设，与主线的交叉方式可选择下穿或上跨的方式。

（4）U 形转弯设施与主线相接的出入口、变速车道设计。当为两互通式立体交叉之间的 U 形转弯设施时，应执行互通式立体交叉的相关设计规定；当为其他需求的 U 形转弯设施时，可参照停车区或公共汽车停靠站的规定设计。匝道的平纵面线形设计应符合互通式立体交叉匝道设计的相关规定。

（5）U 形转弯设施匝道掉头路段的设计速度应根据地形和场地条件及运行速度过

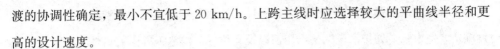

渡的协调性确定，最小不宜低于 20 km/h。上跨主线时应选择较大的平曲线半径和更高的设计速度。

（6）U 形转弯设施匝道的横断面宽度采用右侧硬路肩 1.5 m 的单向单车道横断面标准，匝道路基宽度 7.5 m。

（二）一级公路和部分控制出入的多车道公路 U 形转弯设施设计要点

一级公路和部分控制出入的多车道公路的 U 形转弯设施，可以利用前方的互通式立体交叉或分离式立体交叉主线上跨桥梁的边孔设置成立体 U 形转弯设施。当无此条件时，可以采用平面交叉的 U 形转弯设施。

（1）当中央分隔带为宽度小于或等于 2.0 m 的窄分隔带时，可采用壶柄式的 U 形转弯设施。

（2）当中央分隔带为宽度大于或等于 10 m（6 m）的宽分隔带或分离式路基（如隧道洞口外）时，可设置中央分隔带开口或掉头车道，提供 U 形转弯设施。

增辟主线行车道的渐变率为 1∶30，等宽段 100～150 m。U 形转弯设施应根据中央分隔带宽度、转弯半径、交通量等因素选用不同的形式。

（3）有信号灯控制的平面交叉口，中央分隔带宽度大于 4.5 m 时，可在交叉口横交道路之前设置 U 形转弯车道。

第二节　公路排水设计

一、概述

水是危害道路的主要自然因素。水的作用加剧了路基路面的结构损坏，缩短了它们的使用寿命。路基的沉陷、冲刷、坍塌、翻浆，沥青混凝土路面的松散、剥落、龟裂，水泥混凝土路面的唧泥、错台、断裂等病害，都不同程度地与地表水和地下水的侵蚀有关。排水设计对保证道路的使用性能和使用寿命具有重要作用。

道路排水系统的设置应以保障结构稳定和行车安全为目的，要着重分析研究所遇到的各种水的来源及它们对道路的危害程度，根据其轻重缓急，分别采用不同的排水设施。要考虑每一处排水设施的作用，以及在位置、构造等方面的具体要求，把对道路确有危害的水流有效地排除。

道路排水按区域可分为公路排水和城市道路排水。公路一般采用明渠排水，城市道路采用管渠排水。

道路排水设计应该防排结合，以防为主。道路排水包含两类排水。第一类排水是防水，即减少地面水、地下水、农田排灌水对路基稳定性及强度的影响。如在路堑坡顶外设置截水沟，提高路基最小填土高度或在路基底部设置隔水垫层；对于地下水位较高路段，在施工前开挖临时排水边沟，排除地表水并降低地下水等。第二类排水是将路表水迅速排出路基之外，最大限度地减少雨水对路基、路面质量的影响，减少因路表水排水不畅或路表水下渗对路基、路面结构和使用性能产生的损害。

道路第二类排水设计一般包括如下内容：①路面水。通过道路横坡、急流槽、边沟及排水构造物等形成完整的排水系统，把路面水收集并排出路基范围；对于超高路段，可通过设置在中央分隔带处的中央排水沟和横向排水管等排出路面水，或通过中央分隔带开口把超高路段外侧路面水排到路面另外一侧并通过路面横坡排出。②下渗水。一是中央分隔带下渗水，可通过在中央分隔带下设置纵向盲沟收集，并每隔一段距离设置集水井和横向排水管将下渗水排出路基；二是路肩下渗水，一般处理方法为在路肩设置纵向渗沟，并通过横向排水管排出路基。

排水设计的一般原则与要求如下。

（1）全面规划、合理布局、因地制宜，充分利用当地有利地形和天然水系。

（2）设计前必须进行调查研究，根据道路等级、沿线地形、地质、水文、气象等条件及桥涵设置等情况进行综合考虑。

（3）在不断总结生产实践经验和科学试验的基础上，积极采用新材料、新工艺。

（4）考虑施工场地的临时性排水设施，尽可能使之与永久性排水设施结合起来，注意就地取材，以防为主，既要稳固适用，又必须讲究经济效益。

（5）穿越城镇的道路，其排水设计应与城镇现有或规划的排水系统和设施相协调。

（6）特殊路段的道路，其排水设计应结合该工程的其他处治措施进行特殊设计。

二、公路排水总体设计

公路排水设计包括排水系统总体设计、水文调查与计算、排水设施结构形式和材料选择、水力计算等内容。公路排水系统的总体设计应在公路总体设计中同步完成，工程条件简单、不进行总体设计的公路工程，宜单独对排水系统进行总体设计。

公路排水系统总体设计应在全面调查沿线水文、气象、地形、地质、环境敏感区等建设条件的基础上，根据公路功能、等级，确定排水设计原则，划分排水段落，分段确定路线和主要构造物排水方案与排水路线，完成排水系统布置图。

公路排水系统应与主体工程及自然环境相适应。设计中应注重各种排水设施的功能和相互之间的衔接，防排结合，形成完善的排水系统。排水设施的结构应安全耐久、经济合理，便于施工、检查和养护维修。路侧公路排水设施的形式选择应与安全设施设置紧密配合，路堑段排水边沟宜采用浅碟形或带盖板的边沟，采用敞开式深边沟时路侧应设置护栏。

公路路线设计应做好综合规划，降低下穿道路排水难度。路线设计高程低于临近水体时，应进行专门的防排水设计，保证安全。排水设计应避免冲毁农田及水利设施。公路排水设施不应兼做其他非公路排水用途。

冰冻区地面排水设施应耐冰冻、耐盐蚀；地下排水设施应置于当地最大冻深线以下，无法满足时，应采取保温措施。多年冻土、膨胀土、黄土、盐渍土及滑坡等路段，应将排水系统作为处治措施的组成部分，进行综合设计。

桥面应设置完善的排水设施，应重视桥面防水层、黏结层的设置和材料选择。隧道排水设计应采取防、排、截、堵相结合的综合措施，隧道内外应形成完整的排水系统。

公路排水设计应重视环境保护和水土保持，防止水体污染。公路经过水环境敏感路段时，应采取相应的路（桥）面水收集、处理措施。

三、纵断面排水设计

道路纵断面的设计主要是对道路纵坡及其竖曲线进行设计。道路纵坡对路面的排水会产生较大的影响，当纵坡较小甚至是平坡时，形成的合成坡度也较小，导致雨水在路面上的滞留时间较长，此时主要靠路面横坡来排水，如果横向排水不通畅，就会产生积水，影响整个车道的通行能力。因此，在长路堑及其他横向排水不畅的路段，纵坡不应小于 0.3%，一般情况下不小于 0.5%，合成坡度不应小于 0.5%，以保证路面排水通畅。

对于全凹竖曲线或全凸竖曲线，竖曲线的半径不宜过大，否则在竖曲线的底部或顶部，将会出现过长的坡度小于 0.3% 的纵坡路段排水不畅，影响行车安全。其长度可用下式计算：

$$S_v = 2Ri_{min} \tag{6—1}$$

式中：S_v——纵坡小于允许的最小纵坡的长度，m；

R——竖曲线半径，m；

i_{min}——允许的最小纵坡值，一般取 0.5%，特殊情况时取 0.3%。

四、平纵组合排水设计

平纵线形组合设计除了要满足汽车运动学、线形流畅及与周围环境相协调的要求外，还应满足路面排水的要求。在进行道路平纵线形组合设计时，应注意以下四方面：

（1）尽可能做到平竖曲线的一一对应，且平曲线稍长于竖曲线，即"平包竖"。这种组合形式对路面排水很有利，特别是竖曲线为全凹或全凸竖曲线时，在竖曲线的底部或顶部始终存在纵坡较小的路段，对排水不利。如果平竖曲线一一对应，则圆曲线段与竖曲线的底部或顶部对应，而在圆曲线上设置的超高坡度通常较大，所以该段的合成坡度一般能满足路面排水的要求。

（2）若平竖曲线错位，要避免竖曲线的顶部或底部位于缓和曲线上，特别要避免位于超高过渡段的零坡度断面附近处。由于曲线的超高过渡段一般在缓和曲线上设置，在超高过程中曲线外侧的行车道会出现一段横坡度较小的路段及一个零坡度断面，如果该路段与全凹（全凸）竖曲线的底部（顶部）重合，则该路段外侧行车道的合成坡度很小，不利于路面雨水的排除，路面就会出现积水现象，影响行车安全。

（3）要尽量避免凹形竖曲线或凸形竖曲线的顶点出现在 S 形曲线的拐点上。在 S 形曲线的拐点附近，有超高过渡段存在，行车道会出现一段横坡度较小的路段及一个零坡断面，如果全凹竖曲线或全凸竖曲线的底部或顶部与该处重合，也会造成合成坡度过小，使 S 形曲线的拐点附近道路路面排水不畅。

（4）在道路由直线段进入曲线段时为下坡路段和由曲线段进入直线段时为上坡路段的情况下，应尽可能避免纵坡坡度的绝对值与超高渐变率的值相等或相近，以避免在曲线外侧出现平坡区段，保障路面排水通畅。

五、横断面排水设计

（一）路拱

为了有利于路面横向排水，将路面做成路拱的形式。路拱坡度的采用应根据路面类型及当地的自然条件选取，多雨地区采用高值。一般路拱形式可分为直线形和抛物线形两种，抛物线形路拱的形式美观，没有路中的尖顶，路面中间部分坡度较小，两侧坡度较大，有利于路面上雨水的排除。各种路面的路拱横坡度见表6-3。

表6-3　各种路面的路拱横坡坡度

路面类型	路拱横坡坡度,%	路面类型	路拱横坡坡度,%
水泥混凝土路面	1.0~2.0	半整齐石块、不整齐石块	2.0~3.0
沥青混凝土路面	1.0~2.0	碎、砾石等粒料路面	2.5~3.5
其他黑色路面、整齐石块	1.5~2.5	低级路面	3.0-4.0

（二）超高过渡段

超高过渡段是指道路从直线段的双向路拱形式渐变到圆曲线段的单向横坡的路段。在这个过程中，行车道外侧会出现一段零坡度断面。如果行车道外侧的超高渐变率过小（一般认为小于1/330），会使横坡较小的路段变长，导致横向排水不畅的路段变长。

如果该段路线的纵坡也较小（≤0.5%），则合成坡度也较小，就会导致该段道路排水不畅。排水不畅路段的长度计算公式如下：

$$S_{vs} = \frac{\sqrt{I_{\min}^2 - i^2}}{i_G} L_0 \tag{6-2}$$

式中：S_{vs}——排水不畅路段的长度，m；

$I_{\min}$——道路允许的最小合成坡度，取0.5%；

i ——纵坡坡度,%;

L_0——临界长度。

$$L_0 = \frac{2B' i_G}{p} \tag{6-3}$$

式中:B' ——旋转轴到外侧路缘带边缘的宽度,m;

p ——超高渐变率。

式（6—3）表明,排水不畅路段的长度与道路纵坡、路拱横坡及临界长度有关。在道路纵坡和路拱横坡一定的情况下,排水不畅路段与临界长度成正比。而临界长度是由超高渐变率、旋转轴到外侧路缘带边缘的宽度决定,在道路路面宽度和超高方式确定的情况下,超高渐变率越大,临界长度就越小。《公路路线设计规范》（JTG D20—2017）中规定超高渐变率不得小于1/330,通过减小临界长度缩短在超高过渡过程中外侧道路排水不畅的路段长度。

（三）路肩

在城乡接合部,有些道路没有设置人行道,路面依靠路肩排水。路肩坡度的大小和方向对路面排水速度有着直接的影响。

1. 直线路段的路肩

直线段路肩应设置向外倾斜的横坡。直线段硬路肩的横坡一般与行车道横坡相同或比行车道横坡大1%～2%;如果路线纵坡平缓,且设置了挡水带,其横坡坡度宜采用3%～4%。

2. 圆曲线路段的路肩

圆曲线段路肩横坡坡度须符合以下规定。

（1）路肩和行车道的连接不出现凹形;

（2）路肩和行车道的坡差不应超过10%;

（3）路肩上的雨水尽量向路外排。

所以曲线内侧的土路肩横坡坡度可与行车道横坡坡度相同或较其大1%～2%;曲线外侧的土路肩横坡坡度应采用3%或4%的反向横坡。曲线内外侧全铺式硬路肩横坡的方向及其大小应与相邻行车道相同。

第三节　公路环境保护与景观设计

一、公路建设对环境的影响

车辆排放的空气污染物主要包括一氧化碳（CO）、氮氧化物（NOx）、碳氢化合物（HC）、微粒物质（TSP）等，给空气环境造成污染，并危及人们的身体健康。城市道路交通环境主要问题为空气污染和噪声污染。

某种程度上，公路建设项目是一个带状且流动的污染排放源，不同于城市中交通带来的环境污染问题，项目的复杂多样性使得公路交通环境问题的研究难度大，涉及专业范围广；同时，造成公路交通环境问题治理的投资较大。

相比于城市道路，高速公路对周围的空气污染要轻一些。城市道路车辆尾气排放一般分担率分别为 CO 为 65％，NOx 为 50％～60％，而高速公路（如沪嘉高速公路小汽车车速为 100 km/h，其他车辆约为 80 km/h，交通量为 3681 辆/日）车辆排气对环境影响以 NOx 最大，其次是 CO，HC 较小，分担率分别为 86.6％、12.3％ 和 1.2％，而一般公路（如沪宜公路，轿车车速为 50 km/h，交通量为 3678 辆/日）车辆发动机排放废气中 CO 和 HC 均较高，分别为沪嘉高速公路的 1.25 倍和 1.32 倍，NOx 却较低，仅为 0.24 倍。

近年来，我国公路交通环境问题越来越严重，已引起社会公众的广泛关注。公路施工期和营运期对环境的影响因素有很大差别。公路施工期的环境问题主要表现为非污染型生态环境影响。与公路施工有关的生态环境影响一般为：植被破坏、局部地貌破坏（如高填、深挖、大切坡等）、土壤侵蚀、自然资源（土地、水、草场、森林、野生生物等）影响、景观影响及生态敏感区（著名历史遗产、自然保护区、风景名胜区和水源保护区）影响等。不同区域不同公路项目建设涉及的具体生态问题各不相同，主要取决于所经地域的自然环境、生态环境、地貌状况、公路的等级和所采用的工程技术标准的高低等。公路建设从生态的观点来看，除水土流失外，可能的负面影响还包括：一是自然特征的影响或丧失，直接影响野生动物、野生植物栖息地，地质暴露带或地貌特征的丧失；二是水文条件的变化，地上、地下水流与数量发生变化，进而影响路边甚至较远区域的动物、植物，并会产生水污染和地下水水位的变化；三是对野生生物的其他影响。公路营运期的环境问题，主要是对沿线地区民众的生活环境造成影响，如噪声扰民、汽车，尾气污染空气、服务区污水及路面径流对水环境的污染等，其中噪声影响最为突出。研究表明：鸟类在高速公路 1.6～1.8 km 范围内繁殖不兴旺；高速公路对哺乳动物、爬行动物、两栖动物和不会飞的无脊椎动物来讲是个难以逾越的障碍带；活动能力大的动物沿公路走廊带状栖息而侵入其他生物群落等。

土地，尤其是耕地，是极其宝贵的自然资源。据统计，四车道高速公路及一级公路建设，每千米占用土地 75 亩左右。大部分为可耕地，六车道高速公路则占地更多。仅"五纵七横"国道主干线建设占用土地约 263 万亩，其中耕地约 210 万亩。因此，在公路设计、施工等各个环节中，必须珍惜每寸土地，合理利用每寸土地。综上所述，公路建设引起的环境问题主要有以下六个方面：

（1）生态破坏：动、植物栖息地的破坏和占用，植被的破坏与减少，造成水土流失，占用耕地等。

（2）大气污染：粉尘污染。汽车尾气污染及 CO、NOx 等化合物污染。

（3）噪声与振动污染：主要为施工噪声与振动和交通噪声的污染。

（4）水源污染：路面径流水的污染及车辆所带来和排放的各种有害物质对附近水体的污染。

（5）固体废弃物污染：弃放各种生活垃圾。

（6）对人文及景观环境的破坏。

但是，公路建设并不局限在对环境和景观的负面效应上，公路的建设对构建国家和地方交通网、促进地方经济发展、改善居民出行和交往、改善民生等方面都有积极的环境效应。而且，公路建设中采取一系列的环境保护措施，不仅有效降低了公路对环境的负面影响，某些方面还连同公路以外的环境问题一并采取措施进行解决，或者采取措施的防治标准有时高于地方原有的标准和应对环境影响的能力，所以其正面效应也应正确评估。

另外，公路建设，特别是高速公路和一些旅游公路的建设，比较重视沿线景观的开发与利用，不仅将对景观的影响降低到最低限度，而且注入了新的景观元素和内涵，有利于沿线和区域景观的综合与协调。

二、公路环境保护设计各阶段的内容

公路设计应以人为本，体现安全、环保、舒适、和谐的设计理念，树立全面、协调、可持续的科学发展观。执行环境保护工程必须与主体工程同时设计、同时施工、同时投入使用的制度；遵守预防为主，保护优先，防治结合，综合治理的原则，实施各阶段的环境保护工作。但实际中往往存在设计与施工中的不到位现象，多数项目难以真正达到安全、环保、舒适、和谐的目标。

公路工程项目建设的各个阶段均应重视且必须做好环境保护设计。在可行性研究阶段，应进行环境影响评价，根据项目需求编制水土保持方案；在初步设计阶段，应落实环境影响评价报告提出的环境保护措施和水土保持方案；在施工图设计阶段，应根据初步设计审定意见做出环境保护工程设计。

（一）道路工程可行性研究阶段

公路工程可行性研究是我国公路建设投资管理的基本程序，是保证公路建设前期工作在项目管理方面达到"项目选择准确、方案科学、工期合理、投资可控、效益显著"目标的重要环节。其目的就是通过对所有与拟建项目投资效果的有关因素进行综合研究分析，避免或减少公路建设项目投资决策的盲目性，提高建设投资的综合效益。

公路工程可行性研究的内容较多，其中进行环境影响和地质灾害危险性评价（山区、丘陵区、风沙区）编制水土保持方案是现阶段环境保护工作的重点。对于具体项目还应具体分析、突出重点。公路工程可行性研究阶段环境保护工作内容如下。

（1）通过广泛调查公路沿线的人口结构、经济发展、公共卫生、文化和基础设施、土地和矿产资源、旅游和文物古迹资源等社会环境状况，实事求是地进行社会环境影响评价；

（2）通过全面调查公路沿线野生动植物的种类、保护级别、分布概况、生长习性及演替规律等生态环境和水土保持状况，结合公路工程实际进行生态环境影响评价；

（3）依据分段调查公路沿线的城镇、风景旅游区和名胜古迹及有关的环境敏感点分布状况结合当地地形、地貌特点和既有工业污染源的排放特性，进行环境空气影响评价；

（4）通过重点调查公路沿线的学校、城乡居民聚居区和医院、疗养院及有关的环境敏感点分布状况，结合公路施工和运营等实际情况进行环境噪声影响评价；

（5）通过深入调查公路沿线各种不良工程地质分布状况，结合公路工程涉及范围进行地质灾害危险性评价，对山区、丘陵区、风沙区公路编制水土保持方案。

环境影响评价、地质灾害危险性评价和水土保持方案等应按照相应规范的要求进行并最终达到以下三个目的。

（1）通过对项目可能带来的各种环境影响的定性和定量分析、描述、预测，评价其未来影响范围和程度，为合理选线提供依据；

（2）提出可行的环保及防护措施建议，并反馈于设计，以减轻和补偿项目开发活动带来的负面影响；

（3）为项目的生产管理和环境管理提供科学依据，为沿线地区的经济发展规划、环保规划提供依据，并给决策者提供协调环境与发展关系的科学依据。

公路工程可行性研究阶段，要求实行"环境选线"的工作方法，不仅要掌握空间相关敏感性调查、分析及评价方法，而且使所有方案的环境影响范围都在研究之列，包含与之有关的其他规划线位（路段）、重点线位（路段），应分析其空间界限。调查各个目标项目的环境保护价值、存在意义、对外界影响的敏感程度，评价其被破坏的大致程度，预计采用的减少或避免侵害的措施、平衡与补偿措施，以及上述措施实施后仍然存在的侵害。依据敏感性分析结果，将意向的若干个路线走廊筛选后，从环境角度推荐与环境冲突较少的路线走廊或局部路段；因工程或其他要求虽在该走廊外，但从环境出发，将仍有讨论意义的路线走廊作为比较方案；当路线走廊对环境有较大侵害时，从环保角度提出重新选线等。

经环境保护主管部门批复的《公路建设项目环境影响报告书》和水行政主管部门批复的《公路建设项目水土保持方案报告书》等应作为下阶段的设计依据。

（二）道路工程初步设计阶段

公路工程初步设计是两阶段设计的第一阶段，是公路工程设计的基本程序之一，其任务就是根据批准的设计任务书的要求拟定修建原则、选定设计方案、计算主要工程量、提出施工方案、编制设计概算等。其中，路线的选择和总体方案的比选论证与环境保护密切相关。针对环境影响评价报告提出的环境保护措施和水土保持方案进行环境与公路工程的协调性论证是初步设计阶段环境保护工作的重点之一。

公路工程初步设计应将环境保护要素作为方案比选论证的重要因素，落实环境影响评价报告和水土保持方案中提出的环境保护和水土保持的各项要求，确定合理的路线方案。其设计内容如下。

（1）依据公路沿线环境敏感点的位置、重要影响因素和影响范围，提出相应的保护措施和方案。

（2）依据环境影响评价报告（或水土保持方案），进行环境与公路工程的协调性论证，并落实避免和减少环境侵害、水土保持的实施方案。

（3）根据声环境敏感点的性质进行声环境保护设计。

（4）根据公路沿线设施的规模，提出切实可行的污水处理方案。

（5）结合当地自然环境，因地制宜地进行公路景观和绿化设计。

这一阶段应综合考虑公路环境保护与主体具体设计的关系，环境保护应纳入主体设计之中并指导其他专业设计。环境保护设计不仅要尽量避免和减少水土流失、植被减少、地质病害、水文改变、环境分割、景观破坏、交通噪声、空气污染等环境影响，将经比选论证后的环保措施落实到路线布置、路基路面、桥梁隧道、沿线设施、料场布设、废方处理中，还应给出平衡及补偿措施，针对局部线位做多方案比较，确定理论上最终的路线方案。公路环境保护设计的重点不再以指导或修正路线方案为主要目的，而是在环境与工程各专业分项配套上下功夫，根据《公路环境保护设计规范》（JTG B04—2010）的设计要点，参照《公路工程基本建设项目设计文件编制办法》进行公路环境保护总体设计。

（三）道路工程施工图设计阶段

公路工程施工图设计的目的是根据初步设计审定意见，进一步对所审定的设计原则和方案加以具体和深化，最终确定各项工程数量和设计图表，并编制施工图预算。环境保护的设计内容也是对初步设计的进一步细化和加深。

环境保护工程施工图设计，应根据初步设计的审定方案进行环境保护的工程设计，把保护沿线自然环境、维护生态平衡、防止水土流失作为重要因素，在各专业设计中予以考虑和体现。其设计内容如下。

（1）根据公路沿线环境敏感点的特性，按照初步设计提出的环境保护、水土保持方案，进行具体设计；

（2）根据声环境敏感点的性质进行声屏障等声学设计和结构设计；

（3）根据初步设计方案，进行污水处理详细设计；

（4）完成公路景观和绿化设计图，包括互通式立交和服务区等重点工程的景观、绿化设计详图。

这一阶段的环境保护工程设计是将批复的环境保护总体设计方案付诸实施的具体设计过程。

真正落实与主体工程同时设计，同时施工，同时投入使用。设计应同时考虑施工期间和营运期间的环保工程。

三、公路景观组成与设计要点

公路交通对自然景观会产生影响，而自然景观也会对公路交通起作用。公路景观是指公路的立体线形、构造物形式和色调，与沿线自然景观相协调所构成的风景。公路景观设计的目的是使公路与自然景观融为一体，并将对视觉、环境和社会的不利影响降低到最低限度。

（一）公路景观组成

公路景观是由公路主体工程、附属设施、沿线建筑、周边自然环境、气象变化及人的活动等因素所构成的，可分为内部景观和外部景观两部分。内部景观是指行驶在公路上的驾驶员看到的景观及在停车场、服务区等休息设施散步时看到的景观，它是动景观，不注重构造物的细部，而注重运动状态下公路及其与周围环境协调的程度，注重线形对视觉的诱导作用。线形设计是内部景观设计的主体，直接影响公路景观设计的效果。此外，沿线绿化、标志标线、边坡处治、景点造型与设计、公路色彩等对公路景观设计也有很大影响。外部景观是指从公路外侧任意观察点看到的公路景观，它是静景观，强调公路的整体印象，是从公路外部审视公路与环境的一致性。外部景观要求公路及沿线构造物与环境融为一体，协调一致，成为环境的一部分。

公路景观还有景点景观和变迁景观之分，如在景致优美之处建造的休息或独立景点及造型独特、气势宏伟的互通式立体交叉等设施称为景点景观，而称公路沿途不断变换的边坡及植被等景观为变迁景观。

（二）公路景观的特点

公路景观是一个动态三维的空间结构，具有韵律感和美感，强调人的广泛参与。其生态结构复杂，景观类型多样，有自身鲜明的特性。

1. 带状性

公路是线状构造物，景观随公路的延伸而连绵起伏，形成一个宽窄不断变化的带状空间。乘客被限定在带状空间内做高速运动，因此其视线将受到一定局限。但通过这种带状空间横向宽窄的不断变化，或峰回路转，或豁然开朗，或盘山而上，或涉水而过，纵向绵延几十千米甚至数百千米，跨越不同的气候带，虽然乘客在整个过程中始终保持单一的线性运动方式，但因沿途景观的交替变换、细微景致的丰富性和特异性，非但不会使运动过程有单调感，相反时常会有惊喜的发现。

2. 动态性

公路景观以动态序列性景观为主。汽车在公路上行驶，乘客以高速运动方式在公路线性空间内行进，因此公路景观有别于以步行等低速运动或静态方式欣赏为主的景观形式。高速运动时受人的视觉接纳能力限制，乘客只能走马观花地对公路景观留下整体宏观印象，而忽略较多细节。此外，车辆在公路上的行驶方向使公路景观也具有典型的单向序列性，即使对同一公路，因来去方向不同也会获得不同景观印象。

3. 四维性

公路景观不只是位置变化的三维空间，它还与时间存在密切关系。这种四维性不仅体现在空间序列变化，也体现在周边环境的季相（一年四季）、时相（一天中的早、中、晚）、位相（人与景的相对位移）变化及人的心理时空变化。

4. 多元性

公路景观由自然的和人文的、有形的和无形的多种元素构成。它既需要满足运输功能，同时又要被赋予一定的历史、文化、地域和民俗等内涵。乘客的感受是全方位的，虽然以视觉感受为主体，但听觉和嗅觉也同样起着不可忽视的作用。清脆的鸟鸣、潺潺的流水声、混杂着淡淡青草味的新鲜空气都同样能给驾驶员和乘客带来轻松愉悦的感受。

（三）公路景观设计的基本要求

景观设计须考虑沿线行车的美学感受；设计规模应与观赏景观和公路环境密切相

关的车速配合协调；景观设计应结合绿化设计，也应结合桥梁、挡土墙、立交桥等刚性构造物设计和地物营造设计，与沿线景物相匹配；在一切景观设计中都应将交通安全作为重点因素，树木和灌木丛的种植不应影响视距和给失控车辆造成危害。公路景观设计的基本要求如下。

（1）根据工程及沿线区域环境特征或行政区划等，宜将公路划分为若干景观设计路段，各景观设计路段宜选择大型构造物和沿线有特色的景物作为设计景点。公路景观设计尽可能做到点、线、面兼顾，整体统一，使公路与沿线景观相协调。

（2）公路沿线各种人工构造物的造型与色彩应考虑景观效果和驾驶员视觉效果，尽可能减少或消除各种构造物对自然景观的不利影响。

（3）有条件时，应充分利用各种人工构造物和绿化补偿、改善公路沿线景观，并结合不同路段区域环境特征形成其特有的风格。

（4）合理组合路线平、纵、横断面，保证线形流畅、视野开阔，并与自然地形相适应，避免大地切割自然地形。

（5）利用公路沿线设施和各种人工构造物，诱导驾驶员视线，预告公路前方路况的变化，适时采取安全行驶措施。

（6）公路景观设计应防止视觉污染。公路用地范围内设置的景观小品，应注意色彩、造型的协调，避免引起视觉混乱；当公路两侧有影响视觉的场所时，宜采用绿化或工程措施予以遮蔽或改善。

（四）公路景观造型

公路路线及其构造物景观造型的目的是为平衡公路对自然和景观的影响，使公路和景观联系在一起。公路的新建和改扩建，必须尽量减少对自然和景观的影响，这是公路景观造型的基本原则。

1. 公路平面造型

公路平面应与环境相协调，尽量绕避受保护的景观空间，如自然保护区和文物古迹等。在平原、沙漠和戈壁滩，路线以方向为主导，线形应以直线为主；在山岭地区，路线以纵坡为主导，线形应以曲线为主。线形应顺畅连续，具有诱导性和可预知性，避免割断生态景观空间或视觉景观空间。

2. 公路立面造型

为减少对自然和景观的影响，在满足控制点和规范要求的前提下，公路纵坡应与地面坡度接近。当路线跨越山谷、穿过垭口时，用桥梁结构物代替高路堤、用隧道代替深路堑，须做专门调查分析，避免高填深挖。平、竖曲线的线形几何要素宜均衡、协调。

3. 公路横断面造型

公路横断面造型的重点是路基边坡，目的是使路基尽量与自然地形、地貌相适应，与沿线植被绿化相协调。具体措施见下文"坡面修饰"。对有中央分隔带的双幅公路，可采用分离式断面，使中央分隔带不同宽或上下行公路不同高，利于保护珍贵地物和植物，可减少工程量，对景观造型和经济都有利。

4. 交叉口造型

交叉口造型的目的是为获得良好的地面结构造型效果，提高交叉口的识别能力。任何情况下，交叉口造型都不能影响交叉口的视认性，不容许在视距三角形内种植高大树木，可在要求的视野范围外种植小丛林。如交叉口布置合理并适当绿化，可提高对交叉口的识别能力。

T形交叉口会合处宜在支路的对面范围内种植密集树木。在交会公路右侧延伸的树木会引起驾驶员的注意，从而降低速度驶近交叉口。

5. 结构物景观造型

结构物景观对象为桥梁、隧道、挡土墙、防噪声设施、中央分隔带等，在设计时要考虑有关工程技术和经济问题，且要考虑其造型与周围环境的充分协调。如一座设计较好的桥梁，要有与其功能相适应的外形和比例，且要有新颖、优美的形式，简洁明快、朴素大方的线条，强度牢固、基础稳定的结构，并有强烈的时代感和风土气息。隧道洞口应具有醒目特点，与周围群山协调，因地制宜进行绿化，将自然景观的破坏降低至最低限度。声屏障应采用与地区、桥梁相协调的色彩搭配，在适当路段设置透明声屏障，以充分利用丰富的外部景观，避免使驾驶员产生封闭感和压抑感。对公路沿线有景观价值的孤立大树、独立山丘或建筑等自然景观和人文景观应充分利用。

6. 附属设施景观造型

附属设施主要是指为驾驶员和乘客提供服务和休息的建筑物，如餐馆、旅店、购物场所、加油站、汽车修理店、收费站和交通控制中心等。这些建筑物的造型设计在结构尺寸、形状、色彩上要考虑对称均衡、协调和谐。

四、坡面修饰

（一）边坡坡度

道路填、挖方边坡因受工程费用和占地的限制，一般采用较陡的坡度。这种坡度满足边坡稳定性的要求，但不满足道路景观的要求。对等级较高的道路，为与周围环境相协调，在有条件时，道路边坡坡度应尽量放缓，使人工边坡与自然边坡融为一体。

采用较缓边坡，可有效控制冲刷，减少坡面风化和剥落；当横坡缓于1∶2时，草皮可自然生长，减少养护维修费用；割草机等养护机械设备在缓于1∶3的坡度上工作效率最高；驶离行车道的车辆在缓于1∶4的坡度上能保持控制，减少冲击，降低事故的危险性。

对石质边坡，坡度大一些，可降低开挖工程量和造价。坡度大小应根据岩石材料而定。对坚硬岩石，可采用直立的边坡。如坡面处理良好，不会对道路景观造成不良影响。

（二）坡顶、坡脚的缓和化处理

地表因水流的冲刷而变得圆顺，这是自然形态。为使道路视觉自然，道路两侧坡顶、坡脚地面需进行修饰，可获得自然、悦目的视觉效果。

缓和的边坡和弧形的坡顶、坡脚相结合，称为流线型横断面。道路采用这种横断面形式，可减少越界车辆的冲击，使事故车辆容易控制；可简化草皮的铺植，减少养护维修费用；利于边坡保持稳定，减少风蚀和积雪。

将坡顶、坡脚缓和化的自然形式是流线型，工程上可采用规则的抛物线或圆弧。其长度可根据填挖边坡与自然山坡形成的角度大小而定，或根据边沟以上挖方高度或路肩以下填方高度而定。路肩处宜以土路肩宽度为切线长进行圆滑处理，坡顶、坡脚处宜以1~3m切线长控制。

土质边坡坡顶、坡脚的缓和化处理必然增加填挖方数量，应在土石方数量计算时予以考虑。

（三）填、挖方边坡之间缓和化处理

坡顶、坡脚缓和化是天然地面的自然形状同道路路幅的规则形状之间的横向过渡。而在填方、挖方之间，因坡度变化的幅度较大，与自然的不协调更加显眼，因此填、挖方边坡之间缓和化是人工边坡的纵向过渡。

为使填方、挖方边坡的过渡自然，可控制由填方到挖方完成过渡所需的最小距离，在该距离内，坡脚（坡顶）线与路肩线大致平行。

参考文献

[1] 李文超，温志剑，赵晓龙. 高速公路桥梁工程建设与设计 [M]. 长春：吉林科学技术出版社，2023.

[2] 程可秀. 公路工程施工项目管理 [M]. 延吉：延边大学出版社，2023.

[3] 周亦唐，唐正光. 道路勘测设计 [M]. 重庆：重庆大学出版社，2023.

[4] 申由甲，张军，李珑. 公路建设与施工技术管理 [M]. 哈尔滨：东北林业大学出版社，2023.

[5] 杜祝遥，孙虎. 道路勘测设计 [M]. 武汉：华中科技大学出版社，2023.

[6] 张东生，张洪波，郭亚辉. 公路桥梁工程设计与施工建设 [M]. 长春：吉林科学技术出版社，2023.

[7] 吴晓静，张集州，李增杰. 公路工程设计管理与施工养护 [M]. 延吉：延边大学出版社，2023.

[8] 高震，陈志超，贺华. 公路路基路面防排水设计与施工要点 [M]. 哈尔滨：东北林业大学出版社，2023.

[9] 毛锐敏. 绿色公路理念在公路规划设计和建设中的应用研究 [J]. 汽车周刊，2023（02）：59－61.

[10] 张琦. 交通量预测和公路交通规划分析 [J]. 交通科技与管理，2023（04）：35－37.

[11] 郭欣. 公路路线规划与交通流优化研究 [J]. 运输经理世界，2023（35）：40－42.

[12] 王勇. 公路工程路基路面规划设计研究 [J]. 人民交通，2023（11）：61－63.

[13] 汤涛. 公路实用勘测设计研究 [M]. 长春：吉林科学技术出版社，2022.

[14] 杨仁图，钟永华，王水声. 高速公路沥青路面设计与检测研究 [M]. 北京：北京工业大学出版社，2022.

[15] 付元坤，田世军，边志强. 高速公路设计与施工技术研究 [M]. 北京：中国石

化出版社，2022.

[16] 张健康，陈飞. 干线公路城市化改造规划设计 [M]. 北京：人民交通出版社，2022.

[17] 张小波，丁磊，程秀品. 公路工程设计、施工及经济管理 [M]. 武汉：华中科技大学出版社，2022.

[18] 李振中，马秀娟，吴斐斐. 公路桥梁设计与施工技术研究 [M]. 长春：吉林科学技术出版社，2022.

[19] 王晶，姜琴，李双祥. 路桥工程建设与公路施工管理 [M]. 汕头：汕头大学出版社，2022.

[20] 李双祥. 高速公路交通工程建设和养护管理研究 [M]. 延吉：延边大学出版社，2022.

[21] 陈晓滢，成卓嬴，王小睿. 低碳视角下的高速公路规划策略分析核心探究 [J]. 物流科技，2022（10）：115－117.

[22] 杨允. 高速公路规划建设中路线方案比选探讨 [J]. 交通世界，2022（10）：60－61.

[23] 邹芸芸. 智慧城市理念下的智慧公路规划建设研究 [J]. 中国科技投资，2022（19）：128－130.

[24] 王鸿遥. 交通行为分析在公路规划领域的应用解析 [J]. 越野世界，2022（08）：85－87.

[25] 雷霄然. 基于低碳视角的高速公路规划策略分析 [J]. 汽车周刊，2022（03）：124－125.

[26] 张义海. 公路勘测设计 [M]. 北京：北京理工大学出版社，2021.

[27] 廖明军，孟宪强. 道路勘测设计 [M]. 北京：机械工业出版社，2021.

[28] 李爽. BIM 技术在提升公路勘测设计质量中的应用 [J]. 北方交通，2021（08）：60－61，65.

[29] 辛力. BIM 技术在公路勘测设计中的应用分析 [J]. 运输经理世界，2021（32）：31－33.

[30] 宋冉. 浅析高速公路勘测定界测绘工作中的问题及对策 [J]. 中华建设，2021（27）：76－78.

［31］侯甲庆，魏永权．谈如何做好公路勘测选线设计［J］．百科论坛电子杂志，2021
（05）：2482．

［32］宋航．公路勘测设计技术应用现状与发展展望［J］．中文科技期刊数据库（全文
版）工程技术，2021（03）：38，40．

前　言

现代服务业是指以现代科学技术特别是信息网络技术为主要支撑,建立在新的商业模式、服务方式和管理方法基础上的服务产业。"十三五"时期,大力发展现代服务业是我国迈向全面小康社会和开启基本实现现代化新进程的重要内容之一,现代服务业与先进制造、战略性新兴产业一起,成为我国经济发展迈向中高端的重要标志。加快从工业大国向服务业大国转型,形成服务业主导的经济新格局,成为我国经济转型升级的战略抉择。习近平总书记多次强调要逐步增强战略性新兴产业和服务业的支撑作用,形成由工业大国向服务业大国转型的产业新常态。李克强总理提出以大众创业、万众创新拓展就业空间,以服务业、新兴产业加快发展扩大就业容量,把现代服务业打造成经济社会可持续发展新引擎。

在服务创新领域,信息技术的发展促进了现代服务业的发展,信息技术在服务业的应用,有助于推动服务业的改造和升级,也有助于实现服务过程的智能化和自动化。本书共六章,对现代服务业发展进行研究。第一章为现代服务业发展情况,分析现代服务业的源起和发展、现代服务业的特点和功能、现代服务业的发展现状和趋势。第二章为智慧金融,研究互联网金融的发展、互联网金融的主要模式和智慧银行建设三个方面。第三章为智慧物流,探讨现代物流在我国的发展现状、智慧物流发展的必要性和智慧物流的构建。第四章为智慧教育,内容包括智慧教育的内涵和特征、智慧教育的建设运营、"三通两平台"建设和智慧校园建设。第五章为智慧医疗,对当前我国医疗卫生的发展现状、智慧医疗的含义和特点、智慧医疗的构建、智慧医院建设进行研究。第六章为智慧旅游,研究智慧旅游的发展、智慧酒店、智慧旅行社、智慧景区等方面。

　　本书立足于当前现代服务业的现实,对智慧服务进行研究,以期为新时期现代服务业的发展做出有益探索。本书在写作过程中参考引用了一些学术著作和学术论文,在此对相关的作者表示感谢! 由于作者水平所限,书中难免有疏漏与不足之处,敬请读者批评指正!

作　者

2018 年 7 月